职业教育教师数字胜任力研究

ZHIYE JIAOYU JIAOSHI
SHUZISHENGRENLI YANJIU

2021 年度教育部人文社会科学研究青年基金西部和边疆地区项目“中职教师数字胜任力模型的开发与应用研究”（批准号：21XJC880004）、广西师范大学第二批国家级职业教育教师教学创新团队研究成果之一。

GUANGXI NORMAL UNIVERSITY PRESS
广西师范大学出版社
·桂林·

图书在版编目（CIP）数据

职业教育教师数字胜任力研究 / 唐瑗彬著. --桂林：广西师范大学出版社，2023.12

ISBN 978-7-5598-6393-5

Ⅰ. ①职… Ⅱ. ①唐… Ⅲ. ①中等专业学校—教师—教学能力—师资培养—研究 Ⅳ. ①G718.3

中国国家版本馆 CIP 数据核字（2023）第 177958 号

广西师范大学出版社出版发行

（广西桂林市五里店路 9 号 邮政编码：541004
网址：http://www.bbtpress.com）

出版人：黄轩庄

全国新华书店经销

广西广大印务有限责任公司印刷

（桂林市临桂区秧塘工业园西城大道北侧广西师范大学出版社集团有限公司创意产业园内 邮政编码：541199）

开本：787 mm × 1 092 mm 1/16

印张：19 字数：200 千

2023 年 12 月第 1 版 2023 年 12 月第 1 次印刷

定价：158.00 元

序

《中华人民共和国国民经济和社会发展第十四个五年规划和2035年远景目标纲要》提出“加快数字化发展，建设数字中国”的目标，要求通过关键数字技术创新、数字化基础设施建设、全民数字素养提升等全方位举措，促进生产方式和治理方式变革。2023年2月，中共中央、国务院印发的《数字中国建设整体布局规划》指出，建设数字中国是数字时代推进中国式现代化的重要引擎，是构筑国家竞争新优势的有力支撑。教育数字化是建设教育强国的重要内容，实现中国式现代化的重要力量之一。2023年5月，习近平总书记在中共中央政治局第五次集体学习时强调，“教育数字化是我国开辟教育发展新赛道和塑造教育发展新优势的重要突破口。进一步推进数字教育，为个性化学习、终身学习、扩大优质教育资源覆盖面和教育现代化提供有效支撑。”

我国教育领域正式迈进了“数字融合”“数据治理”“数智决策”的教育数字化转型时代，即利用数字技术推动教学范式、组织架构、教学过程、评价方式等全方位的创新与变革。教育数字化涉及教育理念更新、数字技术创新、数字基础设施建设、教育模式改革、教师数字素养提升，以及网络安全与数字伦理保障等全方位要素的变革。教师是教育数字化转型的重要推手，是开展数字教育的关键主体，其良好的数字素养是实现全民数字素养提升的关键。数字胜任力作为数字素养的高阶能力结构，在该书的运用体现在对卓越职业教育教师能力构成的全面探求，也是对职业教育现代化深化发展在教师能力层面的回应。

该书是在我国教育数字化转型大背景下，聚焦职业教育教师这一特定群体的数字胜任力进行的研究，针对性强，具有较强的理论意义和应用价值。职业教育作为培养技术技能型人才的类型教育，在制造强国建设中发挥着重要作用。职教师资肩负着培养技术技能型人才的重任，能否转换角色培养适应数字技术发展的人才，决定着我国未来在全球化发展中的地位与实力的高低。数字胜任力作为未来技术技能人才的核心能力，更迫切需要职业教育教师作为学生的技术榜样，转变理念，实现数字技术的创新应用，培养学生的高阶能力，通过提升自身数字胜任力以推动学生数字胜任力的发展。

该书涉及的研究历时五年，作者综合运用了文献研究、比较研究、调查研究、统计分析等定性与定量相结合的研究方法，追溯了国内外教师数字胜任力的理论基础、发展脉络和建设经验，构建了职业教育教师数字胜任力模型，评测了我国职业教育教师与职教师资的数字胜任力水平，综合分析了相关影响因素，提出了详细的职教师资数字胜任力培育方案，建立了从能力测评至课程设计的职业教育教师数字胜任力模型应用方案。研究成果对于推进我国职业教育高性能数字教育生态系统建构具有较为重要的学术价值，主要体现在以下几个方面。

第一，全面分析了国内外数字胜任力的发展脉络和建设经验，明确了构建职业教育教师数字胜任力模型的理论基础和价值取向。该书对数字胜任力这一概念的国内外研究演进进行了梳理，明确了概念间的发展与差异，力图明晰学界对于信息素养、数字素养、数字能力、数字胜任力等一系列概念的混淆与争辩，从概念的发展流变明确了职业教育教师数字胜任力的操作性定义及其内涵，全面梳理了教育部制定的《中小学教师信息技术教学应用能力标准（试行）》《教师数字素养》等国内重要标准的核心内容、层次及构建经验，以及美国国际教育技术协会的《美国国家教师教育技术标准》、联合国教科文组织颁布的《教师信息与通信技术能力框架》、欧盟的《欧盟教育工作者数字胜任力框架》三大国外代表性框架，结合职业教育教师特色，创新构建了职业教育教师数字胜任力的理论框架，为后续具体维度与要素的筛选、归类与确定提供了理论依据。

第二，系统提出了开展职业教育教师数字胜任力研究的技术路线和可操作方案，构建了数字胜任力的理论框架和操作模型。该书通过对研究对象的历时梳理与共时分析，结合定量与定性研究，将数字胜任力的研究建立在理论研究的基础之上，形成了概念界定—理论框架构建—指标要素明晰—指标结构关系分析—模型确立—模型应用的教育评测模型构建到应用的技术路线，开拓了职教师资能力研究的思路与技术路径，为其他类别教师能力模型的开发与实践提供了范式。

第三，综合测评了全国职业教育教师数字胜任力水平，分析了相关影响因素并提出了针对性的职教师资数字胜任力培育方案。通过调查问卷编制—现状调研与结果分析—影响因素分析—课程体系构建—保障条件提出，形成完整的数字胜任力模型指导教师教育的应用方案，可为职教师资培养院校设置相应的课程体系提供参考，也可为职业教育教师数字胜任力培训方案的设计提供依据与路径。

相信该书会成为推进职业教育数字化转型中教师教育研究与推动大数据时代教育测评模型构建范式转变的重要研究。诚挚地期待学者、读者及关注职业教育教师专业发展的朋友们不吝赐教，督促作者不断更新职业教育教师数字胜任力的相关研究，共同助力职业教育内涵建设。

华东师范大学终身教授 石伟平

2023年7月31日

前　言

教育数字化转型是当代教育领域的重要趋势，已经成为全球性的热点话题。数字技术的应用深刻地改变了教育教学方式，推动了教育教学的数字化、网络化和智能化。它不仅提高了教育教学效率和质量，还增强了学生与社会的互动性和参与度。由于技术推动教育迈向“颠覆性的变革”，数字教育从关注应用驱动和融合发展，向注重创新引领和生态变革转变。教师作为推动教育技术创新与生态变革的关键，其能力的提升显得尤为重要。

最新的研究表明，运用人工智能技术可以让教师更好地完成日常任务，如评估、纪律管理等，从而使他们有更多的时间和精力投入课程设计、个性化教育和实践创新等方面，但这需要教师具备更高更全面的专业素养，包括数字素养、科技素养、跨学科素养、社交素养等。同时，教师还需要具备创新思维和自主学习能力，以应对未来教育的变革。随着人工智能技术在教育领域的应用越来越广泛，职业教育教师的角色也在不断演变。首先，职业教育教师需要成为学生职业素养培养的主导者。职业教育教师更加注重学生职业道德、职业技能、职业精神等职业素养方面的培养，通过实践课程、实训环节等多种形式，引导学生提升其职业素养。其次，职业教育教师需要成为产教融合的桥梁。职业教育教师将教学与实际需求更加紧密地联系起来，促进学生的就业和职业发展。积极开展校企合作、产教深度融合等活动，帮助学生更好地适应职业需求。再次，职业教育教师需要成为技术创新的推动者。在人工智能时代，职业教育需要更加注重专业技术创新和教育教学数字化探索，了解最新的科技动态和应用。职业教育教师通过数字技术创新教学实践引导学生进行技术创新和应用实践。最后，职业教育教师需要成为终身学习者和教育研究者。职业教育教师需要不断适应新的科技变革和社会需求，积极开展教育研究和发展专业，提高自己的数字教育教学能力与技术创新能力，从而更好地促进学生的学习和全面发展。随着职业教育教师角色的多元化，数字胜任力这一体现公民核心素养的概念逐渐进入我国教师专业能力标准体系。它强调更全面的、多维的、以学习者为中心的数字能力。职业教育教师作为培养技术技能人才的主体，在数字化时代应加强数字技巧和胜任力，才能更好地培养职教学生面向未来数字社会的综合能力。基于此，本书聚焦以下四个关键问题：① 职业教育教师数字胜任力的概念与内涵；② 职业教育教师数字胜任力构建的理论支撑；③ 职业教育教师数字胜任力模型的应然结构；④ 职业教育教师数字胜任力模型的应用。

本书力图做到学术内容与学科视角的创新。研究以胜任力理论、认知心理学理论和现实主义能力观等为理论基础，以设计研究法为总体指导思路与框架，首次针对职业教育教师开展数字胜任力模型研究，评测了我国职业教育教师与教育硕士的数字胜任力水平，提出了详细的数字胜任力模型的应用方案，以此支撑职业教育教师的数字胜任力发展，构建了理论“模型”，提供了实践“范式”。在学科视角上，本书从教育学、管理学、统计学等学科视角对职业教育教师数字胜任力模型及其应用方案进行跨学科研究与实践，化解了学界普遍存在的理论框架与实践操作的鸿沟。本书运用教师数字胜任力这一管理学概念而非教师信息化能力和数字素养是为了接轨国际，应对人工智能时代教师角色转变的提法。本书通过现状调研、归因分析、课程体系构建为我国职教师资培养院校开展数字胜任力培养提供实践范例。本书在研究方法上也试图做到严谨，采用定量与定性研究相结合的多种研究方法，对职业教育教师数字胜任力进行指标检验、模型构建和课程体系构建，有效解决了职教师资数字胜任力研究不足与现有培养无法支撑其能力要求的问题，同时有助于解决模型至实践缺乏标准和依据，不具备科学性、系统性和可信度的问题。

本书分为八章。第一章通过分析教师数字胜任力的研究动态，明确了职业教育教师数字胜任力模型的研究应实现由模型向培育映射这一价值取向。模型的研究遵循“概念与内涵的研究—理论框架研究—维度要素筛选与赋权—数字胜任力模型构建—模型应用”的技术思路。第二章通过对国内外数字胜任力相关概念的梳理与分析，明确了职业教育教师数字胜任力的操作性定义，为构建数字胜任力模型奠定基础。第三章采用比较分析法，总结国内外具有代表性的标准与框架，分析其共性与个性，并基于分布式认知理论以自上而下的方式构建了职业教育教师数字胜任力理论框架。第四章采用质性文本分析法，通过多轮凝练确定职业教育教师数字胜任力的维度、要素和描述；通过专家咨询法，对指标和框架进行修订和完善；通过主观赋权层次分析法，完成指标体系到操作模型的确定，实现职业教育教师数字胜任力指标体系及其相互关系的定量刻画。职业教育教师数字胜任力自评工具得到顺利开发，进而使用该工具对模型进行了验证与修正，确定了职业教育教师数字胜任力模型。第五章通过发放职业教育教师数字胜任力自评问卷，了解全国职业教育教师数字胜任力总体水平与影响因素，为各地区构建分层分类的职业教育教师培训方案提供了依据。第六章、第七章以职教领域教育硕士为例，整体展示了建立职教领域教育硕士数字胜任力培育方案的过程，为职教师资培养院校使用该模型提供了实施范例，进一步明确了模型的应用范围与步骤。第八章对全书进行系统梳理和总结，对研究中可能存在的局限和不足进行分析，并对未来可开展的研究进行了展望。

随着研究的深入，我们在惊叹于全国不同地区职业教育教师能力水平差异与影响因素错综复杂的同时，也欣喜地看到教育部印发的《教育信息化2.0行动计划》推行以来，各地区在“三全两高一大”（即教学应用覆盖全体教师、学习应用覆盖全体适龄学生、数字校园建设覆盖全体学校，信息化应用水平和师生信息素养普遍提高，建成“互联网+教育”大平台）方面所取得的巨大成就，但缩小区域间教师数字胜任力水平的差距，不断更新教师数字能力的评价指标与评价方式将是我国持续推进职业教育数字化转型的难题，也是我国推进职业教育内涵式发展的关键。

编　者

2023年9月10日

◆ 目　录

第六章 职教专硕数字胜任力现状调研 / 173

第七章 职教专硕数字胜任力的培育 / 200

第一章　绪　论

第一节　研究缘起

一、时代要求：技能人才能力要求的变化迫切需要教师更新能力结构

数字胜任力是数字时代人才的核心能力。以人工智能、云计算、互联网等现代信息技术为代表的第四次技术革命正如火如荼地开展，将整个世界推入了智能化时代。伴随着自动化、智能化技术的发展，产业业态逐渐开始颠覆性的革新，进而对未来的人才标准提出了更高的要求。习近平总书记曾指出，“世界经济数字化转型是大势所趋。”在强调培养爱岗敬业、数字素养、智慧合作、创新变革高素质技术技能人才背景下，2019年5月，经济合作与发展组织（Organization for Economic Co-operation and Development，OECD）发布的《2019年技能展望：在数字世界中蓬勃发展》（*OECD'S Skill Outlook-Thriving in a Digital World*）指出，目前全球技能人才需求存在中级技能人才过剩，高级与初级技能人才短缺的两极化结构性矛盾；以领导力、适应能力为代表的软实力、信息技术能力和专业技能等认知技能需求占据中心地位，是技能人才制胜的关键[1]。2006年，美国发布《21世纪学习框架》（*Framework for 21st Century Learning*），框架明确数字胜任力是当下人才所需具备的核心能力之一；2016年、2017年，欧盟相继发布的公民数字胜任力（Digital Competence）2.0版和2.1版，标志着在国际上有关人才的评

定方面，数字胜任力已成为不可或缺的组成部分。在国际局势发生深刻变化的背景下，我国感受到了培养学生未来核心素养的重要性与紧迫性。2016年，北京师范大学中国教育创新研究院领衔的研究根据我国实际情况提出，重点发展学生的“创新能力、批判性思维、公民素养、合作与交流能力、自主发展能力、信息素养”六种核心素养[2]。2019年10月，教育部办公厅印发的《中等职业学校公共基础课程方案》强调，培养德智体美劳全面发展的高素质劳动者和技术技能人才，课程设计需体现新知识、新技术，凝聚学科核心素养的培养，注重学生信息素养的提升。2021年中央网络安全和信息化委员会印发《提升全民数字素养与技能行动纲要》，该文件使用“数字素养与技能”的概念，并将其界定为“数字社会公民学习工作生活应具备的数字获取、制作、使用、评价、交互、分享、创新、安全保障、伦理道德等一系列素质与能力的集合”。国内外相关标准的出台预示着数字时代对人才能力要求的变化，需要教师不断发展自身能力以推进学生能力的培养。

职业教育教师迫切需要提升自身数字胜任力。“中国制造2025”是应对时代变革的中国方案[3]，强调以创新驱动、人才为本的基本方针，推进信息化与工业化深度融合和以数字化、网络化、智慧化为特征的智慧制造相结合的新型工业化道路。我国要实现制造强国发展目标，高水平创新型技能人才是关键。职业教育教师肩负着培养工业4.0时代所需的技术技能型人才的重任，能否持续推进职业教育手段和内容与数字技术的深度融合以培养适应数字时代的人才，决定着中国参与未来全球化发展的地位与实力的高低。职业教育教师的数字胜任力与普通教育教师的数字胜任力结构相比，不仅包含教师应用数字技术和资源开展教学的能力（方法能力），还包括教授不同职业领域所需要的数字能力（内容能力）[4]。一方面需要教师转变理念实现数字技术的创新应用，另一方面需要提升自身基于职业的数字技能以更好地培养学生适应未来数字时代的高阶能力。数字胜任力是学生掌握基础能力的基础。

二、政策支持：教育数字化转型的必由之路

教育数字化转型是世界各国重要的战略部署。分析技术、人工智能、机器人、虚拟实境和物联网等是影响未来教育的关键性技术[5]，加快了教育数字化转型的步伐。2020年9月，联合国教科文组织、国际电信联盟和联合国儿童基金会联合发布了《教育数字化转型：学校联通，学生赋能》（*The Digital Transformation of Education*：*Connecting Schools*，*Empowering Learners*），重点阐释了教育数字化转型背景下教育利益相关体应如何实现教育的变革[6]。与此同时，欧盟发布了《数字教育行动计划2021—2027：重置数字时代的教育和培训》（*Digital Education Action Plan 2021–2027*：*Resetting Education and Training for the Digital Age*），明确了欧盟“促进高性能的数字教育生态系统的发展”和“提高数字技能和能力以实现数字化转型”两大战略[7]。2017年来，我国发布了一系列政策文件，如《关于进一步推进职业教育信息化发展的指导意见》《关于发布〈教师数字素养〉教育行业标准的通知》《关于发布智慧教育平台系列两项教育行业标准的通知》等，形成了基于数字技术的新型教育教学模式与教育服务供给方式，以及与教育现代化发展目标相适应的中小学校、职业院校、高等学校等不同层次不同类别的教育数字化体系。教育数字化已经成为了全世界重要的议题，上升到了国家战略的高度。

我国大力支持教师数字胜任力发展。2022年2月，教育部发布的《2022年工作要点》明确提出实施教育数字化战略行动[8]；党的二十大报告也进一步提出了推进教育数字化、加快建设教育强国的任务使命[9]；教育数字化转型并非指从非数字化到数字化的转变，而是在教育信息化1.0、教育信息化2.0之后，由教育信息化到教育数字化的连续发展和持续变革的新阶段[10]。联合国教科文组织高等教育创新中心和清华大学教育研究院发布的《高等教育教学数字化转型研

究报告》，明确提出教师是教学的主导者，也是教育教学数字化转型的关键[11]。2022年11月，教育部发布的《教师数字素养》教育行业标准，旨在扎实推进国家教育数字化战略行动，完善教育信息化标准体系，提升教师利用数字技术优化、创新和变革教育教学活动的意识、能力和责任[12]。教师队伍建设的数字化转型是教育数字化转型的关键。2023年5月教育部教师工作司司长任友群接受专访时强调，面对教育数字化转型的加速与深化，要立足教师发展数字化转型的现实基础和发展诉求，从教师的学习规律出发，探索和研究重塑教师能力范式[13]。“数字胜任力”这一概念较为完整地体现了教师在专业实践中应发展的能力。同时技术与教学实践的深度融合，使数字胜任力必须被纳入教师必备的专业能力中。因此，职业教育教师数字胜任力提升计划应是国家大力推行由教育信息化到教育数字化的连续发展和持续变革的新阶段的重要组成部分，是构建现代职业教育体系和形成学习型社会的内在要求[14]，也是教育数字化转型的重要推手。亟须在教育数字化转型的实践境脉中对教师数字胜任力进行概念界定和模型建构，并将其纳入教师专业能力标准体系中[15]，建立教师对于新型教育实践的认同，逐渐将重点从“信息技术应用能力提升”转向“技术支持的学与教创新”[16]，更好地推进教育数字化转型。

三、问题本质：缺乏系统化职业教育教师数字胜任力标准体系

缺乏职业教育教师数字胜任力标准指引。随着新一轮科技革命和产业变革孕育兴起，以数据资源为重要生产要素、以全要素数字化转型为重要推动力的数字经济蓬勃发展。“智慧制造”强国战略的大力推进，加大了对复合型、创新型、数字化技能人才的需求。职业教育教师肩负着培养技术人才的重任，决定着教育数字化转型的成败。新冠疫情的暴发加速了全球教育系统的数字化转向，对于疫情暴发时的“停课不停学”，教师对于在线教学的非主动应对，凸显出教师能力

的短板。目前国内外学者普遍将职业教育教师的数字胜任力理解为教师转变理念实现数字技术的创新应用，即方法能力，而忽略了教师教授不同职业领域所需要的数字能力，即“内容能力”的构建，导致系统化、个性化的职业教育教师数字胜任力标准体系缺乏[17]，限制了教师能力提升的实践探索，导致职业教育教师数字胜任力研究仅停留在理念探讨阶段。在“后疫情时代”持续深入地研究教师应对数字世界的能力对于未来教学的顺利开展具有重要意义。

缺少系统化的能力培育方案。教师或职前教师参与教育数字化转型实践缺乏清晰的指导路径。《中共中央 国务院关于全面深化新时代教师队伍建设改革的意见》《教师教育振兴行动计划（2018—2022年）》等文件均指出搭建教师培训与学历教育衔接的“立交桥”的重要性，但职前教师的教育与培训环节却存在一定程度的脱节。《中等职业学校教师专业标准（试行）》作为指导中职教师专业发展的重要文件，仅将信息技术作为辅助教学的工具。但随着信息技术的深入发展，信息技术的功能不仅是工具，更可能是目的与本体，它甚至可以改变教育教学形态，促进教育改革创新[18]。职业教育教师专业标准应具有时代适应性的特征，需要进行持续调整和优化。而《职业院校数字校园规范》中的教师发展要求独立于职业教育教师专业标准之外，增大了教师能力间融入的阻碍，可能会形成数字时代教师的技术负担。另外，《职业技术师范教育专业认证标准》中职教师资的毕业要求分为践行师德、学会教学、学会育人、学会发展四个模块，这与《中等职业学校教师专业标准（试行）》《职业院校数字校园规范》中的分类别模块又存在较大差异，导致职教师资培养与需求存在一定程度的脱节，尚未形成系统化的、统一的指导教师教育和教师专业发展的政策体系。因此，为提升职业教育教师的整体质量，迫切需要从顶层出发将教师的职前与职后整个执教生涯作为一个连续系统来考虑。职业教育教师数字胜任力职前培养与职后培训的研究几近空白，培养与培训经验严重不足，现有培育模式无法支撑职业教育教师数字胜任力发展要求等问题，已经严重制约了其培养成效。因此以职业教育教师为研究对象，结合国内外与数字胜任力相关框架 / 标准的构建经验，开发职业教育教师数字胜任力模型并形成相应的应用方案具有重要意义，也可为我国其他类型、层次的教师数字胜任力标准体系构建与应用提供参考。

第二节 既有研究

不同于工业经济时代，目前人类正步入一个以知识与信息资源的占有、分配、使用、创造为主要因素的数字经济时代，讲究以资料、信息和社会交流为依托[19]，体现自主学习和终身学习理念，注重公民聚合、管理和使用信息的能力。随着技术身份、形态和作用的变化，国内外研究中出现了诸多与数字胜任力相关的概念。为了避免在翻译问题上聚讼不已[20]，本书将“information literacy”译为信息素养；“digital competence”译为“数字胜任力”；“digital literacy”译为“数字素养”；将英文文献中的“competency”和“competence”译为能力或胜任力；“literacy”译为素养。

本节运用CiteSpace软件对检索的文献资料进行视觉化分析[21]。通过挖掘文献的内在联系，探知该领域的研究基础、研究热点、研究趋势等各方面的重要信息。

由于职业教育教师数字胜任力研究存在国别特性与称谓差异，通过搜索难以收集直接相关的文献，因此将文献的搜索范围适当扩大。另外，数字胜任力这一表述在欧洲地区较为普遍，更聚焦于专业的综合能力。为了更好地了解数字胜任力相关研究，作者也将信息化能力、信息素养等相关关键词纳入搜索范围。国内数据来源为中国知网（CNKI）数据库，以“数字 / 信息化”AND“能力 / 素养 / 胜任力”AND“教师 / 师范生”进行主题检索；国外数据来源为WOS核心合集数据库，以“digital/ ICT/ information communications technology”AND“competence / competency / literacy”AND“teacher”进行主题检索。由于2005年欧盟发布《终身学习核心素养：欧洲参考框架》报告中首次提出了数字胜任力的概念，因此国内外文献的检索时间范围定为2006年1月1日至2022年12月31日。

为确保检索结果的有效性，剔除不相干的会议征稿、选题指南、人物传记、卷首语、书评等条目，最终确定了1614篇中文文献（1097篇核心期刊和517篇硕博论文）和639篇英文文献，作为文献计量可视化分析的基础数据。

1. 国内外文献发文趋势分析

特定时间段内的发文数量可有效判断某一研究领域的发展态势。国内外关于教师数字胜任力/信息化能力的发文趋势如图1-1所示。

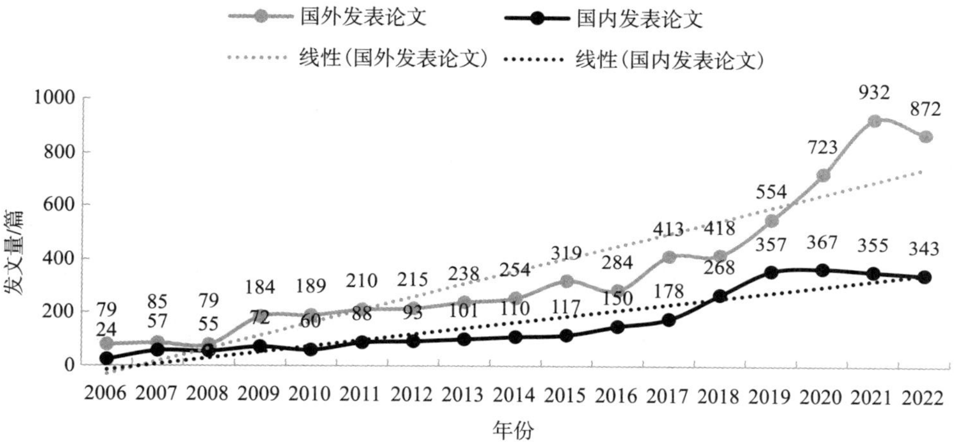

图1-1　国内外关于教师数字胜任力/信息化能力的发文趋势

由图1-1可以看出，国内外关于教师数字胜任力/信息化能力研究的发文量都呈现出上升趋势，将持续成为今后的研究热点。通过浏览文献主题词，发现关于“教师数字胜任力”的研究在国外开始较早，到2006年已经形成了一定规模，并从2018年开始增速加快。相比之下，我国相关研究主要聚焦在信息化教学能力和信息技术应用能力领域，关注教师运用信息技术开展教学方面的能力。随着教育数字化的深化发展，2019年我国首次出现了“教师数字胜任力”的关键词，随后该表述逐渐进入我国公众话语体系。

2. 国内外教师数字胜任力 / 信息化能力研究热点分析

对国内外资料中的关键词进行分析，将 Node Type 设置为 Keyword，根据检索文献资料绘制国内外教师数字胜任力 / 信息化能力领域研究热点知识图谱，如图 1−2 所示。

从图 1−2 可知，国内教师数字胜任力 / 信息化能力研究出现频次较高的关键词为信息素养、信息化教学能力、教育信息化、中小学教师、信息技术、教师专业发展、职前教师 / 师范生、提升策略、整合技术的学科教学知识（technological pedagogical content knowledge，TPACK）等，可以发现当前教师数字胜任力尚未成为国内学界的主流表述，研究者普遍关注教师信息化教学能力等方面的发展；国外关于该领域研究的高频关键词为 ICT（信息通信技术）、digital literacy（素养）、belief（信念）、teacher education（教师教育）、pre-service teacher（职前教师）、digital competence（数字胜任力）、professional development（专业发展）、TPACK（整合技术的学科教学知识）等。在国外，数字胜任力逐渐成为教师适应数字时代发展的关键能力，且能力发展需求也逐渐走向多元化、综合化。

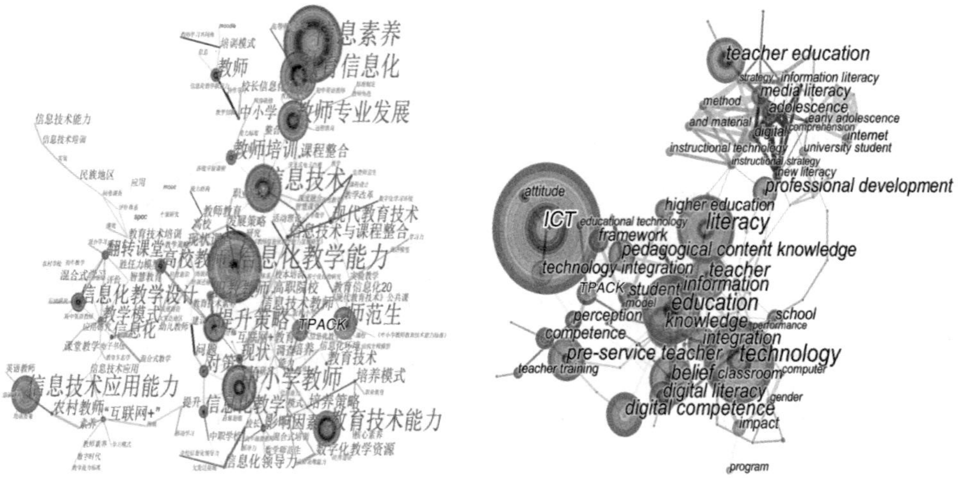

图 1−2 国内外教师数字胜任力 / 信息化能力研究热点知识图谱

选用对数似然比（log-likelihood ratio，LLR）算法对所纳入关键词进行标签聚类，绘制国内外教师数字胜任力/信息化能力研究关键词聚类视图（图1−3），以更清晰地了解该领域的研究进程。

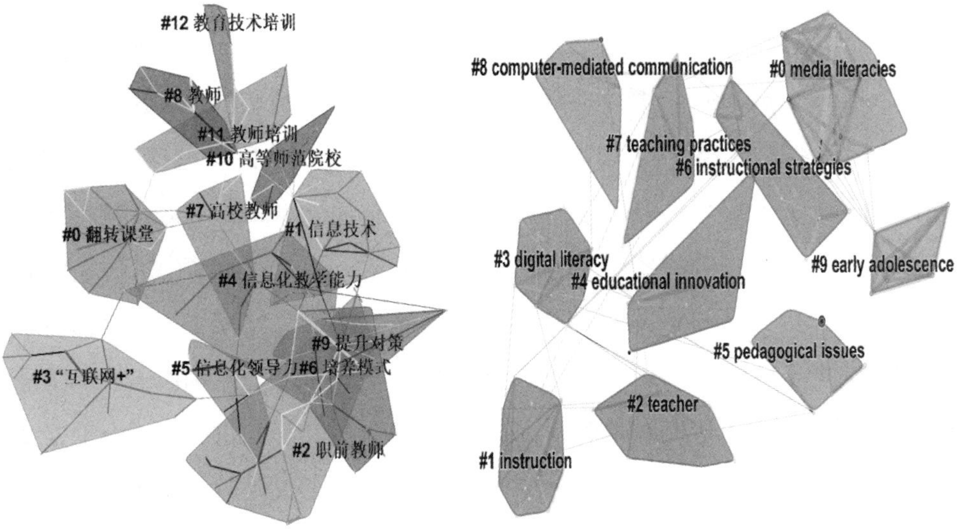

图1−3 国内外教师数字胜任力/信息化能力研究关键词聚类视图

国内文献关键词的聚类模块值Q=0.7926，聚类结构显著，形成13个聚类，可较为清晰地判定各子网的研究内容。从图1−3中可发现，国内对教师信息化能力开展了多方面研究，其中，“互联网+”是国内发展教师信息化能力的时代背景；“教师培训”和“高等师范院校”是培养教师信息化能力的重要途径与场所；“高校教师”“职前教师”是信息化能力发展的主体；“信息化教学能力”“信息化领导力”是教师发展信息化能力的重要方面；“翻转课堂”的顺利开展是体现教师信息化能力的主要形式；“培养模式”“提升对策”是培养教师信息化能力的行动途径。聚类分析发现，虽然“教师数字胜任力”的研究尚未进入国内相关研究的主流体系，但国内相关研究的发展脉络也提示应关注时代对于教师能力要求的变化及其发展形势与策略。

国外文献关键词的聚类模块值Q=0.6702，提示该聚类结构较好，共形成10

个聚类，其中，“media literacies（媒体素养）”“digital literacy（数字素养）”显示了国外对于教师数字胜任力本体概念及内涵研究的变化，下含“framework（框架）”“TPACK（整合技术的学科教学知识）”“21st century（21世纪）”等主题，显示教师数字胜任力会随着研究角度与时代要求的变化而变化；“early adolescence（青少年）”是教师发展数字胜任力的作用主体；“instructional strategies（教学策略）”“teaching practices（教学实践）”显示教师需要在数字教学实践中不断优化教学策略以提升自身和学生的数字胜任力；“teacher（教师）”包括中小学教师、职前教师等，是数字胜任力研究的主要对象；“educational innovation（教育创新）”是教师数字胜任力提升的最终目标。“pedagogical issues（教学问题）”下含“online risk（在线风险）”“protective skills（数字保护技术）”等，显示了国外教师数字胜任力研究对培养学生使用技术的伦理、道德等问题的关注。从国内的知识图谱来看，教师数字胜任力研究未成系统，较难理清研究脉络，需进一步结合重要文献的阅读确定研究的热点。国外关于教师数字胜任力的研究则较为成熟，可对其进行研究脉络的梳理，为我国教师数字胜任力的研究发展提供借鉴。通过阅读关键文献，发现教师数字胜任力相关研究的热点主要集中在三大领域：一是对教师数字胜任力本体的探索，包含概念界定、内涵分析；二是对教师数字胜任力构成要素与模型构建的研究，包含学者视角与国家角度；三是对教师数字胜任力模型的应用研究，包含教师的能力评估、专业发展和教育体系。

自2019年以来，国内也兴起了对教师数字胜任力本体的探索，但对于教师数字胜任力模型构建及其应用的研究则较少。通过分析国外教师数字胜任力的研究脉络，能很大程度上预测国内该领域研究的走向，下面对这三大领域的研究进行综述。

1）教师数字胜任力本体的探索

（1）概念界定。

数字胜任力是基于胜任力理论提出的，胜任力模型是胜任力理论的核心，其模型包含知识（knowledge）、技能（skill）、动机（motives）、特质（traits）和自我概念（self-concept）5个要素[22]。

国外数字胜任力概念的首次提出是在2005年欧盟发布的《终身学习核心素养：欧洲参考框架》（*Key Competences for Lifelong Learning*: *A European Reference Framework*）的报告中。随后，欧盟于2012年发布的《实践中的数字胜任力：基于框架的分析》（*Digital Competence in Practice*: *An Analysis of Frameworks*）[23]则进一步明确数字胜任力的概念涉及能力、战略、价值观和意识。因此，从公民数字胜任力到教师数字胜任力的概念界定，体现了发展教师数字胜任力的最终目标是发展公民的数字胜任力。

随着数字化时代的到来，数字胜任力这一概念逐渐出现在我国公众视野。2017年，任友群和杨晓哲在《数字化胜任力：信息时代不可或缺的能力》一文中首次提出“数字化胜任力”一词，但其未对数字胜任力概念进行相关界定。此后，任友群、李锋在《聚焦数字化胜任力“科创中心”背景下上海信息科技教育的研究与展望》一书中，将数字化胜任力包含在数字素养中[24]。国内关于数字胜任力的概念存在一定的包含关系，概念界定上有模糊不清的问题，一定程度上制约了数字胜任力后续研究的发展。基于研究需要，作者将在第二章对数字胜任力概念的流变进行重点分析。

（2）内涵分析。

教师数字胜任力是基于情境的，在教育过程中更好地使用信息技术的专业能力，强调综合性、竞争性、实践性。此能力可有效促进教育者与学习者终身学习，更好地适应未来社会的发展。

第一，终身学习理念下更为综合的、逐级提升的能力集合。欧盟于2005年发布终身学习的八项关键能力，数字胜任力便在其中。其内涵之一便是支持公民终身学习的重要能力，是学习其他基础技能的能力基础，有效运用数字技术的相关能力是成功发展高级学习策略的先决条件。另外，欧盟在2017年发布了《欧盟教育工作者数字胜任力框架》，注重能力的递进性，每个能力领域对应新手、探索者、综合者、专家、领导者和开拓者6个不同阶段，指导教师专业的终身发展。因此教师数字胜任力强调的是数字时代教师更为综合且不断进阶的能力集合。

第二，集卓越性与竞争性于一体的高级能力集合。王佑镁等通过回顾相关文献，认为数字胜任力（此文中将“Digital Competence”翻译为“数字能力”）除了强调基础技能外，还应强化技术素养、技术设计、技术思维等高级技能，限定了“胜任力”一词高于“素养”，更强调胜任具体领域岗位工作所需要的综合能力。澳大利亚教育部、科学与培训（Department of Education，Science and Training）认为胜任力比素养更多用于成人教育或职业培训，是基于工作岗位的一种核心综合能力，主要用于职业准入与绩效考评[25]，体现数字胜任力的卓越性与竞争性。

第三，动态调整的内部结构。数字胜任力是一种与数字技术有关的，高级的、复杂的、系统的、情境性强的综合能力与特质的集合。它会随着数字时代的发展变化，不断更新其能力内容，指向更具竞争性、时代性的能力集合。后疫情时代，也需根据教学形态、场景的变化，对数字胜任力中有关教学与学习的能力结构进行更新。欧盟《数字教育行动计划（2021—2027年）》中提出要不断更新数字能力框架，强调打击虚假信息的能力，关注数据密集型技术（如人工智能）等高级数字技能，在数字胜任力中增加数字福祉与数字健康的内容。

（3）对比研究。

对比研究的主要目的是引进数字胜任力概念，为构建本土化的数字胜任力模型奠定基础。关于数字胜任力的对比研究主要集中在比较欧洲不同国家数字胜任力框架的特点上[26-29]，旨在了解不同区域数字胜任力框架的构建原则与侧重点，为本国构建框架带来启示。随着人工智能技术的发展，也有学者分析数字胜任力与计算思维[30]或安全意识[31]之间的关联程度，呼吁随着技术深化发展，需要形成定期更新数字胜任力框架的制度。

2）模型与要素研究

（1）教师数字胜任力框架 / 模型研究的学者视角。

在统一框架产生之前，很多学者在数字胜任力研究方面做出了积极探索。如整合技术的教学法知识框架[32]和其后发展的整合技术的学科教学知识（TPACK）模型，描述了一个用于技术融入教学的教师知识模型。教师的TPACK框架被详细描述为内容、教学法和技术三种知识体系之间的复杂交互作用，在理论上和实践中，产生了成功地将技术使用整合到教学中所需的灵活的知识类型，为教师教育项目的开发提供了框架与指南[33]。Janssen等研制了专家视角下的数字胜任力模型，包含12个“核心”胜任力与“支持性”胜任力，支撑公民对于数字技术的筛选与无缝使用[34]。部分学者基于实证的方法对国际影响力较大的数字胜任力框架进行了细化与拓展，包含对不同等级、不同学科领域和不同类别教师数字胜任力模型的构建。Pérez和Torelló以教学胜任力为基础对高等教育领域教师的数字胜任力要素进行分析[35]。Morellato对旅游教育教师的数字胜任力结构进行探析[36]。Krumsvik等针对职前教师的数字胜任力结构进行探析，如针对挪威英语实习教师数字胜任力的研究，包括基本数字技能（basic digital skill）、教学的ICT胜任力（didactic ICT competence）、学习策略（learning strategies）、数字教育（digital education）[37]。Instefjord和Munthe整合了TPACK框架和Krumsvik的教师数字胜任力框架，发展了基于教师教育课程的师范生数字胜任力框架，即技术熟练度（technology proficiency）、教学融合（pedagogical compatibility）、社会意识（social awareness）[38]。由此可见，数字胜任力理论框架至少包含数字认知、数字方法论和数字道德意识三个维度，为形成统一的区域数字胜任力框架奠定了基础。

国内对于教师数字胜任力的研究尚处于起步阶段。郭春才基于信息化教育环境，构建了包括媒介素养、组织素养、学习素养、媒传素养4个一级要素以及对应的8个二级要素和19个三级要素的教师数字胜任力模型，为教师岗位招聘和绩效考核提供标准，促进教师专业发展[39]。郑旭东确定了包括数字技术能力、数字教学能力、数字学习与创新、数字价值与追求、基本人格特质的教师数字胜任力一级构成要素以及对应的25个二级构成要素，通过分析构成要素的权重，构建了面向我国中小学教师的数字胜任力模型[40]。孙晓红和李琼借鉴国际上的教师数字胜任力框架，整合教师数字知识、数字技能、数字态度，从教师的数字认知胜任力、数字功能胜任力、数字社会胜任力三个方面构建了“学习者中心”的教师数字胜任力框架[41]。韦林翠和林琦根据国内外教师数字胜任力框架研究，建构了教师数字胜任力框架结构，即在水平维度上，将教师数字胜任力划分为四个角色，并在此基础上建构起各学科以及不同学段的教师数字胜任力体系；在纵向发展维度上，将教师的数字胜任力分为新手、专家及先锋三个发展阶段，形象鲜明地呈现出不同阶段的技能与知识的特征，鼓励教师从理解数字时代的知识不断发展为具有创新能力的专家[42]。

（2）教师数字胜任力框架 / 模型的国家层面研究。

《美国国家教师教育技术标准》、联合国教科文组织《教师信息与通信技术能力框架》、《欧盟教育工作者数字胜任力框架》是各国教育政策和教育研究借鉴的三大框架。具体内容提炼如图 1–4 所示。

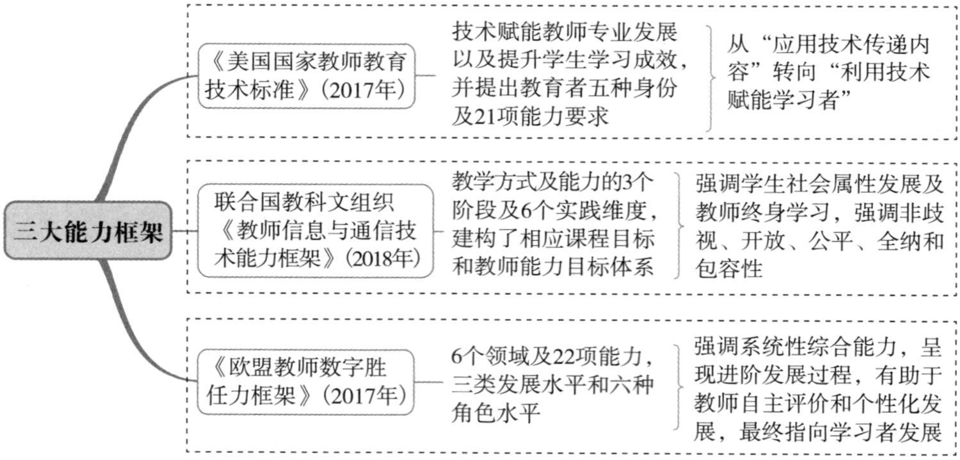

图 1–4　世界三大能力框架内容与特点

鉴于技术的进步和互联网在校园的普遍使用，2017年，美国更新了《美国国家教师教育技术标准》[43]。该标准反映了技术的变化与技术角色的转变，从“应用技术传递内容”转向“利用技术赋能学习者”，体现了教育技术从支持教学到赋能学生的转变。该标准是目前美国国家教师教育技术标准中时间跨度最大的一次更新[44]，更新了美国从事 K12 教育（美国基础教育）的教师的教育技术能力要求，明确了他们在新时期所扮演的角色。

该标准基于以前的标准，增加了对数字素养、媒体素养、计算思维、个人隐私和学生赋权、基于资料的决策和与同事合作等内容的关注[45]，以此指导美国未来十年的教学与学习活动，并向2000多名教育工作者和管理人员征求意见，设计了教师七大角色和能力要求。

联合国教科文组织颁布的《教师信息与通信技术能力框架》[46]旨在帮助各国制定本土化的教师信息与通信技术能力标准和相关政策，提供教师能力评估标准，确定其信息技术能力水平，为职前教师教育课程设计、教师专业发展课程设计提供依据，并致力于共享“开放式教育资源”数据库中的能力框架资源，提升信息技术带来的社会福祉。

该框架反映了通信技术的进步与教育领域中教学方法的发展，基于联合国《变革我们的世界：2030年可持续发展议程》中提出的建立包容性知识社会的目标，站在技术全面支持“表达自由和信息自由”“普及信息和知识”“高质量的全民学习”“尊重语言和文化多样性”等17项可持续发展目标的立场上，结合了包容、开放、公平获取、性别平等原则，研究制定了教师将技术融入专业实践以促进学生实现课业目标所需的各项能力，为各国政府持续推进师范教育、协调衔接教师的职前培训和在职培训提供了指导工具。该框架沿袭了2011年的框架架构，包含18项能力，涉及教师专业实践的六个方面，涵盖教师将技术用于教学目的的三个不同阶段，对每个阶段能力的课程目标（指导教师教学）、教师能力（指导教师专业发展）、教师应达到的目标（指导教师专业发展评价）、方法样例（指导教师具体教学）等进行了详细介绍，为教师在专业实践中使用技术提供优质教育，并最终有效地指导学生掌握信息与通信技术能力提供了指导方案。

欧盟制定《欧盟教育工作者数字胜任力框架》的目的主要是提供政策支持，利用数字技术的潜力鼓励教育和培训实践的创新，改善终身学习的机会，并传授就业、个人发展和社会包容所需的新的（数字）技能和能力。此框架旨在描述、评估、培训和发展欧盟教师在数字教育环境中的数字胜任力，包含6个领域与22

项基本能力，每个领域均对应新手、探索者、综合者、专家、领导者和开拓者6个不同阶段。

三大能力框架共同指向先进技术与教师专业实践的深入融合，指向教师发展对于学生能力发展的促进作用，体现了“学习者中心”的先进理念，注重从学理上分析框架的由来，并提供了相对具体的框架使用指导方案，在国际上影响广泛。第二章将针对三大框架进行进一步分析。

值得注意的是，国外关于教师数字胜任力要素的研究并不是单纯研究教师使用数字技术的能力，而是研究教师在此能力基础上更高阶的能力发展。更加关注教师利用技术为学生赋能，如对学生学习策略的影响、批判性地组织课堂教学等能力与特质。而我国也开始重视数字技术对于教师教学带来的创新性动力，这就需要思考未来我国职业教育领域的教育信息化发展如何从简单的技术及资源应用拓展至相关运作模式的改革与创新，引领教育系统内部整体的创新与变革。

3）教师数字胜任力应用研究

数字胜任力是21世纪初提出的一项关键能力，其主要应用领域是在建立理论框架和能力框架基础上更好地开展能力评估、教师教育计划和教师专业发展[47-50]。

数字胜任力的应用研究之一是开发评估教师在数字领域能力的工具[51]，大多数关于评估的研究都是基于教师数字胜任力通用框架，对其进行本土化和适应性的修改形成评测工具，开展教师与学生的能力评估。例如，对未来教师数字胜任力的评估与自我评估[52]；对学生和教师数字胜任力的评估和自我评估[53]；对高校教师双线混融教学胜任力进行调查分析[54]；对乡村教师“互联网＋教学”胜任力现状进行调研评估[55]。模型在职业教育与培训方面的应用，基本上是基于现有的通用教师数字胜任力框架来检测职业教育教师数字胜任力的不足，并针对性地通过教师教育培养与培训来发展其数字胜任力[56]。

数字胜任力的应用研究之二是基于数字胜任力模型的教师专业发展研究。探索数字胜任力框架如何融入教师职后培训中，如中学教师培训中数字胜任力的培养[57]；数字胜任力如何融入教学技术设计[58]。这类研究的目的在于通过教师培训提升教师和学生面对未来数字世界的能力，并对学生数字胜任力和学业产生正向影响。Koh 等针对新加坡小学教师的实证研究结果表明，教师使用信息技术（ICT）从课程的角度设计目标，重新设计、实施和评估学生的学习成果，并反思其教学实践，明显改善了教师教学效果和学生学习效果[59]。

数字胜任力的应用研究之三是基于数字胜任力模型的教师教育研究。数字胜任力的发展归根到底应该融入学校教师教育体系之中，建立起数字能力构成要素到教育目标体系的映射，从而建立起操作模型。UNESCO 和欧盟在发布数字胜任力框架时充分考虑到框架对于教育教学的指导性作用，因此形成了针对不同阶段与维度的配套师资培训课程目标、能力要求、教师具体能力体现、活动实例等内容，可较好地指导教师教育课程的设计。在此之前，有研究显示，75% 的职前教师认为他们接受的教师教育项目没有很好地支撑他们有效地将技术融入教学。而这一现象在数字胜任力框架出现后得到了很大的改善[60]。尽管如此，学者仍然呼吁缩小教师数字胜任力框架与教师 / 准教师教学实践之间的差距[61]。而我国官方目前没有教师数字胜任力的表述，与教师相关的能力是"信息技术教学应用能力""信息化教学能力""信息化教育教学能力"等。所涉及的标准相对简练，缺乏教师能力等级的划分与配套标准的应用指导方案。由于缺乏统一框架的指引，数字胜任力融入我国教师教育的程度较低，培养缺乏系统性。目前已有依托平台或实验室等信息化教学环境的构建来发展学生信息化教学能力[62-65]、基于通用信息化教学课程[66-70]与学科信息化教学课程[71-74]的相关研究，致力于改革提升职前教师的信息化教学能力或数字胜任力。此类研究均是从微观层面基于某门课程与平台进行研究，进而提出相应策略，其研究的整体效果有待考察，其长期的运行机制尚未建立。

其中，基于 TPACK 模型的职前教师整合技术的学科教学知识培养，相比其他单一的培养方式，属于较为系统的、效果良好的职前教师融合技术的专业教学知识培养方式，受到学界的关注。张凯和王真真以基于技术知识、教学知识和学科知识的 TPACK 框架为基础，分析高职教师信息化教学能力存在的系列问题，设计高职教师信息化教学能力的提升路径[75]。TPACK 模型为教师教育提供模式化的课程设计指南，大大地缓解了技术知识、专业知识和教育知识之间的脱节情况，但研究者也承认 TPACK 理论模型在不同教育环境下的实验结果与干预措施不能复制，还需要充分考虑特定学科、特定教师的特殊性[76]。最重要的是，该模型脱离于国家现行标准而存在于教师教育体系中，容易造成学生能力培养与社会需求脱节的情况。

由此可见，由于缺乏系统的教师数字胜任力模型 / 框架，我国职业教育教师数字胜任力无法得到系统培养；职前教育与职后培训脱节，导致高校培养的未来教师与现实需求脱节，增大了岗前培训的负担，限制了教师职后的专业发展。本书以新入职的职业教育教师与骨干教师为切入点，构建其数字胜任力模型，以此指导教师培养与培训，进而带动职业教育教师队伍数字胜任力的整体提升。

3. 研究述评

数字胜任力已成为数字时代教师信息素养的主流表述，随着技术的发展，教师数字胜任力的构成要素将更加灵活多元，同时也将具有更强的动态发展性，各个国家与地区需定期修改或发展符合自身实际情况与不同类型教师的数字胜任力模型。

数字胜任力模型是指导教师能力评测、教师教育、教师专业发展的根本。国外关于数字胜任力的研究体现了数字胜任力本体研究到应用研究的脉络，即“概念与内涵的研究—理论框架研究—维度要素筛选与赋权—数字胜任力模型构建—模型应用”。其中，模型是连接理论与实践的枢纽，需要站在系统的角度构建分阶段的教师数字胜任力进阶模型。模型构建需以学习者为中心，关注教师对于学生的赋能，让其更好地参与社会实践，同时兼顾教师对于技术的态度、技术伦理与道德等因素。

数字胜任力模型的应用应考虑系统化与统一性。模型的应用应充分融入教师专业标准，指导教师全职业生涯能力评测、教师教育课程的设计和教师职后培训课程的实施。因此，在模型构建时需考虑研究对象相关专业标准的内容，形成统一的指导方案，为教师个体专业发展提供参考，为政府决策提供依据。

职前教师数字胜任力培养是模型应用的重点领域，高水平职教师资培养更是重中之重。未来教师的数字胜任力研究将持续热点，高水平职教师资数字胜任力研究与其他类型师资研究相比处于弱势地位，同时职业教育教师职前培养存在与职后培训脱节的问题[77]，职业教育教师能力的提升关乎我国未来技术技能人才的培养。因此，以职业教育教师全阶段发展为切入点，聚焦职教师资数字胜任力发展，可有效解决职业教育教师关于数字胜任力培养研究不足和实践滞后的问题。另外，通过建立数字胜任力培育框架，帮助职业教育教师入职培训与专业发展，带动职业教育教师整体发展，实现“双师型”教师个体成长和团队建设，服务数字时代学校教育高质量发展[78]，为教育数字化转型蓄能造势。

第三节 核心概念界定

一、职教领域教育硕士研究生

职教领域教育硕士研究生（以下简称职教专硕），是一批素质能力较为全面、专业技能与教学能力兼具的高层次“双师型”职业院校储备师资。其专业研究方向对应国家中等职业教育专业群的分类，包含信息技术、加工制造、文化艺术与体育等13个方向，旨在更好地胜任职业院校学生培养工作。

参照现行教育硕士的学习方式，职教专硕可以分为全日制和非全日制两类。为更好聚焦职前职教师资数字胜任力的研究，本书中的职教专硕仅指全日制职教专硕，非全日制职教专硕不列入本书的研究范畴。

二、职业教育教师

2022年新修订的《中华人民共和国职业教育法》规定：职业学校教育分为中等职业学校教育、高等职业学校教育。中等职业学校教育由高级中等教育层次的中等职业学校（含技工学校）实施。高等职业学校教育由专科、本科及以上教育层次的高等职业学校和普通高等学校实施。因此，职业教育教师是指符合国家制定的职业分类和职业等级标准的人员，拥有学历证书、培训证书和职业资格证书，并实施中等、高等职业学校教育的专业人员。由于职业教育教师队伍是个复杂庞大的体系，包含教学、管理等多种职能，因此在本书中，职业教育教师是指在中等、高等职业院校从事职业教育的专业人员，特别是进行理论课、实践实训课程教学的教师。

三、数字胜任力

综合欧盟2005年发布的《终身学习核心素养：欧洲参考框架》报告与2012年发布的《实践中的数字胜任力：基于框架的分析》中关于数字胜任力的表述，本书将数字胜任力（digital competence）定义为为了就业、学习、自我发展及社会参与，自信和批判性地使用数字技术的公民核心素养，是从事未来数字工作的核心能力，包含知识、技能和态度三方面的内容。数字胜任力的内容会随着专业、岗位的不同而存在差异，且基于专业情境，强调绩优者能更好地使用数字技术的专业能力。

四、数字胜任力模型

模型是人们依据特定的研究目的，在一定的假设条件下，再现原型客体的结构、功能、属性、关系、过程等本质特征的物质形式或思维形式。胜任力模型（competence model）是胜任力理论的核心，是反映绩优者胜任数字时代专业工作的本质特征[79]，是胜任某一领域具体任务所需具备的特征或能力要素的总和[80]。

Spencer 等指出，胜任力模型通常由知识（knowledge）、技能（skill）、动机（motives）、特质（traits）和自我概念（self-concept）5个要素组成[22]。知识是个体在具体领域所需的专业化信息。技能是执行某个具体工作任务所需要的能力。动机是驱动个体行动的动力。特质是指对情景和信息的一贯反应。自我概念则是个体的态度与价值观。基于此，可将数字胜任力模型理解为某一特定专业为适应数字时代发展要求，将数字技术深度融入工作所需的能力结构。

第四节 理论基础

一、胜任力理论

胜任力理论的核心就是胜任力模型。目前应用最为广泛的胜任力模型是胜任力“冰山”模型和“洋葱”模型[81]。这两种模型为更好地解释胜任力的多元要素，提供了重要的依据[82]。胜任力“冰山”模型将胜任力的构成要素比喻为“海平面”之上可见的“冰山”和隐藏于“海平面”之下的“冰山”。其中，可见的“冰山”部分包括知识和技能，较容易被观测与引起重视，通过定向学习和培训可以得到发展与提升。而“海平面”之下的“冰山”部分包括自我概念、特质和动机，也是胜任力重要的组成部分，但相对于知识与技能，具有不易观测与隐蔽的特性，需要深入挖掘与分析，且需附着在知识与技能中进行培养。这些隐性特征对于个体在具体领域岗位上的表现和绩效有重要作用。有研究表明至少75%的差距是由隐性特征和外在因素所导致的[83]。

胜任力“洋葱”模型与“冰山”模型类似，但其构成要素间的相互关系与培养难易程度更明确。构成要素中特质、动机和自我概念等隐性能力与知识和技能等显性能力的发展具有因果关系。Spencer 等认为，胜任力包含意图，意图是动机或特质的原动力，一方面可以产生充沛的动力，从而使行动产生良好的结果，而另一方面不良的内在动机可能会抑制能力的发展，产生消极的行动[84]。因此，在研究教师数字胜任力的同时，大量的研究开始关注教师技术采纳情况，以预测教师将技术融入教学的可能性。从构成要素习得的难易程度看，特质、动机和自我概念在“洋葱”的最里层，最难培养，而知识和技能在最外层，相对来说较容易培养。

以上胜任力模型从本质上展现了要素的多维性，以及构成结构“显隐结合”这一基本特征。在对职业教育教师进行数字胜任力分析时，一方面需要关注多维的、系统的构成要素，即分析在职业特性与发展场域下绩效优秀个体的能力特质，提取其外显的能力与知识要求和内隐的动机与特质要求；另一方面，需要针对培养难度较大的内隐要素开展长时段浸润培养，从“内”“外”两个视角深入分析职业教育教师数字胜任力的运作机制，使其内外能力得到综合发展，以更好地满足数字时代的工作要求。

二、分布式认知理论

分布式认知（distributed cognition）理论是一个包括认知主体和环境的系统理论[85]，主张认知分布于个体内、个体间、媒介、环境、文化、社会和时间等之中[86]，强调参与者全体、人工制品和他们所处特定环境的相互关系[87]。

20世纪80年代中期，计算机在学习中扮演着越来越重要的角色，Hutchins明确提出了分布式认知的概念，认为它是重新思考所有领域认知现象的基本范式[88]。他认为，认知任务执行过程中受到个体认知、个体与计算机、个体间通过计算机的交互影响，除此之外，还受到社会与文化的交互作用。

Salomon 将个体认知与分布式认知的关系通过交互作用模型（reciprocal interaction model）展示[89]，如图1-5所示。模型中个体认知（A1、A2、A3）与反应物（B1、B2、B3）间交互影响，依次促进，呈现出螺旋发展的过程。

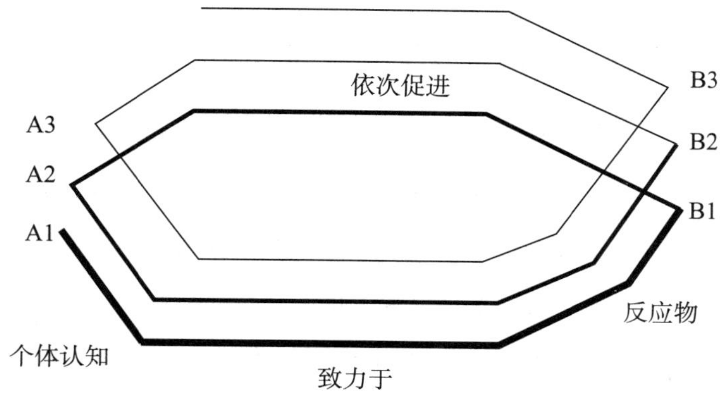

图 1-5　个体认知和分布式认知之间的交互关系

Hatch 和 Gardner 提出了分布式认知的同心圆模型（concentric model），如图1-6所示[90]。

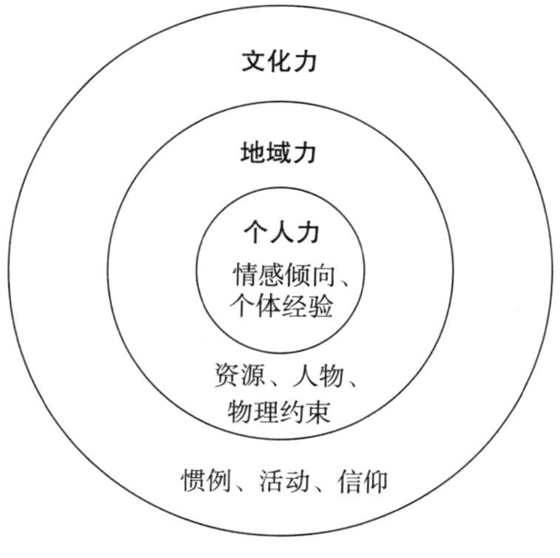

图 1-6　同心圆模型

同心圆模型明确了文化力、地域力、个人力三种力的相互影响，最外层是文化力，代表惯例、活动及信仰；中间层是地域力，代表本地情境中的资源、对个体认知有重要影响的人物及物理约束；最里层是个人力，代表个体经验与情感倾向。个人认知会受到教师、家庭、环境的影响，同时受到文化、期望、条件的限制。

职业教育教师对技术的认知受到技术自身、环境及与之相关的一切因素影响，其认知不是一成不变的，而是会随环境变化而不断变化的。信息化2.0时代，自主学习成为常态，职业教育教师采用数字技术开展教学会受其态度、认知及专业或教学实践的影响而发生变化，并进入不同的发展层级。因此，在建构职业教育教师数字胜任力理论框架时需充分考虑相关因素的影响并融入要素的设计，在开展职业教育教师数字胜任力培育时也需要注重相关影响因素对于培养的促进作用。

三、教育测评模型的构建范式

教育测评模型的构建范式是教育测评模型构建的一整套规范，主要包括：确定模型构建价值取向、明确教育测评对象操作性定义、构建教育测评指标体系、确定教育测评指标权重、生成教育测评模型、验证和修正教育测评模型[91]。应用这一范式构建的模型可指导相关领域的决策、实践和评估。

本书在职业教育教师数字胜任力模型构建的基础上，开展相应的应用研究（含测评与课程建设方案），其中模型的构建是关键，遵循教育测评模型的构建范式可为职业教育教师数字胜任力模型的构建提供技术指导与路径指引。通过前期的文献综述确定了教师数字胜任力模型构建的价值取向，即构建模型至实践的映射。但研究不止于构建模型本身，还需基于模型开展相应的能力测评与课程体系构建，为职教师资专业内涵式发展提供理论指导与实践范例。通过文献梳理明确职业教育教师数字胜任力操作性定义。采用自上而下的方式构建指标体系，即根据一定的理论基础与文献研究初步构建指标与框架，再结合专家意见对指标进行修订与完善。通过定量与定性结合的方式确定指标的权重，以此生成职业教育教师数字胜任力模型。通过实证资料验证与修正模型，最后开展模型的相关应用研究以指导培养院校开展针对性的培养。

四、现实主义能力观

学界对于能力研究有两种范式，一种是要素范式，另一种是行动范式。采取哪种范式取决于研究目的。现实主义能力观是行动范式下典型的能力研究理论，提倡按照现实的原理组织课程。在职教领域，只有用行动范式（把能力看作人在现实情境中行动的力量，能力的描述须关联实际活动）描述能力，才能为构建职业能力的课程体系提供清晰的思路[92]。真正有效的职业能力培养路径在于使学生进入实践的行动逻辑，学生只有将自身置于行动领域，在大量目标清晰的训练下才能掌握这一逻辑。那么，在职教领域如何依据行动领域组织课程，需遵循一定的课程开发原理（图1–7），即岗位任务对应课程组织、职业能力对应课程内容、项目行动对应教学设计，关注职业能力承接岗位任务与项目行动的纽带作用。

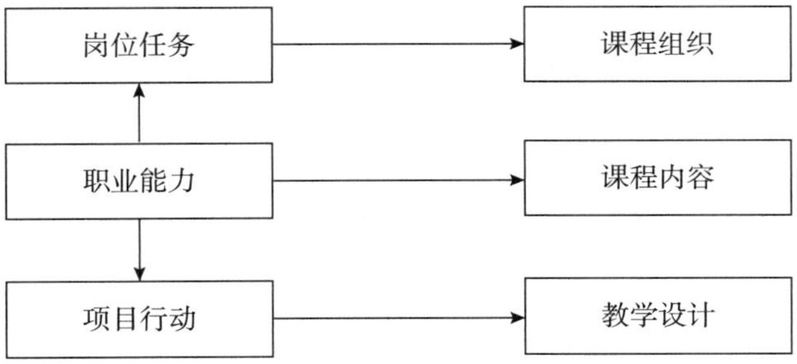

图1–7 职教行动领域与课程要素的对应

职业教育教师数字胜任力模型构建完成后，需形成模型至实践的映射，现实主义能力观指导能力到教学内容的转化，结合职业教育教师学习与工作任务，形成相应的教学设计，基于现有的课程体系，重塑课程模块内容与教学活动，支撑学生能力的达成。

第五节 研究问题

我国数字胜任力的研究尚处于概念界定与内涵分析阶段，职业教育教师数字胜任力的研究有待推进，为本书研究的起点。文献梳理明确了数字胜任力的研究需遵循“概念与内涵的研究—理论框架研究—维度要素筛选与赋权—数字胜任力模型构建—模型应用”这一研究脉络，其中胜任力模型研究是概念与内涵研究的重要体现，是开展应用研究的基础。基于此，围绕职业教育教师数字胜任力模型建设的前端与后端，本书聚焦解决以下四个问题。

一、职业教育教师数字胜任力的概念与内涵

职业教育教师数字胜任力的概念厘定是研究的起点。通过梳理国内外教师数字胜任力的相关概念与内涵，结合我国中高职教师专业特点，依托胜任力理论，强调职业教育教师作为未来职业教育数字化转型的关键力量，应具备更优的数字知识、技能和动机、特质和自我概念，进而凝练微观层面职业教育教师数字胜任力的描述型概念，以此对职业教育教师数字胜任力进行理论阐释，为后续模型构建与量表开发奠定基础。

二、职业教育教师数字胜任力构建的理论支撑

职业教育教师数字胜任力的理论框架是研究的理论支撑。根据国内外关于教师数字胜任力框架的对比研究，明确了理论框架是模型构建的根本。借鉴前人的模型架构与认知心理学相关理论，结合我国教师信息化教学能力的相关标准，构建职业教育教师数字胜任力理论框架，为后续构建职业教育教师数字胜任力模型提供理论依据。

三、职业教育教师数字胜任力模型的应然结构

模型是连接理论和实践的中介。构建职业教育教师数字胜任力模型一方面须在理论框架的指导下开发；另一方面需要将模型融入我国职业教育教师的专业标准中，进行系统化构建。基于此，以所构建的理论框架为基础，结合关键文献等资料，提取与归纳职业教育教师数字胜任力结构要素，通过专家咨询进而确定维度、要素、权重、指标描述（外在表征），最终生成职业教育教师数字胜任力模型，为开发职业教育教师数字胜任力测评量表与构建职业教育教师数字胜任力课程体系奠定基础。

四、职业教育教师数字胜任力模型的应用

模型的应用是检验模型与推广模型的唯一途径。通过模型到问卷的转换，一方面可从实证角度检验模型的稳定性；另一方面可达到规模评测的目的，为学校和政府了解职业教育教师数字胜任力现状提供工具。不仅如此，模型还可指导职业教育教师数字胜任力培育课程设计，为职业教育教师数字胜任力提升赋能。为将模型的应用最大化，本书以指标描述为纲要，编制职业教育教师数字胜任力特征评测量表。以全国职业教育教师为样本，测量其数字胜任力水平，从实证应用的视角检视与修订模型，也为职业教育教师数字胜任力培训课程设计提供依据。通过对典型培养院校职教专硕负责人访谈，总结不同院校数字胜任力培育课程结构存在的问题，从教师专业发展角度提出具体的课程架构，持续推动职业教育教师数字胜任力培养的差异化和常态化。

第六节 研究路线

根据研究问题，明确研究路线为“概念厘定—理论框架构建—模型开发—模型应用”（图1-8）。

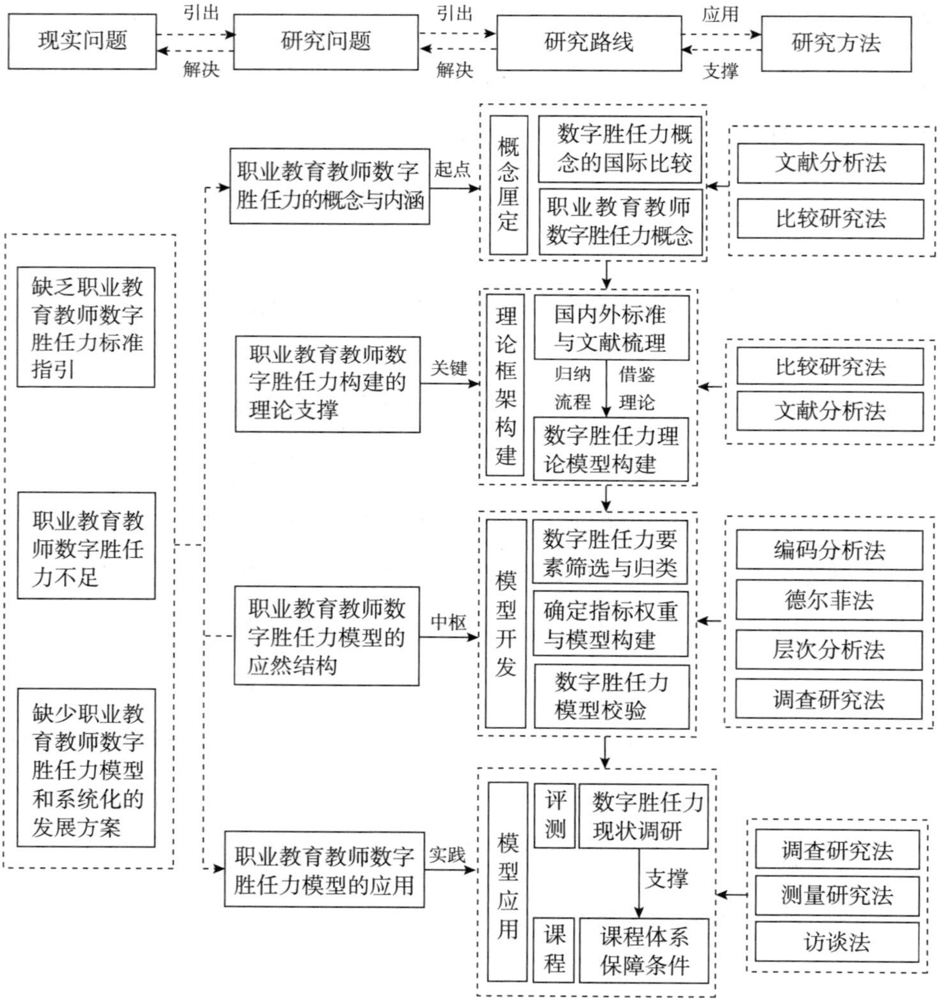

图1-8 研究技术路线图

第一步，概念厘定。通过对国内外相关文献和政策文本的梳理，采用文献分析法与比较研究法深入分析教师数字胜任力概念，明确职业教育教师数字胜任力的操作性定义，为构建职业教育教师数字胜任力模型明确价值取向。

第二步，理论框架构建。基于职业教育教师数字胜任力的操作性定义，通过对比分析国内外数字胜任力相关框架/标准，明确模型构建的流程与注意事项，借鉴目前较为成熟的数字胜任力模型架构，构建本土化的职业教育教师数字胜任力理论框架。

第三步，模型开发。基于理论框架，使用质性文本分析软件 NVivo 对相关的框架、标准、重要文献进行要素提取与归类，确定职业教育教师数字胜任力维度与要素；采用德尔菲专家咨询法对专家（中职学校骨干教师、职教管理行政机构 负责人、教育技术和职业技术教育领域高校专家）进行多轮咨询，并用层次分析法聚拢专家意见，进行指标赋权，明确维度与要素的结构关系，进而形成职业教育教师数字胜任力模型。基于职业教育教师数字胜任力模型拟定自评问卷，通过小范围试用，验证问卷的信效度后，向全国职业教育教师发放自评问卷，使用 SPSS 统计分析软件对回收的问卷进行项目分析和信效度检验、描述性统计分析、探索性因素分析和相关性分析，确定问卷结构与构建的职业教育教师数字胜任力模型是否吻合，进一步从实证应用的视角来检视模型的有效性。

第四步，模型应用。利用模型编制的自评问卷，一方面调研分析全国职业教育教师数字胜任力水平，并对其能力发展提出相应的意见与建议；另一方面调研了解高水平职教师资——职教专硕毕业生的数字胜任力现状，确定其能力薄弱点，实现模型的评测价值。基于现实主义能力观和核心能力与课程整合的关键流程，结合评测资料，从培养目标、课程体系、课程评价等角度实现职教专硕数字胜任力培育的课程体系整合。结合对培养院校与职教相关人员的调研资料，系统地从人员支持、机制支持、环境支持等方面提出课程推行的应用文化，形成系统的模型应用方案。

第二章
职业教育教师数字胜任力概念界定

第一节 国外数字胜任力概念的历时梳理

国外数字胜任力概念的流变经历了媒介素养、信息素养、计算机素养、网络素养、数字素养、数字胜任力等能力的表述（图2-1）。素养被认为是比技能更为广泛的概念，它包括能力、态度等，并用于基础阅读和写作以外的各种主题。文献表明，基本技能和工具（即阅读、写作、掌握计算机应用）只是获得知识、技能和态度的第一步，素养被视为从工具技能到生产能力和效率的连续体[93]。数字胜任力则是“为更好地完成特定环境或领域的一项任务而充分使用数字技术来发挥已有的知识、技能和态度的作用”[94]，集中表达了新时代公民的核心能力，体现了数字胜任力是基于特定时期，并最终指向卓越的工作绩效的综合数字能力。

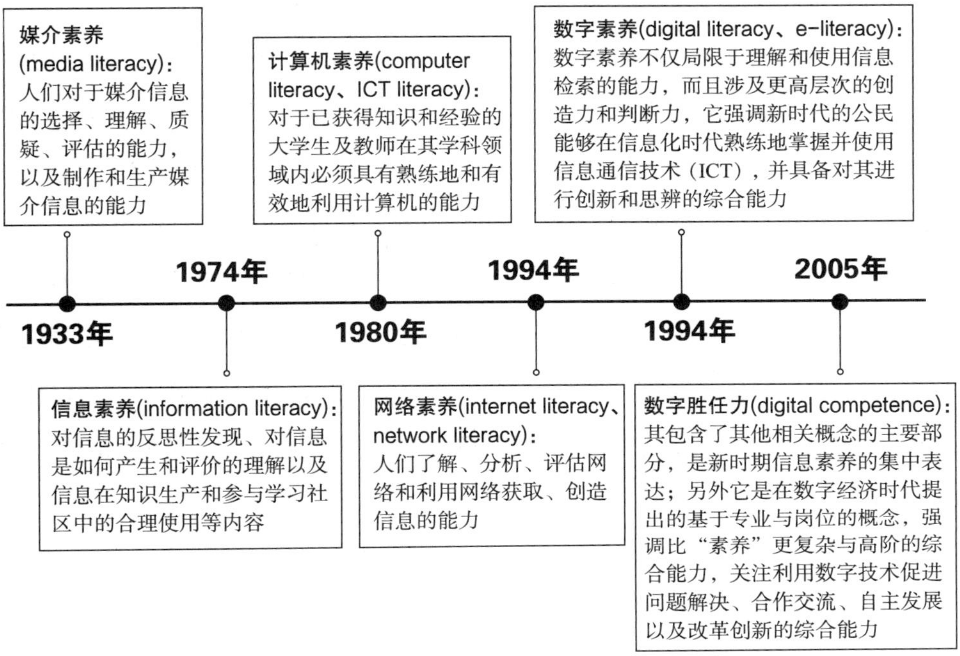

图 2-1 国外数字胜任力概念发展阶段

一、前期发展阶段（1933~1993 年）

1. 媒介素养

学界普遍认为，英国学者 Leavis 和 Thompson 在1933年提出的“文化素养”（literacy culture）是媒介素养的先导概念[95]。当时，广播和电影的普及给传统文化带来了极大冲击，因此，有专家学者便提出了“媒介素养”（media literacy）这一教育概念，其目的是保护传统文化和传统价值观。

虽然国外关于媒介素养的研究早于国内很多年，并且涉及新闻学、传播学、教育学、心理学等诸多学科领域，但是媒介素养的概念历经几十年的发展演变始终没有统一的定义。英国著名的媒介素养理论学者 Buckingham D. 在其著作《媒介教育：素养、知识与现代文化》（*Media Education*：*Literacy*，*Learning and Contemporary Culture*）中指出，媒介素养是有关媒介的读写能力、参与能力，这种素养既能促使年轻一代去判断分析媒介，也能使他们成为媒介的生产者[96]。美国媒介素养理论专家Considine认为，媒介素养是人们使用、分析、评价和传播各种形式媒介信息的能力[97]。Aufderheide和Firestone指出，媒介素养就是使用各种媒介形式进行访问、评估、制作和交流的能力，它的重点在于学会批判性思考[98]。美国学者朱莉娅·伍德认为媒介素养就是理解大众媒介的影响，并且主动地以多角度的、批判性的方式接近、分析、评价和响应大众媒介的素养[99]。随后，美国媒介素养研究中心对媒介素养的概念进行了如下定义：媒介素养就是指人们对于媒介信息的选择、理解、质疑、评估的能力，以及制作和生产媒介信息的能力[100]。这是学界使用较为普遍的概念，也为后面其他相关概念的提出提供了思路。

2. 信息素养

国际上，信息素养（information literacy）在图书馆的组织与推动下备受关注并持续发展，从图书馆领域与教育领域逐步扩展，其内涵与外延逐渐演变，不再局限于数字信息层面的技能，而是成为社会公民在信息社会的必备素养。

1974年美国信息产业协会主席Zurkowski率先提出了信息素养这一全新概念并解释为：利用大量的信息工具及主要信息源使问题得到解答的技能[101]。信息素养概念一经提出便得到广泛传播和使用。1979年，美国信息技术产业委员会（Information Technology Industry Council，ITI）提出，人们使用信息技术确保各类问题得到快速有效的解决能力称为信息素养[102]。1987年，信息学家Breivik将信息素养概括为能鉴别信息价值从而选择获取信息的最佳渠道，掌握获取和存储信息的基本技能[103]。1989年，美国图书馆协会（American Library Association，ALA）下设的信息素养总统委员会（Presidential Committee on Information Literacy）[104]期望通过界定信息素养，进而分析信息素养对学生成绩、终身学习以及成为积极公民的重要性，以此来构建一种或多种信息素养发展模型，并指导相关领域的实践。1992年，Doyle在信息素养全美论坛的总结报告中提出，具有信息素养的人能够认识到精确的、完整的信息是做出合理决策的基础，能够确定对信息的需求形成基于信息需求的问题，能够确定潜在的信息源，并制定成功的检索方案，能够从计算机和其他信息源获取信息、评价信息、组织信息，并在实际应用中将新信息与原有的知识体系进行融合，并能在批判性思考和问题解决的过程中使用信息[105]。1998年美国图书馆协会等在《信息能力：创建学习的伙伴》中提出信息素养、独立学习与社会责任的标准框架[106]。信息素养概念提出之后，图书情报学、社会学、教育学等领域分别衍生出了与各领域特征相适应的信息能力、媒体素养、数字能力、信息技术素养、数字素养等概念，定义的核心在于使用技术获取、评价和组织信息，并能够辩证地看待信息的能力，强调的是一种“方法能力”。

随后，联合国教科文组织在2003年和2005年连续召开以“信息素养”为主题的世界大会，并发布《布拉格宣言：走向具有信息素养的社会》（*The Prague Declaration*: *Towards an information literate society*）和《信息社会在行动：关于信息素质和终身学习的亚历山大宣言》（*Beacons of the Information Society*: *The Alexandria Proclamation on Information Literacy and Lifelong Learning*）[107]，提出人类将走向信息社会，明确信息素养是21世纪终身学习的核心能力。美国大学和研究图书馆协会（Association of College & Research Libraries，ACRL）在2015年发布的《高等教育信息素养框架》（*Framework for Information Literacy for Higher Education*）[108]给出了信息素养定义，认为信息素养是一种综合素养，包括对信息的反思性发现、对信息是如何产生和评价的理解以及信息在知识生产和参与学习社区中的合理使用等内容。它是一个更灵活的概念框架，使其具有更广泛的适应性，强调构建性与情境性、信息创建的过程性、信息的价值性、探究式研究、对话式学术研究、战略探索式检索六方面。

2013年，联合国教科文组织在其发布的《媒体和信息素养策略与战略指南》（*Media and Information Literacy*: *Policy and Strategy Guidelines*）[109]中指出信息素养应包括达成目的所需的条件，此条件是阐明对信息的需求、查找和获取相关信息、批判性地评估媒体和其他信息提供者的内容，包括提取和组织互联网上权威的、可信度高的信息内容，通过负责任的方式将自己对信息的理解以适当的形式传达给他人，能够运用信息通信技术技能来处理信息和制作信息，与媒体和其他信息提供者进行交流与协作。此方针对于信息素养的界定基本上使学界达成了共识。

3. 计算机素养

1980年以后，计算机技术日新月异，在各行业中被广泛运用，各国专业学者和机构对信息素养概念的内涵做了大量理论研究和探讨，使得信息素养的含义不断深化，信息素养和计算机网络逐渐产生联系，并渐渐进入大众视野。

在20世纪80年代，国外就提出“计算机素养”（computer literacy、ICT literacy）概念，美国北肯塔基大学把计算机素养定义为“对于已获得知识和经验的大学生及教师在其学科领域内必须具有熟练地和有效地利用计算机的能力”[110]。从计算机素养一词的字面意思可以看出，计算机素养是指了解并能够使用计算机及相关软件方面的能力。1983年Horton在他的文章《信息素养与计算机素养》里评论道：“计算机素养是指对于机器能力的理解，而信息素养则是个人或企业对于‘知识爆炸’发生的觉醒，是对机器辅助处理系统（machine-aided handling system）如何帮助识别、访问和获取需要的数据、文档和文献以解决问题和进行决策的认识。”[111]

从计算机素养概念的发展来看，计算机素养和信息素养是相互关联的，具有信息素养的人必然具备计算机素养，计算机素养是信息素养的技术支撑，但不是全部。一般认为，信息素养的概念广于计算机素养的概念，即信息素养包含计算机素养。无论如何，需要关注的是计算机应用的普及在20世纪80年代为信息素养注入了新鲜的元素。

二、中期发展阶段（1994~2005年）

1. 网络素养

1992年，国际互联网正式诞生，随后人类进入了利用浏览器进入门户网站，单向获取信息的Web1.0时代，网络素养（internet literacy、network literacy）一词应运而生，强调有关网络的素质与修养。网络素养在英文语境中有多种表述，如“internet literacy”“network literacy”“cyber literacy”“net smart”“network competence”等。

1994年，美国学者McClure最早提出“网络素养”这一概念，他将网络素养视为信息素养的一部分，并几次修改了网络素养的概念内涵，最终将其概括为知识和技能两个层面，具体来说知识层面是指网络知识的正确判断，技能层面是指网络技能的有效使用[112]。1995年，美国加利福尼亚州立大学认为网络素养是图书馆素养、计算机素养、媒介素养、技术素养、伦理学、批判性思维和交流技能的融合，是广义的网络素养[113]。

2010年，美国大学与研究图书馆协会认为信息素养包含网络素养，是指信息技术素养，即使用电脑、软件应用、数据库以及其他技术等来实现与工作和学术相关的目标能力，属于狭义的网络素养[114]。此外，还有人认为网络素养是指人们了解、分析、评估网络和利用网络获取、创造信息的能力[115]。

欧盟委员会（European Commission）2010年发布的《网络素养手册》第三版[116]（第一版与第二版分别发布于2005年与2007年），认为网络素养是“如何充分利用互联网以及如何保护网站和社交网络上的隐私”的能力。该手册包含连接网络（getting connected）、网络设置（setting up websites）、信息检索（searching for information）、远程学习（distance learning）、隐私（privacy）、安全（security）、欺凌与骚扰（bullying and harassment）等25个主题，从相关知识、技能、教育、实践案例等方面出发为教师、家长和学生提供指南。值得注意的是，该手册对网络素养的定义侧重于对人们道德方面的约束而非其他学者认为的人们自身应具备的技能。

2. 数字素养

随着信息以数字形式表达的时期到来，1994 年，以色列学者 Eshet-Alkalai 首次提出“数字素养”（digital literacy）一词，并将其概括为“理解及使用通过电脑显示的各种数字资源及信息的能力”[117]。他认为数字素养框架包括五大要素，分别为“图片图像素养”“再生产素养”“分支素养”“信息素养”“社会情感素养”，其含义分别为“识别理解图形图像信息的能力”“重新整合信息的能力”“非线性的信息搜索，在零散的信息中建构知识的能力”“检索、筛选、辨别、使用信息的能力”“共享知识，进行数字化情感交流的能力”。随后，Eshet-Alkalai 和 Amichai-Hamburger 在该列表中增加了一项实时思考技能，即实时处理和评估大量信息的能力[118]。1997 年，Gilster 在其著作《数字素养》（*Digital Literacy*）[119] 中正式提出“数字素养”的概念。他认为，数字素养主要包括获取、理解与整合数字信息的能力，具体包括网络搜索、超文本阅读、数字信息批判与整合等技能。他将数字素养描述为对数字时代信息的使用与理解，并强调了数字技术作为“基本生活技能”的重要性，有效区分了数字素养和传统的读写能力。Jones-Kavalier 和 Flannigan 在《连接数字点：21 世纪的素养》（*Connecting the Digital Dots: Literacy of the 21st century*）中将数字素养和批判性思维联系起来，认为数字素养代表了一个人在数字环境中有效执行任务的能力[120]。

2008年，Jones-Kavalier 和 Flannigan 将数字与素养分别界定以定义数字素养，代表一个人在数字环境中有效执行任务的能力。数字是指以数字形式表示并主要在计算机展示的信息，识字能力包括阅读和解释媒体的能力。总的来说，数字素养包括通过数字操作再现数据和图像的能力，并对从数字环境中获得的新知识进行评估和应用的能力。Burns 强调数字素养不应取代现有的基础能力，阅读、写作和算术是充分参与数字社会的关键技能[121]。

从现有的数字素养概念出发，我们发现数字素养并不是指简单的一种技能或能力，而是一种关乎所有人基本生活的、复合的、跨学科的重要技能，这种技能能够促使个体获得其他的一些重要技能（如语言、数学、学会学习、文化意识等），甚至被标记为数字时代的生存技能或信息社会的重要资产。英国联合信息系统委员会（Joint Information Systems Committee，JISC）认为数字素养是个人在数字社会中生存、学习及工作所需的能力，包括利用数字工具开展学术研究、撰写报告、批判性思考等能力。Sefton-Green 等通过描述人们与数字技术的互动来解释这个术语，因为数字技术充当了许多社会互动的中间介质[122]。2017年8月，国际图书馆协会联合会（International Federation of Library Associations and Institutions，IFLA）发布了《国际图联数字素养宣言》（*IFLA Declaration on Digital Literacy*）。该宣言是第一份关于数字素养的国际性系统宣言，明确了数字素养对于个人及社会的重要意义，具备数字素养意味着可以在高效、合理的情况下最大限度地利用数字技术，以满足个人、社会和专业领域的信息需求。

综合来看，对于数字素养的定义，内容均涉及信息与技术的理解、使用、评估、创造。由此可见，数字素养不仅局限于理解和使用信息检索的能力，而且涉及更高层次的创造力和判断力，它强调新时代的公民能够在信息化时代熟练地掌握并使用信息通信技术，并具备对其进行创新和思辨的综合能力。

同期相似的概念还有数字能力，它与数字素养的概念经常被互换使用[123]。这两个术语可以在同一篇文章中找到[124，125]，并表达相同的意思。数字能力是一个不断发展的概念，目前还没有明确定义，它与数字技术的发展以及知识社会中公民的学习目标和期望有关，在政策文件中被视为核心能力。由此可见，国外关于数字能力与数字素养的使用更多在于语境的差异上，在教育语境下，更多强调教师或学生的数字能力，以便指导相应的课程开发与教学实施。

三、后期发展阶段（2005年至今）

数字胜任力

2005年，欧盟发布的《终身学习核心素养：欧洲参考框架》报告中首次正式提出数字胜任力这一名词。数字胜任力（digital competence）被划入八大核心素养之中，被定义为“自信和批判性地使用信息通信技术，从而更好地实现自我发展与参与专业实践。”在所有的欧洲政策中不再强调获取和使用技术的能力，而是强调运用技术使生活、工作和学习受益的能力，是所有人基本的生活技能，甚至被称为“数字时代的生存技能”[126]。为了明确数字胜任力与其他相关概念的关系，学者Ala-Mutka等绘制了数字胜任力与各相关概念的关系圈[125]（图2–2）。信息化素养通常是最窄的数字概念，主要指技术知识和计算机、软件的使用技能。网络素养强调了网络环境下基于工具的相关技能与知识。信息素养和媒体素养的概念在很大程度上存在重叠，同时涵盖了数字领域和非数字领域（传统媒介）的能力。信息素养更多的是寻找、组织和处理信息，而媒体素养更强调安全和富有成效地参与、理解、使用和创建媒体的技能。两者都强调了批判性态度。数字素养则被誉为数字时代的生存技能[127]，是信息素养在技术上的特殊考虑，是人们在数字化信息时代应当具备的素养，即熟练使用网络技术工具，能够管理、评价、整合和创造信息。数字胜任力则是包含最广泛的概念，它包括其他概念的主要方面，以及通过数字技术负责任地、有效地使用数字工具进行个人发展的内容[128]，是终身学习理念下产生的概念。

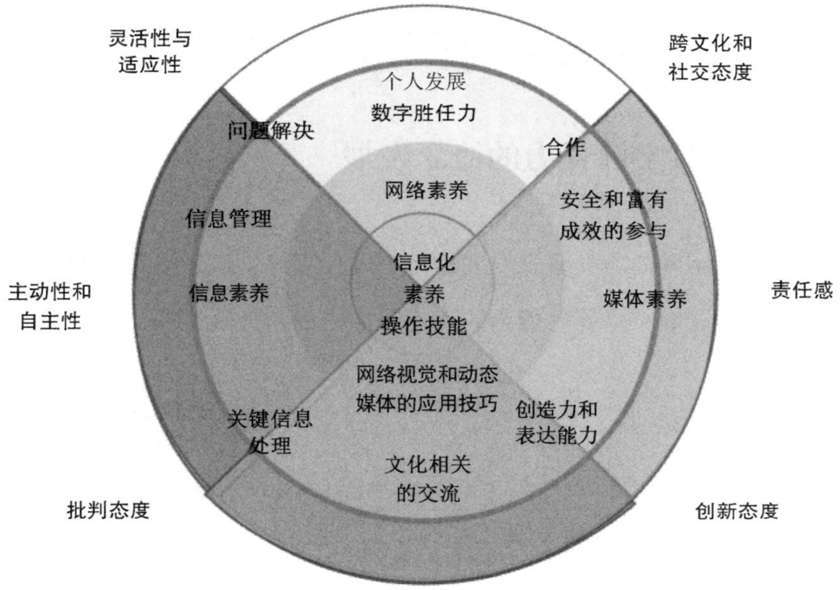

图 2–2　数字胜任力与各相关概念的关系圈

2011年1月，欧盟联合研究中心（EU Joint Research Centre，JRC）开始实施“数字胜任力项目”[129]。2012年，欧盟数字胜任力研究团队提出数字胜任力是使用信息技术和数字化媒体来执行任务，解决问题，交流和管理信息，协作、创造和共享信息，进而建构知识所需的知识、技能和态度（包括能力、战略、价值观和意识）[130]。2020年欧盟发布的《数字教育行动计划（2021—2027年）》提出两项优先战略：构建高水平的数字教育生态系统、加强数字化时代的数字胜任力。这标志着提升“数字胜任力”从概念认知到能力标准，从而走向全面行动阶段。

基于此分析，发现国外研究认为数字胜任力概念包含了其他相关概念的主要部分，是新时期信息素养的集中表达；另外，它是在数字经济时代提出的基于专业与岗位的概念，强调比“素养”更复杂与高阶的综合能力，关注利用数字技术促进问题解决、合作交流、自主发展以及改革创新的综合能力。

第二节 国内数字胜任力概念的历时梳理

一、国内数字胜任力的概念发展

国内关于数字胜任力的概念发展经历了媒介素养、信息素养、网络素养、信息技术应用能力、数字素养等能力的表述，如图2–3所示。

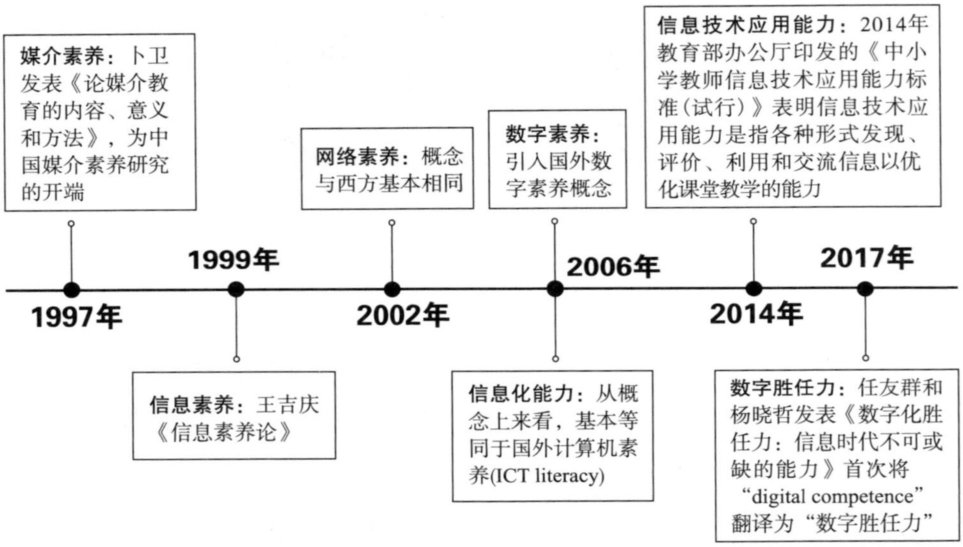

图2–3 国内数字胜任力概念发展阶段

1. 媒介素养

我国业界普遍认为卜卫于1997年在中国传媒大学学报《现代传播》上发表的文章《论媒介教育的内容、意义和方法》，是我国媒介素养研究的开端[131]。卜卫通过梳理国外公民媒介教育的概念发展，结合我国国情提出培养公民媒介素养的教育应包括了解基础的媒介知识以及使用媒介、学习判断媒介信息的意义和价值的能力、学习创造和传播信息的知识和技巧，以及具备有效利用大众传媒发展自己的能力[132]。张志安和沈国麟对西方媒介素养的理论进行梳理与分析，提出媒介素养是指人们对各种媒介信息的解读和批判能力，以及使用媒介信息为个人生活、社会发展所用的能力[133]。桂琳认为媒介素养就是指人们对于各种媒介信息的阅读和批判能力，以及使用媒介信息为个人生活、社会发展服务的能力，是人们面对各种媒介信息时所表现出的选择能力、理解能力、质疑能力、评价能力、思辨能力以及创造和制作能力[134]。胡连利和王佳琦指出媒介素养的概念与媒介素养的主体息息相关，如大学生的媒介素养重点在于对媒介信息的独立思考与批判能力，农民的媒介素养是在正确认识媒介的基础上掌握利用大众传媒获取信息和知识的方法，对媒介负面信息应有一定程度的辨别过滤能力，并且知晓通过大众传媒表达自己意见的方法和途径[135]。孙丽通过对近20年来国内媒介素养研究的回顾发现，我国对媒介素养的研究主要分布在新闻传播学和教育学这两个学科，这也表明国内媒介素养研究关注的重心主要是媒介素养的教育问题[136]。张开认为可以从传播学、社会学、教育学等多学科视角解读媒介素养，如从传播学视角出发，媒介素养是一种使用传播工具的技能，是信息时代和知识社会的生存能力；从社会学视角出发，媒介素养是一种权益；从教育学角度考察媒介素养，其为一种培养过程的收获和成效[137]。随着时代的发展，李岭涛和张祎指出机械时代的媒介素养表现为培养批判意识为目的的文字素养，电力时代人们获取信息的渠道虽然变得多样化，但是这种自主性是有限的，因此媒介素养演变为人们有限的自主性的视听素养，而数字时代的媒介素养出发点建立在对虚拟世界与现实社会融合的深刻认识上，即为虚实融合中的复合素养[138]。

2. 信息素养

我国对信息素养的研究大致起源于20世纪末，最早由王吉庆在其著作《信息素养论》中对这一概念进行定义，认为信息素养是一种可以通过教育来培育的，在信息社会中获得信息、利用信息、开发信息方面的修养与能力。它包含了信息意识与情感、信息伦理道德、信息常识以及信息能力多个方面，是一种综合性的、社会共同的评价[139]。基于此理论，李克东提出相似的观点，他认为信息素养应包括信息技术应用技能、对信息内容的批判与理解能力、能够运用信息并具有融入信息社会的态度和能力三个最基本要点[140]。桑新民指出信息素养不仅包括熟练运用当代信息技术获取识别信息、加工处理信息、传递创造信息的基本技能，更重要的是包括在当代信息技术所创造的新环境中独立自主学习的态度和方法、批判精神，以及强烈的社会责任感和参与意识[141]。张艺兵和李艺对信息素养进行了比较透彻的分析，他们认为从技术学视野看，信息素养应定位在信息处理；从心理学视野看，信息素养应定位在信息问题解决；从社会学视野看，信息素养应定位在信息交流；从文化学视野看，信息素养应定位在信息文化的多重建构能力[142]。

我国学者关于信息素养内涵的本土化描述，一是早期信息素养的内涵侧重界定为信息及信息技术的应用能力，涵盖信息意识和情感、信息技能知识、信息处理能力、信息伦理道德四个方面。1995年，金国庆虽未对信息素养作出明确定义，但其参照1989年美国图书馆协会对信息素养所作的定义，认为在20世纪90年代人们对于信息素养的认识已深入人的整体素养这一层面，即信息素养是信息社会人的整体素养的一部分[143]。郭朝明指出信息素养的涵盖面较广，以获取、评估、利用信息为特征，传统与现代文化素养相结合的科学化素养，包括信息意识、信息知识、信息能力以及信息道德等方面[144]。陈维维和李艺从狭义上认为信息素养是个体对信息系统的使用以及获取、分析、加工、评价信息并创造新信息、传递信息的能力；从广义上讲，除了上述能力以外，信息素养还应该包含语言能力、思维能力、观察能力、判断能力等间接能力[145]。明桦等指出信息素养的内涵主要有综合性、过程性、工具性、批判性四方面特征，既囊括了在信息意识、获取和使用过程中的能力，又将其与实际问题和情境相结合，还强调了对信息的比较、鉴别、评价与批判的能力[146]。二是随着对信息素养应用于实践的关注，学者逐渐开展解构信息素养的内涵成分并与教育实践相结合的研究。李艺和钟柏昌借鉴国外相关研究成果，将信息素养解构为知识、技术、人际互动、问题解决、评价调控、情感、态度和价值观8个相互关联的成分，进而诠释各成分的教育要义[147]。吴香然等指出教师的信息素养内涵包括信息意识情感、信息科学技术知识、具有一定的信息能力以及信息伦理道德，并以此制定了教师信息素养的评价标准[148]。王海啸认为大学英语教师信息素养的核心内涵体现在信息素养的意识、知识和能力三个层面[149]。三是信息素养的内涵发展要与终身学习紧密相连。钟志贤参照联合国教科文组织在2003年发布的《布拉格宣言：走向具有信息素养的社会》中对信息素养的定义，提出信息素养是一种终身学习或自主学习的态度、方法和能力[150]。于杨和赫明侠认为信息素养是一种随着信息社会发展进行不断演化的综合能力素养，致力于构建终身学习、全民学习的知识型社会，强调信息的隐私权和道德意识，并将其应用于实际问题的解决[151]。四是信息素养的内涵逐渐由信息的责任意识、处理和创新能力等方面取代对信息技术应用能力的侧重，即由“器”和“道”的研究发展为对“道”的探索。胡月和罗生全指出本土化的学生信息素养是“器”与“道”的结合，在关注能力的同时还应当加强对信息意识、态度、观念及伦理方面的研究，旨在信息认识论转向中逐渐形成信息的文化自觉[152]。周丽娟等认为若将信息获取载体或信息获取的方式比作“器”，信息处理能力比作“道”，那么与信息素养相关的媒介素养、数字素养等这类强调以不同载体或技术为依托而呈现出的信息素养内涵，更多体现的是“器”和“道”的融合[153]。

3. 网络素养

卜卫在论述网络素养教育时指出，网络素养是能够了解和掌握计算机网络的相关知识，拥有传播和创造信息的能力以及对网络信息的评估和鉴别能力[154]。陈华明和杨旭明也提出了相似的观点，认为网络素养的内涵包括既要了解计算机和网络的基本知识，又要对计算机网络及其使用有相应的管理能力，具有发现和处理信息的能力以及创造和传播信息的能力[155]。贝静红指出网络素养是指网络用户在了解网络知识的基础上，正确使用和有效利用网络，理性地使用网络信息为个人发展服务的一种综合能力[156]。因网络素养一词由媒介素养延伸而来，是媒介素养的重要组成部分，部分学者将其称为网络媒介素养。黄永宜指出网络媒介素养是指人们了解、分析、评估网络媒介和利用网络媒介获取、创造信息的能力，不仅包括对网络知识的基本了解和使用网络获取信息的能力，还包括对网络信息价值的认知能力、判断能力和筛选能力[157]。耿益群和阮艳综合我国大部分学者对于网络素养的研究现状，提出网络素养是指人们依据当前自身和社会发展的需要在网络上获取特定的信息并加以处理、评估、利用、创造以协助个体解决相关问题和提升人类生活品质的能力[158]。赵睿等认为网络素养是一种基于媒介素养、数字素养、信息素养等，再叠加社会性、交互性、开放性等网络特质，最终构成的一个相对独立的概念范畴[159]。王伟军等指出网络素养是在互联网环境下产生的，协调的是人与网络环境的关系，是网络时代个体所需的生存与发展技能[160]。

4. 数字素养

在我国，"digital competence"早期曾被翻译成"数字素养"，数字素养作为信息素养概念的延伸，是一个综合的、动态的、开放的概念。第一，数字素养的概念是经过媒介素养、计算机素养、信息素养、网络素养的流变所形成的。肖俊洪认为数字素养不单指纯数字技术的处理能力，还涉及认知技能、情感技能、社交技能，乃至教学法理论意义上的应用[161]。张薇指出数字素养不仅包括基本的计算机操作技能，而且包括网络环境下的读写能力[162]。李德刚提出数字素养是指数字环境下在掌握一定数字技术手段与方法的基础上，所拥有的对数字化超文本内容与非线性超链接的多媒体呈现语言，及其背后运作规则和数字媒介与政治、经济、社会、文化之间关系的认知能力，批判性分析与质疑能力，以及运用数字技术整合、再生产超文本内容并进行负责任地传播与有效互动交往的能力[163]。王佑镁等认为数字素养是区别于信息素养、媒介素养、计算机素养、网络素养的最广泛的概念，它包含上述相关概念的主要方面，并且计算机素养和网络素养是作为数字素养的基础、核心成分存在的，而信息素养和媒介素养是数字化情境下的技能，这也是数字能力概念框架建构的基础[164]。史安斌和刘长宇提出数字素养是媒介素养、计算机素养、信息素养、技术素养和网络素养概念的有机融会，强调互联网作为一种媒介，需要特定的知识和能力来“识读”其所提供的信息，区分真假，并理解超文本和非线性阅读等新的传播手段如何影响信息的接受和阐释[165]。第二，数字素养的概念偏向于素质与能力的集合体。《提升全民数字素养与技能行动纲要》指出“数字素养与技能是数字社会公民学习工作生活应具备的数字获取、制作、使用、评价、交互、分享、创新、安全保障、伦理道德等一系列素质与能力的集合”[166]。施歌提出数字素养是指人们在工作、学习、休闲以及社会参与中适当运用数字化手段识别、理解、创建、交流、批判信息并解决问题的能力和态度。它是个广义的概念，是知识、技能、态度的综合体[167]。裴英竹指出数字素养是一个既与自然科学数字有关，又与人文科学、社会科学数字密不可分的跨学科的综合性概念，是人们适应数字化环境工作、学习和生活中所拥有的数字理念及其必备品质与关键技能，是数字思维、数字知识、数字文化、数字技能、数字智能、数字能力、数字治理、数字责任、数字伦理的集成体[168]。

5. 信息技术应用能力

《2006—2020年国家信息化发展战略》指出信息化是充分利用信息技术，开发利用信息资源，促进信息交流和知识共享，提高经济增长质量，推动经济社会发展转型的历史进程[169]。基于此，对于现代信息技术应用能力的诉求日益凸显，尤其表现在教育信息化层面对于教师信息化能力的要求。2014年，教育部办公厅印发的《中小学教师信息技术应用能力标准（试行）》表明信息技术应用能力是指各种形式发现、评价、利用和交流信息以优化课堂教学的能力[170]。2020年教育部发布的《职业院校数字校园规范》指出，职业教育教师信息化教学能力包含信息意识与态度、信息知识与技能、信息化应用与创新、信息化研究与发展、信息社会责任[171]。孟伋和黄力认为中小学教师的信息化能力是教育技术能力、信息技术应用能力等多种能力[172]。而对于提高师生信息化能力的相关研究，一方面体现在依托平台或实验室等信息化教学环境的构建来发展教师信息化教学能力[173，174]；另一方面体现在对基础课程的开发研究，以提高学生的信息化能力[175]。

6. 数字胜任力

虽然“literacy”与“competence”通常都被译为“素养”，但任友群等认为“competence”更侧重于表达综合性能力与胜任力的含义，这是我国首次有学者将“digital competence”与“digital literacy”做出区分[176]。2017年，任友群和杨晓哲在《数字化胜任力：信息时代不可或缺的能力》中首次提出将“digital competence”翻译为数字胜任力，并提出应将其视为学生核心素养的组成部分，其包含学习力、创造力，以及跨学科发现问题与解决问题的能力[177]。我国对于数字胜任力的研究，侧重于强调数字胜任力是更全面的、多维的、以学习者为中心的数字能力，如郑旭东和范小雨指出数字胜任力并不是基础的、一般的能力，而是指向相对高级的综合能力[178]。李峰等借鉴发达国家信息科技教育先进经验，针对上海信息科技教育的现实问题提出建议，在此研究中，李锋等将“digital competence”翻译为数字竞争力，提出数字竞争力正是数字胜任力的概念特征之一，他们认为课程改革需要加强学生数字素养教育，提高学生数字竞争力，以发展学习者的数据意识、算法思维以及信息的批判分析能力[179]。这也表明数字胜任力是一种与数字技术有关的、高级的、复杂的、系统的、情境性强的、综合的能力与特质的集合，同时会随着数字时代的发展变化，不断更新其能力内核，指向更具竞争性的能力集合。

二、国内外数字胜任力概念流变的评述

综合我国数字胜任力的概念流变，发现相关概念的研究与西方有很多共通之

处，国内外对于数字胜任力概念的界定从“技能”“素养”到“胜任力”的转变，说明胜任力超越了技能，涵盖了知识，并不断融合态度、性格、心态和价值观等内涵[180]。首先，我国学者早期对于媒介素养的定义同国外研究相近，均侧重于以媒介素养的能力为中心展开，强调对媒介信息的选择、使用、质疑与判断能力。对于网络素养的概念，虽然其缘起于信息素养和媒介素养，但网络素养重点强调在互联网这一大环境下，人们掌握与运用网络信息知识以解决实际问题的能力。其次，早期的信息素养包含媒介素养、网络素养、信息化能力，侧重于处理与加工信息的能力，随着发展其又逐渐侧重于涵括科学技术能力以及与个人知识结构、情感、态度、价值观等相关的综合品质。从政策概念上，信息化能力是将信息素养和计算机网络联系起来，这基本与国外的计算机素养类似。而数字素养也是信息素养的延伸，体现了数字化情景中的信息素养，包含人们在生活、学习和工作中必备的数字技能和数字思维、数字价值观等，是更为开放的概念。与国外数字胜任力研究更为关注高阶能力不同，我国各概念研究考虑中国各区域人口能力水平差异，侧重于强调研究对象的基本素质。

第三节　职业教育教师数字胜任力的概念

一、教师数字胜任力的概念

在国外，美国国际教育技术协会于2017年更新了《美国国家教师教育技术标准》。该标准的发布是信息科技在过去十年间快速发展的重要体现，对美国教育界产生了革命性的影响。欧盟于2017年发布的《欧盟教育工作者数字胜任力框架》[181]，强调教师在其职业中“以学习者为中心”的基于数字技术的能力，使得数字胜任力逐渐成为国际上数字时代教师信息素养的主流表述。其以框架出台明确了教师数字胜任力所包含的内容，即社会和专业承诺、数字资源、数字教学法、评价和反馈、赋权学生、促进学生的数字胜任力。

在过去的十年中，欧盟数次发布面向公民和学习者的数字胜任力框架，来支撑数字时代的人才发展。2005年欧盟发布的《终身学习核心素养：欧洲参考框架》报告中首次正式提出数字胜任力。将数字胜任力归为八大核心素养之一，定义为“自信和批判性地使用信息通讯技术以实现就业、学习、自我发展及社会参与”。2012年，欧盟发布了《实践中的数字胜任力：基于框架的分析》，明确数字胜任力是人们执行任务、解决问题、协作和创造知识时，使用信息技术和数字化媒体所需要的知识、技能和态度（包括能力、战略、价值观和意识）。2017年，欧盟发布《欧盟教育工作者数字胜任力框架》，该框架明确了教师数字胜任力所包含的内容：社会和专业承诺、数字资源、数字教学法、评价和反馈、赋权学生；促进学生的数字胜任力，强调教师在其职业中以学习者为中心的基于数字技术的能力，但该框架并未给出明确的概念定义。随后，西班牙教育部将教师数字胜任力定义为21世纪教师必须发展的一套能力，以提高教育实践效率与专业发展水平。明确教师数字胜任力是教师将他们的所有知识、策略、技能和态度应用于真实专业实践中，以便促进学生学习和帮助学生获得数字胜任力；根据数字时代的需要实施教学改进和创新；根据技术的变化，不断地发展自身的专业[182]。

总的来说，国外对于教师数字胜任力的界定可以分为宏观与微观层面。宏观上，教师数字胜任力是教师在数字化教育情境中利用技术管理信息，与他人交流合作，并实现自我在专业上持续发展的能力[183，184]。微观上，教师数字胜任力是教师在专业背景下熟练使用信息和通信技术，具有良好的教育教学判断，并意识到其对学生学习策略和数字能力发展的影响的能力体系[185]。

在国内，国家层面长期以来对教师数字胜任力的相关表述是信息化能力和信息技术应用能力，强调教师利用各种方法发现、评价、利用和交流信息以优化课堂教学效果的能力。直到2023年，《教师数字素养》教育行业标准的出台，国家层面才开始转换表述，强调教师利用数字技术优化、创新和变革教育教学活动的意识、能力和责任。从概念来看，更关注教师在具体专业实践中的技术能力，对教师作为数字公民更广泛与多元的综合能力强调稍显不足。而“教师数字胜任力”在2017年由任友群和杨晓哲首次提出，认为教师应拥有发展学生数字胜任力的相应能力，将数字胜任力作为学生的核心素养之一[177]。此后任友群团队在《“聚焦数字化胜任力：“科创中心”背景下上海信息科技教育的研究与展望》一书中，提出“聚焦数字化胜任力，提升公民数字素养”是上海中小学信息科技教育的艰巨使命[24]。此书将数字胜任力包含在数字素养中，明确其是针对具体岗位的综合能力。郑旭东基于胜任力理论提出教师数字胜任力的概念，即教师具有能促进他们富有成效地应用数字技术开展教学活动，且实现优秀教学目标的能力特质群[40]。虽然目前国内学界尚未对教师数字胜任力概念形成共识，但国内学者以反映特定类别教师专业实践范畴的操作性定义为探索不同类型的教师数字胜任力提供了思路。

二、职业教育教师数字胜任力的操作性定义

职业教育教师数字胜任力操作性定义的厘定是开展模型研究的起点[186]。为更好地分析职业教育教师数字胜任力的概念，需在明确该类型教师的专业能力基础上结合教师数字胜任力概念。“国家工匠之师”作为高水平职业教育教师的代表，强调教师需具备高尚师德、精湛技艺、高超的育人水平[187]。有学者深入分析了职业教育教师的专业能力，包括良好的职业素养（“双师”素质）、深厚的专业功底，较强的“应用型”科研、职业教育研究、实践、与行业企业有效沟通、可持续发展（学习）以及职业教育教学等能力[188]。正如前述对教师数字胜任力概念的分析，教师数字胜任力应该是比数字素养更强调基于专业与情境的高阶能力结构，另外职业教育教师数字胜任力与普通教育教师能力结构相比，需要同时包含教师应用数字技术和资源开展教学的能力（方法能力）和教授不同职业领域所需要的数字能力（内容能力）。一方面需要教师转变理念实现数字技术的创新应用，另一方面需要提升自身基于职业的数字技能以更好地培养学生适应未来数字时代的高阶能力。

考虑职业教育教师工作场域的特殊性（包含职业院校、企业）和能力结构的综合性与复杂性（专业技术能力、教育教学能力等），结合国内外对教师数字胜任力宏观与微观的定义内容，可将职业教育教师数字胜任力界定为职业教育教师在数字化学习、教学、专业实践中，接纳数字技术对自身专业发展的积极影响，对数字教育技术与专业相对应的职业领域和工作场所所需的数字技术的功能具有良好理解与掌握，熟练地使用数字技术开展专业学习、专业教学与专业实践，赋能职校学生适应与改造未来，并以此推动自身与他人的专业发展的知识、技能和动机、特质和自我概念的总和。

三、职业教育教师数字胜任力的内涵分析

国内外关于数字胜任力概念的界定是从公民数字胜任力到教师数字胜任力，体现了教师数字胜任力发展的最终目标是发展公民的数字胜任力。

第一，作为方法能力，数字胜任力是支持公民终身学习的重要能力，也是学习其他基础技能的重要能力基础。在数字环境中，使用者使用数字设备和媒体的基本能力应该发展为在任务和学习中使用这些工具的关键和有效的策略。尤其是在人工智能背景的驱动下，对职业院校“智能＋技能”数字教师的培育提出了全新要求[189]，有效运用数字技术开展专业实践与创新是推进职业教育教师专业发展的先决条件。

在教师数字素养培养上主要关注数字能力、技术融入学科教学实践、技术创新教育教学、终身学习能力、教师素养智能升级五个方面[190]。数字技术能够为教师专业学习提供技术支持，确保教师获得高质量的信息通信技术和支持教师参与基于技术的实践学习活动，并通过构建和谐高效的数字学习空间，融合在线学习资源，不断提高教师的数字技术能力，发展完善教师数字胜任力[191]。王永钊等认为应关注职业教育教师是否具备利用数字技术使用数字信息和资源解决教育教学问题，创新教育教学活动的意识、能力和责任，综合培养职业教育教师的数

字注意力、参与力、链接力、协作力素养[192]。因此，教师数字胜任力是强调数字时代教师更为综合的且基于实践的能力集合。

第二，作为内容能力，是基于工作岗位的一种核心能力，体现数字胜任力的卓越性与竞争性。王振宇和曹爱琴认为数字胜任力可以用于贯通学科体系的全过程培育逻辑，表现出教师数字胜任力的内涵不仅有助于精准把握教师群体真实教学境遇，还可以有效分析教学胜任力优势[193]。在我国数字化转型时期，职业教育对接市场需求、对接新职业与职业岗位、对接新技术与数字技能等专业升级和数字化改造的重任落在教师肩上，职业教育教师的数字化转型已是大势所趋[194]。

职业教育教师数字胜任力一方面不能与教育过程割裂开来，是具有基于情境的，不断调整的，在教育过程中更好使用信息技术开展专业教育教学实践的能力；另一方面不能与现实职业分离，强调与数字时代紧密结合的专业数字能力，强调综合性、竞争性、实践性的能力集合。进而促进教育者与学习者的终身学习，更好地适应未来社会的发展。

第四节 本章小结

本章通过对国内外相关概念的文献梳理，发现信息素养的概念与内涵会随着时代的发展不断拓展与深入，各个时期都会因为侧重点的不同而产生与信息素养相关的概念。信息素养作为元素养，是其他相关素养的基础，已逐步发展成为公民需要具备的核心能力。随着概念的发展逐渐明确了“胜任力”是比“素养”更强调基于工作情境的高阶能力，讲究责任和自主性，包含知识、技能和态度。“素养”比“胜任力”更强调关键、基础、必要的知识、技能、态度。

可见，无论是教师信息素养、数字素养、数字能力或是数字胜任力，均体现了不同时代技术作用于不同专业人群的能力要求。如今，数字胜任力已成为数字时代教师信息素养的主流表述，具有综合、优质、灵活多元等特性。随着技术的发展转向数字化、智能化，信息技术对教育的影响将进一步加大。也就表明，这一变化对教师能力结构提出了新的要求，从强调“应用技术传递内容”转向“利用技术赋能学习者”，并关注教师的学科教学融合与跨学科课堂教学实践。因此，国际上普遍使用数字胜任力的概念，强调教师利用技术赋能学习者，使其具备一系列优质的专业综合能力与特质，推动自身发展。最后，结合国内外教师胜任力的相关概念，总结了职业教育教师数字胜任力的操作性定义，为后续模型的构建与应用奠定了基础。

第三章　职业教育教师数字胜任力发展的国内外对比研究

第四次工业革命是由人工智能、互联网、大数据、云计算等现代信息技术驱动的社会生产方式变革，不仅改变着人们的生活方式，也改变着产业业态，进而改变未来人才的标准。美国2006年正式发布的《21世纪学习框架》（*Framework for 21st Century Learning*）提出数字胜任力（digital competence）是21世纪人才的核心能力之一；欧盟相继在2016年、2017年和2022年发布了《欧盟公民数字胜任力》2.0版、2.1版和2.2版，数字胜任力已成为国际评价人才的重要标准，更新了信息化能力（ICT competence）、数字素养（digital literacy）等表述的内涵，强调使用信息技术和数字化媒体执行任务、解决问题、交流和管理信息、协作、创造和共享信息，进而建构知识所需的知识、技能和态度（包括能力、战略、价值观和意识）[175]。中国要实现制造强国，高水平创新型技术技能人才是关键。数字胜任力作为未来技术技能人才的核心能力，更迫切需要职业教育教师转变理念，实现数字技术的创新应用，培养学生的高阶能力，通过提升自身数字胜任力以推动学生数字胜任力的发展。

第一节　国外教师数字胜任力框架分析

把握当前教师数字胜任力基本框架的研究脉络是判断该领域发展走向的关键，在明确职业教育教师数字胜任力操作性定义的基础上，需要进一步构建理论框架以指导数字胜任力指标的提取与操作模型的构建。通过借鉴与分析国外较为权威的标准，能够为构建理论框架与操作模型的指标体系提供思路。欧美国家在2017年纷纷发布了教师数字胜任力相关标准或框架，反映了新一代数字技术在教育中的发展与应用。根据新发布、相对权威、影响力大的原则，本章选择3种国外教师数字胜任力相关“标准”，分别是《美国国家教师教育技术标准》、《教师信息与通信技术能力框架》、《欧盟教育工作者数字胜任力框架》，对其框架架构、基本内容与特点进行分析。

一、美国国际教育技术协会《美国国家教师教育技术标准》

美国国际教育技术协会（International Society for Technology in Education，ISTE）于2017年更新了《美国国家教师教育技术标准》（*National Educational Technology Standards for Educators*，NETS-E 2017）。其中，增加了计算思维、深度学习、元认知、资料驱动等内容，体现了该标准的前瞻性与指导价值。

1. 标准架构与内容

NETS-E 2017从赋能专业发展（empowered professional）和促进学生发展（learning catalyst）两个层面出发，要求教师担任七种角色：学习者（learner）、领导者（leader）、公民（citizen）、合作者（collaborator）、设计师（designer）、促进者（facilitator）和分析师（analyst）（图3-1）。其中学习者、领导者、公民体现了技术赋能专业发展层面。教师作为学习者，需要主动寻找各种机会，支持学生学习，改进教学；处于领导者角色时，教师需利用技术来弥合数字鸿沟，并赋能所有学生成为学习者；处于公民角色时，重点关注教师和学生如何利用技术积极贡献社会，成为合格的数字公民。合作者、设计师、促进者、分析师则体现教师促进学生发展层面的能力要求。教师作为合作者，需识别并使用支持学生社会学习的数字工具，与同事和学生合作，最终提升学生学习体验；作为设计师和促进者角色时，教师需有效使用技术开展教学，设计技术丰富的教学活动，以促进所有学生的学习；作为分析师角色时，则体现了数据驱动教师教学评价与指导，尽力为学生提供基于技术的行动方案和表达方式，探讨使用技术来收集课前、形成性和总结性的评估资料，为教师教学和学习指导提供依据。

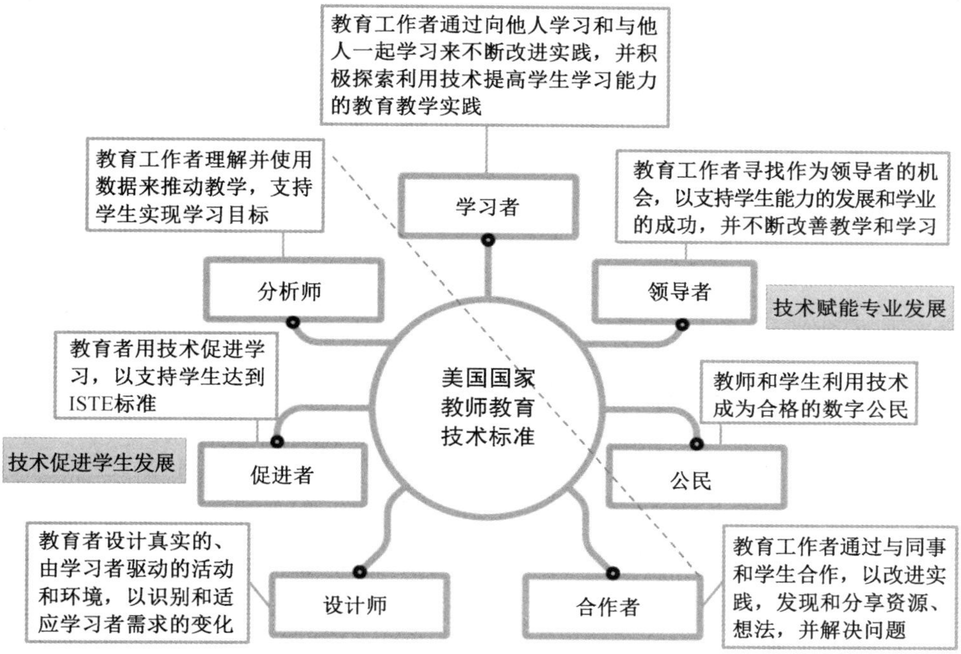

图 3−1　美国国家教师教育技术标准

NETS-E 2017明确了教师角色定位，并进一步规定教师在不同角色中的能力要求，为教师教育与职后培训融入该标准提供了指南，也为教师如何实现角色转变提供了大量实践范例。一方面要求教师以学习者为中心，为赋能学生而交流和学习，进而改进教学，促进教育变革；另一方面为教师专业发展提供了目标与案例。

2. 标准特点

坚持“学习者中心”理念。虽然该标准并没有明确的理论基础，但通过其内容可窥探研制者的设计理念。该标准体现了明显的“学习者中心”理念，虽然标准针对教师设计，但其根本目标是教师通过自身的角色转变，促进学生有效学习。从该标准发布的时间脉络来看，2016年《美国国家学生教育技术标准》明确了新时期技术支持下学生的七大角色定位[196]，针对学生在技术支持下的角色变化研制了NETS-E 2017，教师角色定位为学习者、领导者、公民、合作者、设计师、促进者和分析师，教师从“知识权威”转变成了学习者、设计师与促进者，赋能学生，满足其多样化的学习需求，学生的学习方式则从教师驱动转变到学生中心和自主学习，体现出标准的“学习者中心”特点。

“学习者中心”还表现在关注不同学习者的差异和需求、能力和兴趣上。即针对不同学习者的差异和需求量身定制教学和学习策略；评估教学和技术的有效性，满足多样化的个体学习者和学习共同体的需求[197]。在“领导者”角色描述中提到提倡公平获取教育技术、数字内容和学习机会，以满足所有学生的不同需求；“设计师”角色描述中提到使用技术来创造、调整和个性化学习体验，以促进自主学习并适应学习者的差异和需求；“分析师”角色描述中提到利用技术设计和实施各种形成性和总结性评估，以满足学习者的需求，向学生提供及时的反馈，用评估资料指导学生、家长、利益相关者进步与交流，使学生实现自我评估。以上角色的设计与描述均与“学习者中心”理念对应。

3. 标准的应用价值

NETS-E 2017较为详细地介绍了美国对教师教育技术能力的要求，明确了教师的角色定位，对于教师专业发展具有一定的指导价值。但该标准也存在以下问题：第一，缺乏配套的评测量表，不利于国家了解教师数字胜任力的水平，无法直接为政策制定提供依据；第二，能力描述以具象化表征为主，便于教师理解，但未抽象出层次递进的能力标准，不利于院校实施具体的培养。总体而言，该标准虽体现了其人文价值，即对教师专业个性化成长极为关注，但未充分满足社会价值需求，以支持相关政策的制定。

二、联合国教科文组织《教师信息与通信技术能力框架》

联合国教科文组织（UNESCO）于2018年更新了《教师信息与通信技术能力框架》（*ICT Competency Framework for Teachers*，ICT-CFT-3框架）[198]。该框架是2011年发布的《教师信息与通信技术能力框架》第二版的升级与拓展[199]，通过7年的应用实践及专家反馈修订而成。

1. 框架架构与内容

ICT-CFT-3框架属于发展型框架，更注重教师能力发展的层次性，分为知识获取、知识深化和知识创造3个发展层次，每个层次对应6个维度的具体内容，共包含18个要素（图3-2）。要求教师从掌握使用技术的知识和基本通信技术能力到熟练掌握通信技术能力，能够促进建构以学生为核心的、具有协作与合作性质的学习环境，再到示范好的做法并营造一种鼓励学生创造更加和谐、充实和繁荣的社会所需要的知识学习环境。强调了能力间的承接性与发展性。

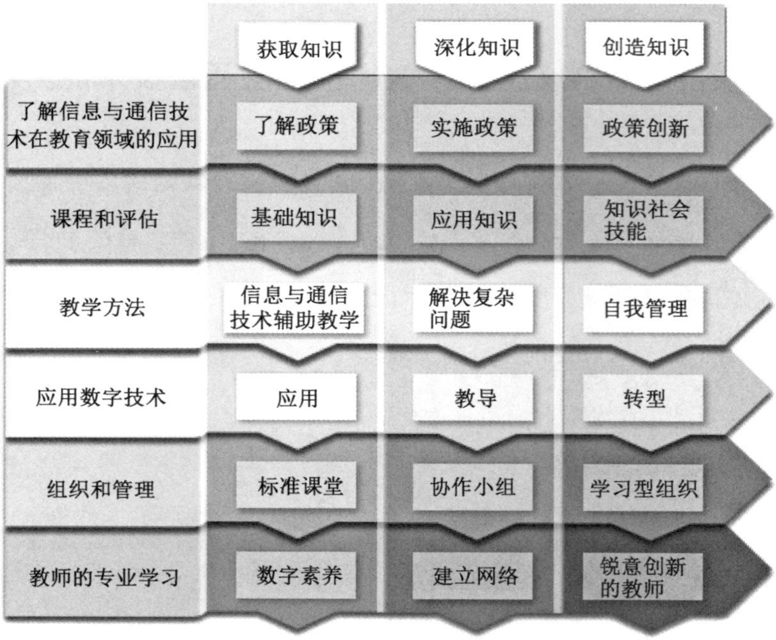

图 3-2 教师信息与通信技术能力框架

ICT-CFT-3框架基于2008年、2011年两版《教师信息与通信技术能力框架》，结合数字技术的发展，以获取知识、深化知识、创造知识三大阶段为一级框架，以了解信息与通信技术在教育领域的应用、课程和评估、教学方法、应用数字技术、组织和管理、教师的专业学习六大领域为二级框架，详细描述了不同阶段下的教师能力体系。

在获取知识阶段，课堂的社会结构和学习环境变化不大，大多数在普通教室、计算机或通信技术实验室设置和整合技术资源，以确保公平获取。在深化知识阶段，教学以学生为核心展开，教师的作用是组织安排任务、指导学生理解、在学生开展协作项目时给予支持。教师可以帮助学生创建、实施、监测项目计划和解决方案。与传统课堂设置和获取知识阶段相比，这一阶段的课程和课堂结构更加灵活，学生开展小组活动的时间也更长。教师在指导学生理解重要概念时，可以采用针对具体学科的开放式数字工具。还可以获得专家支持，并通过与其他教师合作来支持自身的专业学习。在创造知识阶段，教师能够设置基于信息与通信技术的学习资源和学习环境；能够利用信息与通信技术创造知识，鼓励学生批判性地思考问题；支持学生持续开展反思性学习；为学生和同事创建知识社群。将学校建设成为以信息与通信技术作为辅助、基于创新和持续学习的社群，教师还可以在创建和落实这一愿景方面起到主导作用。

2. 框架特点

1）从经济和社会发展的角度构建教育的目标与方向

融入经济学理论是 ICT-CFT-3 框架构建的特色之一。教育和人类能力发展使得个体能够为经济体增加价值，经济学理论分析三大因素会促进经济增长。第一，资本深化，劳动力具备使用更高级设备的能力；第二，高质量劳动力，劳动力自身具有较高的知识储备，并以此促进经济总量价值增长；第三，技术革新，劳动力本身具有共享、使用、分配和创造新知识的能力。第一个因素对应将运用技术的技能集成到学校课程中的方式，提高能力、年龄、性别、社会文化和语言背景各异的学生使用新技术的程度——获取知识方式；第二个因素对应提高公民运用知识来解决真实世界的问题，从而增加社会和经济财富的能力——深化知识方式；第三因素对应提高公民创造、生成新知识，并从这些新知识中创造更多社会财富的能力——创造知识方式[200]。体现了经济发展对于教育的影响，以及教育对于经济发展的回应。

2）体现技术创新与教师专业发展更高要求

ICT-CFT-3 框架强调技术赋能教育，技术融入教学教育生态的整体变革。该框架介绍了三个不同阶段涉及的相关技术，强调了技术变革对于教育的创新价值。开放式教育资源，其变革力量在于一旦实现数字化，便可以通过互联网轻松共享。社交网络，利用其来增进教学交流，促进互动学习的组织，巩固学生和教师社群。移动设备，创造性地使用它可以提升教育的公平性，提高课堂效率和产出，并促进个性化学习。物联网，改变着学生的学习方式和教师的教学方式。人工智能，“机器学习”和“深度学习”算法的发展，强大的计算能力和大数据的出现，可以推进教育监测与评估。虚拟实境、增强现实技术，让学生可以实现身临其境，从而更轻松地记忆和应用学科知识。当教育全面实现数字化转型后，教师可利用数字技术推进教育公平，进而实现全纳教育的目标。

3. 框架的应用价值

ICT-CFT-3框架功能多元，指导意义深远。框架研制的价值取向是持续推动发展教师教育，协调衔接教师的职前培训和在职培训，为教师终身发展提供参考。多重目标驱动下，使框架的实践价值凸显，能更好地指导各国和地区进行本土化实践。该框架除了明确三阶段六维度的能力要求外，还针对不同阶段与维度提供了师资培训课程目标、能力要求、教师具体能力体现、活动实例，帮助教师、师资培训人员、教育专家、决策者等相关人员理解每个维度的能力要求。

ICT-CFT-3框架详细的指导方案，充分考虑到教师专业发展的一般性原则，已证实影响了各国关于信息和通信技术应用于教育领域的政策、国家师资标准、评估标准、教师教育的课程设计、教师专业发展课程等政策与标准的研制。不仅如此，联合国教科文组织还在教育知识管理研究所网站上创建了“共享开放式教育资源”数据库，使用者可以按照该框架中的各项能力和目标来检索相关的开放课件资源，用以支撑教师实现能力框架的具体目标。

ICT-CFT-3框架采用了“灵活”的共享方法，实现了框架的多重价值，同时也增强了框架在教师中的被理解性、在社会层面的可测性，兼顾了框架的人文价值与社会价值。

三、欧盟《欧盟教育工作者数字胜任力框架》

欧盟在2017年发布了《欧盟教育工作者数字胜任力框架》(*European Framework for the Digital Competence of Educators*，DigCompEdu框架)。此前的近十年中，欧盟数次发布面向公民和学习者的数字胜任力框架，来支撑数字时代人才的发展。不仅如此，欧盟深刻意识到只有教师具备较强的数字胜任力，才能有效地促进学生数字胜任力的发展。

1. 框架架构与内容

DigCompEdu框架也属于发展型框架，用以帮助教师了解、评估和发展他们的数字能力。包含6个能力域（area）与22项基本能力，每个能力域均对应新手、探索者、综合者、专家、领导者和开拓者6个不同阶段。其中，新手和探索者要求教师吸收新的信息并发展基本的数字实践；探索者和综合者要求教师进一步扩展和系统安排他们的数字实践；在最高阶段，领导者和开拓者要求教师传递他们对于数字实践的认知，且能够批判性地看待现有的实践和发展新的实践(图3-3)。

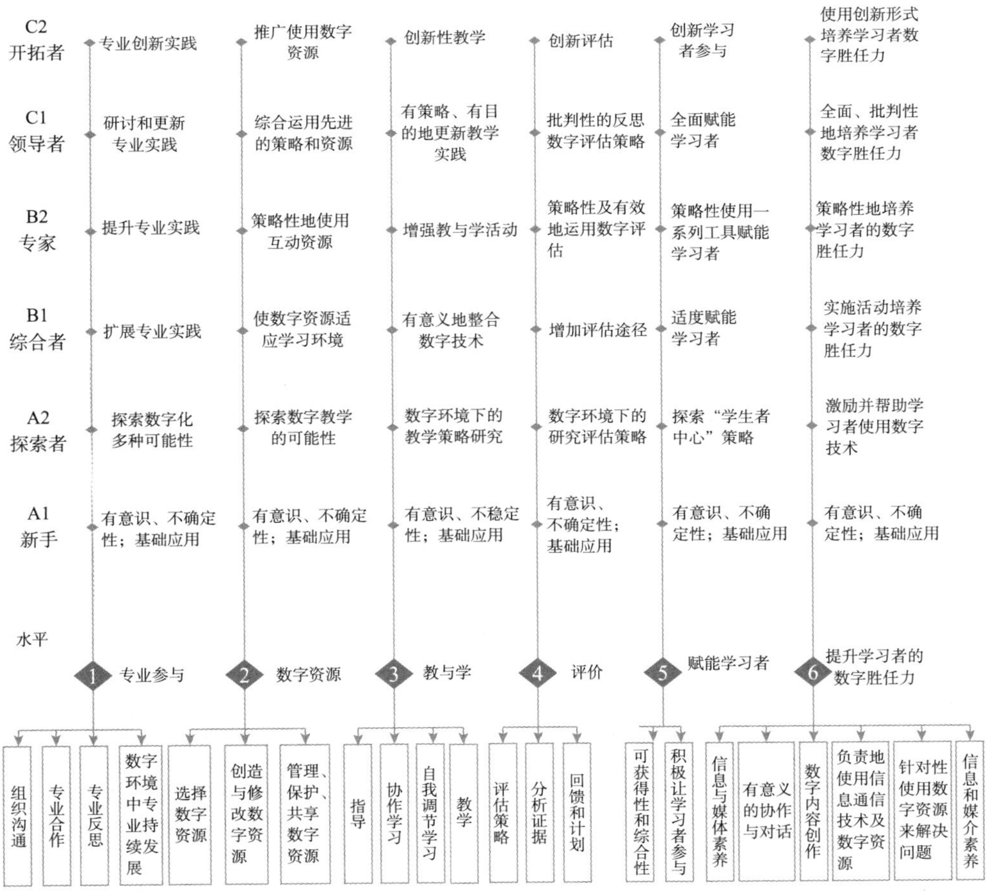

图3-3　欧盟教育工作者数字胜任力框架

该发展层次借鉴布鲁姆教育目标分类理论，并与《欧洲语言教学与评估框架性共同标准》(*Common European Framework of Reference for Languages*，CEFR)使用的6个熟练水平关联，提升了该框架在欧盟国家的适用性[201]。

DigCompEdu由6个能力域和22项基本能力构成：第一，专业参与域(professional engagement)，侧重于教师使用数字技术加强其网络内部的沟通合作，促进个人反思与集体反思，从而实现持续的专业发展。第二，数字资源域(digital resources)，旨在规范教师选择、使用、创造数字资源的行为。第三，教与学域(teaching and learning)，明确了教师使用技术开展教学，指导、支持学生协作学习和自主学习的要求与规范。第四，评价域(assessment)，反映了大数据技术对于教师评价的推动作用，要求教师掌握基本的评估策略，擅于分析证据，并基于数据向学生及时反馈，进一步规划调整专业实践。第五，赋能学习者域(empowering learners)，体现了"学习者中心"的价值取向，要求教师关注学生的差异与个性，确保所有学习者能够平等地享受学习资源和活动，并积极参与到复杂学科的知识学习中。第六，提升学习者的数字胜任力域(facilitating learners' digital competence)，要求教师关注学生的学习成效与数字胜任力的发展，包含关注学生的信息与媒体素养、有意义的协作与对话、数字内容创作、负责地使用信息通信技术及数字资源、针对性使用数字资源来解决问题等能力的发展。该框架的内容具有浓重的学习者中心意蕴，从强调教师利用技术开展教学到全面赋能学习者转变。

每个能力域包含6个水平等级与要求，目的是帮助教师确定自己目前所处的阶段，可针对性地采取相应的具体措施。在新手阶段，教师已经意识到数字技术在提高教学和专业实践方面的潜力。在探索者阶段，教师意识到数字技术的潜力，并有兴趣探索它们，以提高教学和专业实践能力。综合者阶段，教师在各种环境或基于各种目的尝试使用数字技术，并将它们融合到实践中，创造性地利用数字技术来提高其专业发展的不同方面。然而，他们仍在努力了解数字工具的适切性。专家阶段，教师自信、创造性和批判性地使用一系列数字技术来提高他们的专业能力，属于教育组织的支柱人物。领导者阶段，教师会通过一个一致且全面的方法来使用数字技术，以加强教学和专业实践。最重要的是这个阶段教师能把自己的专业知识传授给他人。开拓者阶段，教师会批判性地看待当前数字技术融入教学实践的充分性，关注融合的限制或缺点，不断创新教育教学，尝试使用高度创新和复杂的数字技术和（或）开发新的教学方法，事实上，较少教师能达到这个阶段。总的来说，每个阶段的熟练程度都是累积的。

2. 框架特点

1）框架构建注重学理性

构建 DigCompEdu 框架前，欧盟首先厘清了数字胜任力这个脱胎于历史概念的新表述，再分析总结了 Bawden[202] 的数字素养模型、Martin[203] 的数字素养渐进模型、Van Deursen[204] 的网络技能模型，在此基础上建立了一个理论框架以支撑公民对于框架架构原则的理解。框架在内容上主要包含知识、技能与态度。框架内部结构体现了知识与技能的逐级递进，态度贯穿全程。工具性知识和技能包含数字工具和媒体工具相关的知识与技能，属于基础能力；提高性技能和知识包含沟通和合作、信息管理、学习和问题解决以及参与有意义的社会实践，属于高阶能力；应用知识与技能的态度包含跨文化理解、批判性、创造性、负责性和自主性。其中，工具性知识和技能是发展或使用更高级技能的先决条件。

2）阶段划分析体现人文关怀与社会价值的统一

DigCompEdu 框架将教师数字胜任力划分为更为细致的能力阶段，便于各欧盟成员国参照其能力阶段发展本国的教师能力框架；明确了教师在不同阶段的发展状况，便于教师理解与操作，以执行下一步的发展计划，充分体现了框架制定的人文价值。

DigCompEdu 框架配套测量工具彰显社会价值。欧盟基于该框架研发了高校教师和职业教育教师自评工具 DigCompEdu Check-In 和 SELFIE for Teachers（Self-reflection on Effective Learning by Fostering the use of Innovative Educational

Technologies for Teachers，教师使用创新技术对有效学习的自我反思）。两个工具均对应 DigCompEdu 框架的6个能力域和6个等级，用以有效评估教师的数字胜任力。但前者只供教师个人参考，而后者则可以共享供制定政策与研究所用，且问卷加入了学校基础设施评价、学习环境评价等外部支持因素的评价，与时俱进融入新技术在教育中的应用内容，在教师了解个人能力的同时，为所在社区与学校制定相应规章制度、建设数字校园提供资料支撑，充分体现了框架的社会价值。

3. 标准应用价值

DigCompEdu 框架的研制兼顾宏观、中观、微观，既能让政府更好地了解教师数字胜任力水平，也能为教师专业发展提供具体指导。但相较于 ICT-CFT-3 框架提供的教师培训计划配套方案与具体指南，DigCompEdu 框架的全方位指导价值稍弱。

国外教师技术能力框架的构建过程关注理论的支撑、内容的兼收并蓄、影响的深远，引导教师在各自的专业实践中获取、深化和创造性地使用数字技术。教师运用数字技能被视为教师能力发展过程的一部分，这一过程始于职前培训，继之以持续的专业发展，贯穿教师的执教生涯，充分关注了教师能力框架构建的发展性。

第二节　国内教师数字胜任力标准分析

目前，国内对于教师数字胜任力概念与框架的研究尚处于起步阶段。我国始终关注数字化条件下的教师素养发展，加速推进相关标准研制，但尚未研制和发布过关于职业教育教师数字胜任力的标准或文件。目前有一定参考价值的国内标准分别有教育部发布的《中小学教师信息技术应用能力标准（试行）》、教育部—中国移动“师范生信息化教学能力标准与培养模式实证研究”课题组发布的《师范生信息化教学能力标准》[205]、教育部教师工作司印发的《全国中小学教师信息技术应用能力提升工程2.0校本应用考核指南》[206]中关于中小学教师信息化教育教学能力发展框架、教育部发布的《教师数字素养》教育行业标准。与职教师资相关的标准仅有教育部发布的《职业院校数字校园规范》中教师发展的能力要求。基于此，本节将重点对国内相关标准进行介绍与解读，以全面支撑我国职业教育教师数字胜任力模型的搭建。

一、《中小学教师信息技术应用能力标准（试行）》

2014年5月，教育部办公厅印发了《中小学教师信息技术应用能力标准（试行）》（图3-4）。该标准是继2004年教育部制定《中小学教师教育技术能力标准（试行）》后，时隔十年，针对全国中小学教师发布的与信息技术相关的专项能力标准，关注“全面提升我国中小学教师信息技术应用能力，促进信息技术与教育教学深度融合”。

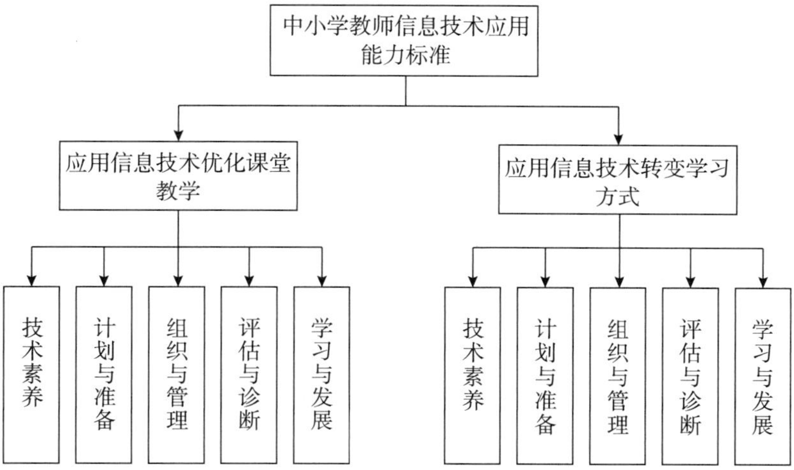

图3-4　中小学教师信息技术应用能力标准结构

该标准提出了“应用信息技术优化课堂教学”和“应用信息技术转变学习方式”两种教师发展要求，从“技术素养”“计划与准备”“组织与管理”“评估与诊断”“学习与发展”5个维度对不同阶段教师的信息技术应用能力进行描述。从能力的维度设计层面来看，贴近教师应用信息技术的实践环节，对于维度的描述也是直指可观测的教师的外在行动表现，便于中小学教师理解与发展相应维度的能力[207]。

将教师的信息技术应用能力分为基本要求和发展性要求，其中应用信息技术优化课堂教学的能力为基本要求；应用信息技术转变学习方式的能力为发展性要求。该标准突破了以往国内更关注信息技术优化教学的能力局限，开始关注教师借助信息技术转变学习方式的能力；体现了标准设计者观念的转变以及国内教育信息化建设的进展。

但该标准以教学场景划分维度与要素，不利于教师在更广阔的社会背景下发展自身专业能力；面对数字技术的发展，未考虑教师之于学生数字素养培养的责任以及自身终身发展的能力。很显然，此标准所涵盖的教师信息技术应用能力，已滞后于教育信息化2.0时代的教师岗位要求。

二、《师范生信息化教学能力标准》

2018年6月，教育部—中国移动“师范生信息化教学能力标准与培养模式实证研究”课题组正式发布了《师范生信息化教学能力标准》。该标准是由华东师范大学、华中师范大学和南京师范大学等六所重点师范类高校共同参与制定的，体现了标准制定的规范性与学理性，旨在引导高校开展对师范生信息化教学能力的培养。

该标准基于师范生信息化教学能力理论框架，全面反映了师范生在基础技术素养、利用信息技术支持学习和利用信息技术支持教学三领域的能力要求。该标准包括9个一级指标（图3-5）和26项关注点，采用“能力维度——级指标—关注点—标准描述＋绩效指标”的设计结构，明晰了师范生信息化教学能力的具体表征，一方面便于开展规模评测，另一方面利于培养院校开展针对性培养。

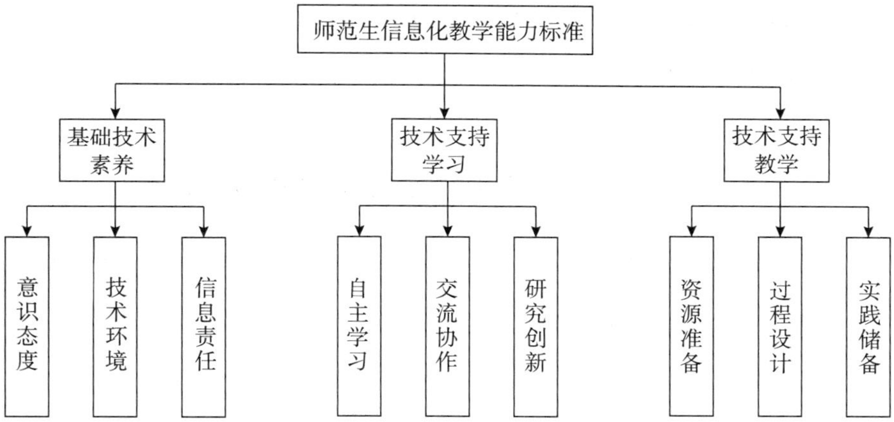

图 3-5　师范生信息化教学能力标准

《师范生信息化教学能力标准》的制定吸收了国外相关标准的关注点，注重学生作为未来教师的专业发展能力与数字批判意识，全面地反映了我国教育信息化2.0背景下未来教师信息化能力发展的要求。但该标准是在学生作为未来中小学教师的语境下制定的，未能突出职业教育教师的特点，且缺乏具体可操作的教师教育指南，为本书研究的开展提供了空间。

三、中小学教师信息化教育教学能力发展框架

2019年3月，教育部发布《关于实施全国中小学教师信息技术应用能力提升工程2.0的意见》，旨在服务国家“互联网+”、大数据、人工智能等重大战略，推动教师主动适应信息化、人工智能等新技术变革，积极有效开展教育教学。该意见从目标任务、主要措施、组织保障三方面，全面推进以校为本、基于课堂、应用驱动、注重创新、精准测评的教师信息素养发展新机制。2021年8月教育部教师工作司印发的《全国中小学教师信息技术应用能力提升工程2.0校本应用考核指南》[208]，细化了目标任务，通过实施校本应用考核，以评促用，诊断和评价教师信息化教学能力，评估能力提升工程2.0的实施成效。该指南从创设教师信息化教学应用文化入手，整校推进，考核个人，强调成果辐射作用，明确了各

利益主体的职责与分工，根据不同地区信息技术应用环境，分层构建了30项教师信息化教育教学微能力（表3-1）。

表3-1 中小学教师信息化教育教学能力发展框架

维度	信息技术应用环境		
	多媒体教学环境	混合学习环境	智慧学习环境
学情分析	A1技术支持的学情分析	B1技术支持的测验与练习	
教学设计	A2数字教育资源获取与评价 A3演示文稿设计与制作 A4数字教育资源管理	B2微课程设计与制作 B3探究型学习活动设计	C1跨学科学习活动设计 C2创造真实学习情境
学法指导	A5技术支持的课堂导入 A6技术支持的课堂讲授 A7技术支持的总结提升 A8技术支持的方法指导 A9学生信息道德培养 A10学生信息安全意识培养	B4技术支持的发现与解决问题 B5学习小组组织与管理 B6技术支持的展示交流 B7家校交流与合作 B8公平管理技术资源	C3创新解决问题的方法 C4支持学生创造性学习与表达 C5基于数据的个别化指导
学业评价	A11评价量规设计与应用 A12评价数据的伴随性采集 A13数据可视化呈现与解读	B9自评与互评活动的组织 B10档案袋评价	C6应用数据分析模型 C7创建数据分析微模型

框架充分考虑到区域信息技术环境的差异，分层构建了不同技术支持环境下的学情分析、教学设计、学法指导、学业评价，分别设置了多媒体教学环境下中小学教师应该达到的13项微能力，混合学习环境下的10项微能力，智慧学习环境下的7项微能力，并配套了《中小学教师信息化教育教学微能力诊断指引》[209]。

指引中清晰、全面地阐明了学情分析、教学设计、学法指导和学业评价四个维度中教师将信息技术融入教学的能力要求与实践任务，使各校在评测教师微能力时有据可依，教师也可对照指引针对性地提升不同的微能力。该指引可操作性强，充分满足了不同能力水平教师的个性化发展。三类环境的划分也充分尊重了我国教育信息化发展不平衡的现状。能力测评接轨国际，体现差异，操作性强，充分体现了全国中小学教师信息技术应用能力提升工程2.0立足于教育教学真实情境提升教师专业能力的国家意志。

中小学教师信息化教育教学能力发展框架及配套的微能力诊断指引充分关注教师的“教”与学生的“学”，超越了以往信息化教学能力框架仅关注“教”的评价，开拓了本书的模型设计思路。第一，框架分层分类的能力测评指标充分考虑了不同技术环境下教师信息化教学能力提升点，为数字胜任力模型的构建提供了思路；第二，配套的微能力诊断指引明晰了微能力要求与考核指标，形成了能力框架到具体操作的映射，增强了框架的操作性与可测性，为本书研究模型到培养的转换提供了技术思路。但此框架针对的主要是中小学教师，关注教师信息技术教学能力的测评与指引，虽标准介绍中明确说明包含了职业教育教师，但是并未太多体现职业教育教师的特点，且更多关注教师在职后教学域的专业发展，未考虑技术域、伦理域、态度域的内容。因此，有待进一步完善其他领域的能力要求，研制针对职教师资的数字胜任力发展框架。

四、《职业院校数字校园规范》中的教师发展

随着互联网、大数据、云计算、物联网、人工智能、5G、VR/AR、区块链等颠覆性技术与职业教育的深度融合，为更好落实《国家职业教育改革实施方案》[210]、《教育信息化“十三五”规划》[211]和《教育信息化2.0行动计划》[212]，发展“互联网＋职业教育”，规范、引导职业院校在新形势下的信息化工作，2020年6月16日教育部发布了《职业院校数字校园规范》（以下简称“数字校园规范”），为利用技术提高职业教育人才培养质量、建立现代职业教育体系指明了方向。

“数字校园规范”包含引言、总体要求、师生发展、数字资源、教育教学、

管理服务、支撑条件、网络安全、组织体系、评价指标和附录11个部分，其中教师发展部分提到了职业教育教师对数字校园建设的能力要求（图3-6），对本书的研究具有重要的借鉴价值。

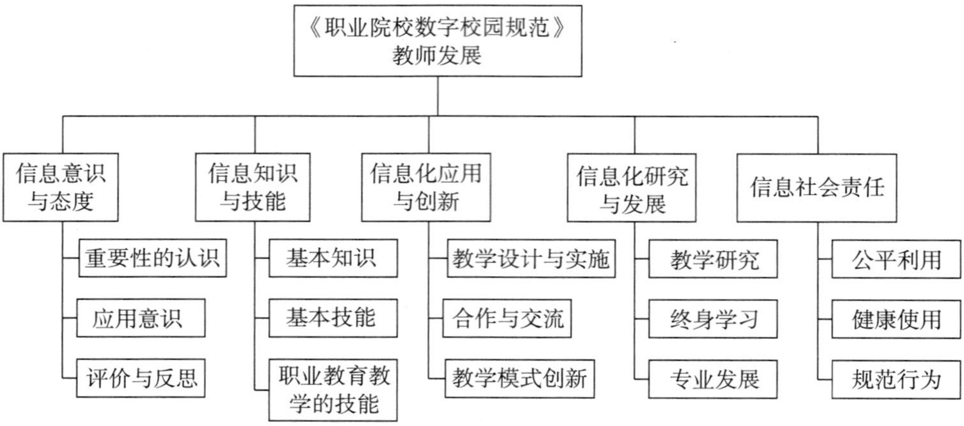

图3-6 《职业院校数字校园规范》中的教师发展

“数字校园规范”将数字校园中职业教育教师发展分为5个大维度，15个指标，49个要素，能够较全面地反映职业教育教师的专业特性，以及在数字技术时代教师数字胜任力发展的要点。

“数字校园规范”借鉴了胜任力理论，将职业教育教师数字胜任力分为态度、知识与能力，强调了信息技术融入教学背景下教师的信息意识与态度、知识与技能要求、应用与创新、研究与发展、社会责任，将数字技术全方位融入教师专业实践过程中，以国际框架提倡的信息化教学意识为引领，强调终身学习理念下的教师研究与发展，接轨教师信息社会责任等新要求[213]。“数字校园规范”是国家对职业教育教师队伍建设的重点关照，对新时期职业教育教师专业发展具有重要指导意义。

“数字校园规范”在《中等职业学校教师专业标准（试行）》[214]基础上，明确了职业教育教师专业实践过程与数字技术深度融合的能力要求，可有力支撑职业院校数字化校园的建设，但也存在以下问题。

第一，价值取向不够清晰。"教师发展"仅作为职业院校数字校园规范中的一部分，将教师信息化能力作为支撑数字化校园发展的要素，附属于学校的发展需要，不能充分激发教师更新自身专业能力的内驱力，也无法体现教师作为数字化校园建设重要推手的功能地位，因此其号召力与推广性有待考量。

第二，仅关注职业教育教师职后发展。"数字校园规范"中的教师发展更多地针对职业教育教师职后发展，区别于国外框架对于教师教育、教师职后培训等整个教师职业生涯的关照，其应用价值有限。

第三，操作性不强。通过前述分析可知，国外框架一般都配套了评测量表用于大规模能力评测，或者划分等级支持教师个性发展，或配套了师资培训操作指南，便于教师个人、教师培养院校、专业机构等利益相关方开展教师能力培养培训。

基于此，"数字校园规范"在内容上接轨国际，结合职业教育教师专业特点，明确了职教师资数字胜任力的基本要求，但其操作性有待提升。

五、《教师数字素养》

为了深入贯彻落实党的二十大精神，扎实推进国家教育数字化战略行动，完善教育信息化标准体系，提升教师利用数字技术优化、创新和变革教育教学活动的意识、能力和责任，教育部于2022年研究制定了《教师数字素养》教育行业标准。在2023年2月13日召开的首届世界数字教育大会上，教育部正式对外发布了《教师数字素养》教育行业标准。如图3-7所示，教师数字素养基本框架包括数字化意识、数字技术知识与技能、数字化应用、数字社会责任和专业发展5个一级维度。

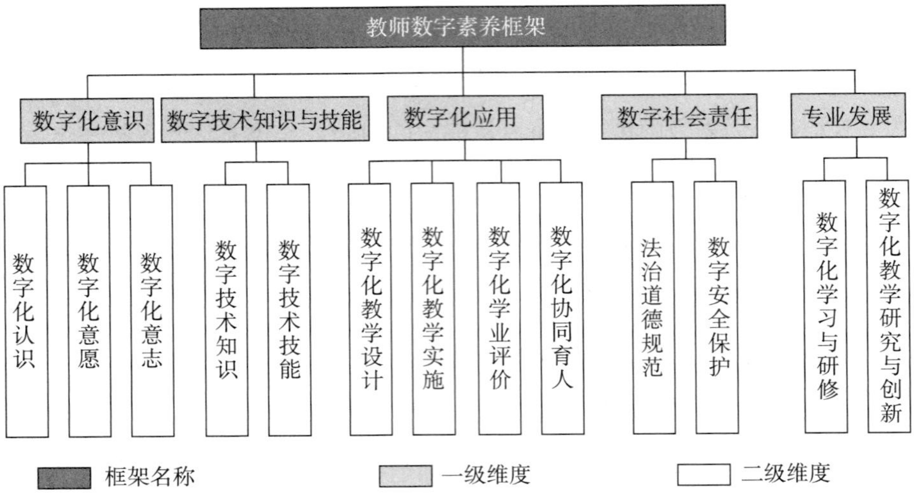

图 3-7 《教师数字素养》基本框架

《教师数字素养》框架在不同维度呈现的是多核并列式的框架结构，主要是指教师数字素养的内部要素关系是并列的，欧洲国家早期的教师数字素养框架多采用此类结构，这类框架结构多较为松散，维度间没有复杂的层次结构，呈现的是一种并列关系，该结构有助于不同学者根据需求自行调整。而《教师数字素养》框架的同一维度则呈现的是多维层级式的框架结构，主要是指同一维度的教师数字素养内容解析呈现层层递进的形式，该行业标准的每个一级维度下设二级维度和三级维度，共包括13个二级维度和33个三级维度，每一级维度都是对上级维度的内涵阐释，且每个维度都配套有一段详细的描述，有助于读者进行深度解读。通过相关文献研究分析，总结出《教师数字素养》标准的具体特点如下。

第一，《教师数字素养》框架内容全面且搭建思路清晰。该框架从一级维度到三级维度的划分清晰且每个维度都有相应的描述配套，在由教师数字素养思想提升到应用实践的大框架思路引导下，其内涵与外延不断扩展，对各素养维度赋予价值与意义，以及为清晰呈现各维度关系采用了多维层级式的表征方式。具体来看，对于教师数字素养的研究内容已经逐渐超越了对教师基础知识、基本技能等的讨论，并由表面的、可视化的素养指标，发展为对教师内在的、不易直接观测的素养的探究，尤其是对教师复杂的数字化应用维度的精细讨论。整体上看，《教师数字素养》框架的每一级维度都是对上级维度内涵的阐释，有助于读者进行深度解读，确保了依据该框架开展教师教学监测评价的精确性。

第二，教师自身发展性要求作为单独维度进行列举，关注智慧学习环境下的实践与反思能力。与其他有关教师数字素养的标准相比，《教师数字素养》突破性地将教师自身发展性要求进行单独列举，在专业发展的二级维度面向教师数字化学习和数字化教学，认为数字技术资源能为教师专业发展提供丰富的资源与工具，为教师终身学习打造虚实结合的沉浸式研修空间，教师可充分利用数字技术资源进行个人专业知识学习和教学实践反思。其中教学实践反思主要体现在专业发展维度中的利用数字技术资源支持反思与改进、创新教学模式与学习方式等，对反思技能的讨论主要包括富有成效的反思和预测性反思，涉及对学习经验与过程评估、对教学判断与决策、对成为自主学习者等多方面的反思。

第三，强调人工智能视域下教师的人机协同合作教学能力。《教师数字素养》重点强调教师能够基于技术支持的人机协同学习模式，从学习结构的模式开展作业组协作、实践共同体协作和社交网络协作，并且基于人工智能技术在社交网和语义网开展人机协同的合作学习模式研究，提供更多复杂性、真实性问题或任务的学习服务支持，有效建立师生学习共同体。专业发展维度中的创新教学模式与学习方式、数字化应用维度中的数字化教学设计和实施均涉及智慧学习环境下人机协作过程中教学设计与实践能力的提高，要求教师具备围绕数字化时代学习者个性化学习的目标，面向在线学习和混合式课程学习的设计与实施能力，对学习者进行有效干预、适需服务设计、即时提问、有效互动和多元智能评价的教学能力。

《教师数字素养》具有鲜明的特点与优势，结合了当前教育数字化发展趋势对教师的数字素养提出的相关要求，但也存在一些不足，主要包括：第一，教师数字素养框架的不同维度之间未呈现递进关系且三级维度部分概念存在重复。第二，以解决不同类型的教师数字素养提升为研究思路，需对框架的系统建构进一步细化。第三，未配套测评工具。第四，制定《教师数字素养》的出发点在于提高教师素养，对于教师促进学生的数字素养发展提及较少。

六、国内相关能力标准的总体情况

国内具有代表性的能力框架，为本书研究的开展提供了基础和拓展空间。

第一，关于概念。国内普遍使用教师信息化应用能力、教师信息化教学能力等概念，突出教师在教学场景中使用信息技术的能力，尚未将信息技术作为教育教学变革的力量进行阐释，且概念交叠，未在出台的标准中明确定义边界与内涵，导致学界研究与实践存在一定的概念混乱问题。

第二，关于价值取向。国内标准旨在开展教学评价，即评价教师的能力状况，但对于政府制定政策、教师发展能力、学校开展教师教育、机构开展教师培训的价值十分有限，因此明确标准的价值取向对于开发标准和应用标准具有重要意义。《教师数字素养》明确了教师数字素养的核心内涵和指标框架，为教育管理部门、学校和教育机构在发展教师数字素养方面提供了指导，也为建设教师数字素养培训资源、开展监测评价提供了依据。

第三，关于能力架构。一方面，我国的标准大多数以清单型架构罗列出相关能力集，主要以环境区分能力要求，如“中小学教师信息化教育教学能力发展框架”将技术应用环境分为多媒体教学环境、混合学习环境和智慧学习环境。这不利于教师厘清能力间的递进关系与培育顺序。这样的架构安排很可能是因为我国幅员辽阔，区域间教师信息化能力存在较大的差异，增加了研制统一标准的难度。另一方面，我国标准研制长期遵循前人的研究基础，大多数结合胜任力结构模型与心理学“二因素说”“个性特质”，普遍将内容划分为态度、知识与能力维度，缺乏明确的理论框架指引，仅有《师范生信息化教学能力标准》在构建之前专门撰文明确师范生信息技术融入学习生涯的理论框架，如此一来大大降低了标准的学理性。

第四，关于能力要素。最新的职后教师能力标准基本涵盖数字化应用、促进学生发展和促进教师发展三大部分；职前教师能力标准兼顾其学生与未来教师双重身份，分为技术素养、技术支持学习、技术支持教学三个部分，并逐步接轨国际框架的内容，增加了新兴数字技术的表达与对伦理责任的关注。《教师数字素养》重点强调教师能够基于技术支持的人机协同学习模式，从学习结构的模式开展作业组协作、实践共同体协作和社交网络协作，并且基于人工智能技术在社交网和语义网开展人机协同的合作学习模式研究，提供更多复杂性、真实性问题或任务的学习服务支持，有效建立师生学习共同体。

第五，关于标准应用。在师资培养方面，国内关于数字胜任力的标准与研究都将中职教师归入中小学教师范畴，一定程度上忽略了中职教师的“双师”特性，其工作的专业场域所需要的能力并未在信息化能力标准中体现，致使职教师资在数字胜任力方面的培养培训趋同于普通中小学师资。在能力测量方面，“中小学教师信息化教育教学能力发展框架”回应了国际上倡导的微认证思想，体现为一种“结果驱动”的专业发展范式[215]。通过能力细微划分使处于不同技术环境下的教师了解自身能力发展进程，修正不足，同时还能帮助教师形成更高的学习期待。虽然该框架可有效测量目前中小学教师的信息化教学水平，并针对性设计培养目标，支撑教师在教学域的职后发展，但由于缺乏整体框架的指导，关于职业教育教师的能力测量与培养研究严重不足，亟待开发符合职教师资的数字胜任力模型和应用方案。

第三节 国内外框架对职业教育教师数字胜任力模型构建的启示

通过对比分析国外与数字胜任力相关的框架或标准，发现我国在构建职业教育教师数字胜任力框架时存在价值取向不够清晰、职前与职后发展框架脱节、操作性较弱等问题，因此在构建职业教育教师数字胜任力框架的指标体系时需接轨国际相关标准的构建思路和经验，尽量提升框架的适用性，以下方面值得我国借鉴。

一、以理论指导框架构建，凸显“双师”特色

国外的框架在构建前特别注重框架背景介绍、理论基础的解读，使使用者能更好地理解框架构建的意图与应用范围。例如，欧盟的 DigCompEdu 框架和 UNESCO 的 ICT-CFT-3 框架特别注重学理性，展示了整个框架的推导过程。欧盟更是单独撰写报告分析概念与理论框架，为框架内容的提取与归类提供了依据，并基于本国或国际数字能力框架和教师职业标准，结合文献与个人判断，将要素归类，对维度与要素进行详细的解读，避免了文献与调研筛选的随意性与不科学性。许多国家的框架都基于本国的信息技术框架，结合特定教师的专业标准，借鉴三大教师技术能力框架制定本国的教师数字胜任力标准。我国的《师范生信息化教学能力标准》借鉴了国外构建框架的路径，详细解读了标准研制的原则、过程、思路、框架演化、理论依据和实施建议，对多所师范院校信息化教学能力的培养模式与教学模式都产生了深远的影响。职业教育教师数字胜任力标准的研制可在充分考量职业教育教师“双师型”特点的基础上，重新定义职业教育教师数字胜任力，从理论上论述清晰标准的学理性，可借鉴胜任力理论，强调对框架多维的、系统的构成要素的关注，即分析在职业特性与发展场域下绩效优秀个体的能力特质，提取其外显的能力与知识要求和内隐的动机与特质要求，以此指导理论框架结构要素的构建。

二、坚持学生为中心的理念，关注职业教育教师自主发展

国内外框架内容基本都涵盖数字化应用、促进学生发展和教师发展三类，并设计了能力的发展层次。国内外框架 / 标准内容对比见表3-2。

表 3-2 国内外框架 / 标准内容对比

名称	数字化应用	促进学生发展	促进教师发展	态度是否单列	是否分阶段
ICT-CFT-3	公民、学习者	分析师、促进者、设计师、领导者	合作者、领导者	×	×
NETS-E 2017	×	理解信息技术教育应用政策、教学技术应用、课程与评估、教学方法、组织与管理	教师专业学习	×	√
DigCompEdu	×	数字资源、教与学、评价、赋能学习者、促进学习者的数字能力	专业发展	×	√
《中小学教师信息技术教学应用能力标准（试行）》	技术素养计划与准备、组织与管理、评估与诊断	计划与准备、组织与管理、评估与诊断	学习与发展	×	√
《师范生信息化教学能力标准》	信息意识与态度、信息知识与技能、信息社会责任	×	信息化应用与创新、信息化研究与发展	√	×
中小学教师信息化教育教学能力发展框架	教学设计	学情分析、学法指导、学业评价	×	×	×
《职业院校数字校园规范》中的教师发展	信息意识与态度、信息知识与技能、信息社会责任	信息化应用与创新	信息化研究与发展	√	×

续表

名称	数字化应用	促进学生发展	促进教师发展	态度是否单列	是否分阶段
《教师数字素养》	数字化教学设计、数字化教学实施	数字化学业评价、数字化协同育人	数字化学习与研修、数字化教学研究与创新	√	×

国外的框架对教师信息技术能力提升推行较早，且推进多年，大多已不再强调教师数字基本技能与教师数字化教学能力，更关注教师教学对学生发展的促进作用，并以此评判教师能力发展等级，会定期修改维度内要素，更新技术与信息伦理类的内容。而我国近几年也已经开始以学生发展为导向设计相关标准，体现了数字技术对教育创新的推进作用，但考虑到普及应用、均衡发展的现实性，职业教师的标准更多倾向于数字化应用方面的能力阐释。在能力等级方面，国外相关框架至少设置了三个等级，从教师专业纵向发展的角度构建不同能力阶段，其侧重点不同，便于处于不同发展等级的区域、学校与教师执行，并制订针对性的培养培训方案。ICT-CFT-3框架可以测量教师在不同维度的发展等级，不必按照阶段一刀切，便于区域、学区、学校具体培训方案的设计与实施。而国内标准几乎没有设定阶段，主要以实施环境为划分依据。我国在构建职业教育教师数字胜任力框架时可借鉴国外标准共同关注的数字化应用、促进学生发展、促进教师发展三大能力域，并注重与《职业院校数字校园规范》教师发展中的信息意识与态度、信息知识与技能、信息化应用与创新、信息化研究与发展、信息社会责任维度衔接，能力维度的划分坚持以学生为中心理念，涵盖数字理念与态度、数字技术技能、数字教育教学、数字关怀与支持、数字专业发展五个维度。

以等级划分促进教师自主发展，可借鉴DigCompEdu中新手、探索者、综合者、专家、领导者和开拓者六个等级的划分标准，综合布鲁姆教育目标分类理论与其他权威教师数字胜任力模型的分类依据，将职业教育教师数字胜任力分为采纳、适应、适切、创新四阶段。

三、明确价值取向，提升框架应用价值

框架应用可大致分为能力评测、教师教育、职前培训和在职培训，为教师终身发展提供参考。国外的框架在制定之前便明确了价值取向，如欧盟的DigCompEdu框架明确了其价值取向为向欧盟成员国提供以证据为基础的政策支持，利用数字技术支持教师教育和培训实践的创新，创造更有利的终身学习机会，注重教师专业发展的全面指导作用。因此该框架最重要的作用是对学校等教育机构（中观层面）和教师的实践与专业发展（微观层面）提供支持与指导，后期由欧盟委员会联合研究中心（European Commission's Joint Research Centere，JRC）推出基于DigCompEdu框架的在线自我反思工具SELFIE for TEACHERS，为政府与学校了解区域教师数字胜任力水平提供资料支撑，囊括了宏观层面的指导价值。UNESCO的ICT-CFT-3框架更是提供了系统化的一揽子解决方案，涵盖宏观、中观、微观层面全方位的指导作用。针对不同阶段的能力培养形成了具体的操作指南，各成员国可根据其设计的测量表测量教师的信息技术能力，并根据测量结果参照阶段教师教育培养目标与教学大纲，制订相应的培养方案，充分激发了教师自调整、自发展的内在动力。我国的相关标准则更多关注中观价值的体现，对于学校制订教师教育计划与开展职后培训有一定的价值，但对于充分激发教师主体价值的作用有限，也缺乏相应的评测工具。因此，我国职业教育教师数字胜任力框架的构建应首先明确框架的价值取向，将教育工作者从职前到在职阶段整个执教生涯作为一个连续统，形成应用价值深远的框架。宏观层面，为国家开展质量监测提供工具，同时为其制定相关政策提供依据。中观层面，为教师教育与学校制订培训计划提供具体的方案指导。微观层面，为教师的实践和持续专业发展提供引导，帮助教师找到自身数字胜任力的优缺点。

第四节 职业教育教师数字胜任力的理论框架构建

根据大数据时代教育测评模型的构建范式，理论框架对于模型构建的指导作用至关重要，可有效防止具体指标要素提取的随意性[216]。因此，需要首先明确理论框架的主要内容，为后续模型构建提供理论依据。

一、理论框架基础

目前学界中与教师数字胜任力相关的较为权威的模型为整合技术的学科教学知识（TPACK）模型（图3-8）。该模型展示了信息时代教师的知识构成，为教师教育提供了重要参考。TPACK模型作为一个系统，涵盖了技术知识（technological knowledge，TK）、学科知识（content knowledge，CK）和教学知识（pedagogical knowledge，PK）两两交互形成的学科教学知识（pedagogical content knowledge，PCK）、技术学科知识（technological content knowledge，TCK）、技术教学知识（technological pedagogical knowledge，TPK），以及三者互动的整合技术的学科教学知识（technological pedagogical content knowledge，TPCK）。为强调这三种知识的动态交互，美国教师教育学院协会将“TPCK”改为“TPACK”[217]。

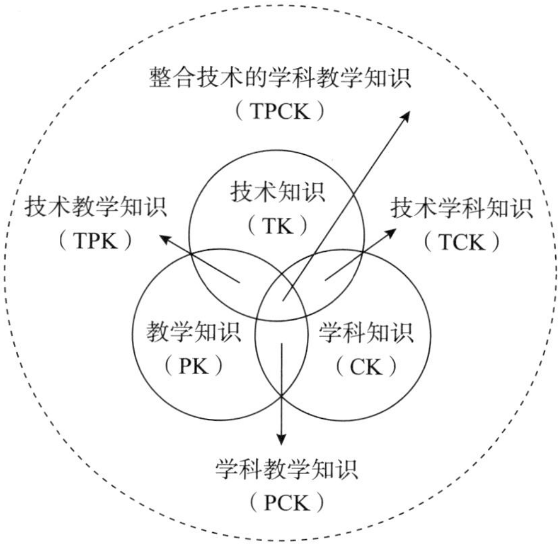

图 3-8　TPACK 模型

TPACK 模型虽然在指导教师教育方面起到了举足轻重的作用，但其存在概念边界模糊、知识关系不清、知识间的作用及整合的机理不明等问题[218]。如果缺少对 TK、PK、CK 这三种知识融合机制的深入研究，模糊地使用 TPACK 这一顶层概念，会减弱 TPACK 模型的理论意义，影响它对实践的指导作用[219]。从 TPACK 模型的构成看，它更多地关注教师在开展教学实践时的知识构成与融合，对教师关注学生发展和教师自身专业发展几乎没有涉及，不能反映数字胜任力作为高阶核心能力的内涵。

综合分析胜任力理论与认知心理学理论，结合我国教师信息化教学能力的相关标准，本书采用分布式认知（distributed cognition）理论作为模型构建的理论基础，它是教师信息化能力构建的常用理论，是一个包括认知主体和环境的系统理论[220]。该理论主张认知分布于个体内、个体间、媒介、环境、文化、社会和时间等之中，强调参与者个体与他们在其所处周围环境中的交互关系。职业教育教师对技术的认知受到技术自身、环境及与之相关的一切因素影响，会随着教师对技术的态度和认知、周围环境的变化，以及专业或教学实践的深入而变化。教师的认知不是一成不变的，会随着环境的变化而变化，并进入不同的发展阶段。因此，在建构职业教育教师数字胜任力理论框架时需将与认知相关的影响因素融入要素设计中。

在分布式理论指导下，Krumsvik 构建了教师数字胜任力理论框架[221]，较好地解决了 TPACK 模型知识间整合机理不明与知识维度较为基础的问题，形象地展现了教师专业发展的阶段与影响因素（图3-9），明确教师发展受到“数字能力心理之旅”（自我意识，垂直轴）和“实践能力之旅”（专业实践，水平轴）的影响。“实践能力之旅”始于教师的相对无意识（采纳），即教师不清楚数字技术的优点与缺陷，但随着时间的推移，他们逐渐意识到并达到适应、适切和创新的阶段，是能力由低向高发展的过程。模型由基本数字技能、数字化教学能力、学习策略三大能力域组成。基本数字技能要求教师具备扎实的基本数字技能，且能够以最佳方式识别和利用技术在教学中的潜力，对应 TPACK 模型中的技术教学知识（TPK）。数字化教学能力属于教师最核心的能力，要求教师成为学生使用数字技术的榜样，充分发挥数字技术的潜能，使数字技术贯穿于整个教育教学过程，为学生拓展在校学习的可能性而努力，对应整合技术的学科教学知识（TPCK）。学习策略要求教师一方面关注发展自身专业实践的学习策略，另一方面能够引导学生通过使用数字技术实现新的学习策略（元认知），属于教师的高阶能力。另外，数字教育特指数字伦理，要求教师辩证地思考技术带来的价值与困境，此能力应贯穿于整个教师专业实践中。不同能力域对应教师不同的发展阶段，共同构成了教师数字胜任力模型。

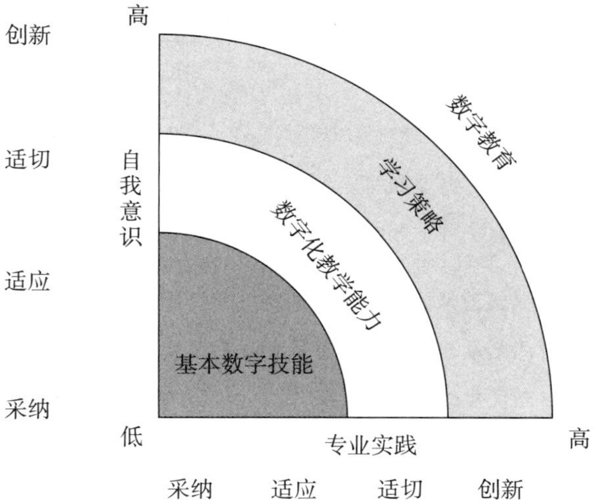

图 3–9　教育者数字胜任力理论模型

在人工智能、大数据、云计算等现代信息技术迅猛发展和应用的新时代，要求职业教育教师根据专业人才培养标准，不断调整课程结构、教学内容和教学模式，教师需通过企业轮训、国外研修访学，接轨行业，不断提升自身专业技能、技术攻关和应用技术的水平，强化教师的终身学习能力与专业实践性。基于此，需要结合职业教育教师专业标准对职业教育教师数字胜任力理论框架进行重构，以适应新时代对职业教育教师的能力要求。

二、理论框架的能力域划分

根据 Krumsvik 的教师数字胜任力理论框架主体架构，以及国外相关标准共同关注的数字化应用、促进学生发展、促进教师发展三大能力域[222]，基于职业教育教师数字胜任力的概念，构建了职业教育教师数字胜任力理论框架，包含数字技术技能、数字化教育教学能力、数字学习策略、数字专业发展四个能力域，分别强调职业教育教师专业发展不同阶段的主要内容。具体见表 3–3。

表 3-3 职业教育教师能力域及描述

能力域	描述
数字技术技能	一方面要求教师作为数字公民，具备能有效和负责任地借鉴、使用、开发和共享数字资源的知识与技能；另一方面要求教师作为专业工匠，熟练掌握所教授专业对应职业所需的数字知识与技能
数字化教育教学能力	强调教师能合理地将数字技术运用于专业教学、实习实训组织、社团活动与班级管理，并借助数字化过程性评价，开展动态监测，不断优化教育教学效果
数字学习策略	教师对利用数字技术获取知识的公平性予以保障，以人为本，尊重学生的个性化学习需求，促进学生积极有效地参与数字化学习过程，逐步掌握职业所需的数字技能，并能规范地制作数字化学习成果
数字专业发展	强调教师使用数字技术实现与利益共同体的沟通与合作，主动更新自身与职业领域相关的知识结构，不断反思改进教学与专业技能，与企业联动实现研究创新，实现自身专业发展

职业教育教师能力域与《职业院校数字校园规范》教师发展中的信息意识与态度、信息知识与技能、信息化应用与创新、信息化研究与发展、信息社会责任衔接，更多地关注“以学生为中心”理念与数字技术作为“内容”的能力。在能力域的设计上体现了该理论框架与国内外教师数字胜任力模型的共性特征，也尽量体现了高水平职业教育教师的个性要求，如在数字化教育教学能力域的描述中强调教师专业数字化教育教学能力的发展，体现了职业教育教师区别于其他类型教师的特性所在。模型设计了数字学习策略、数字专业发展两大能力域，强调职业教育教师运用数字技术开展融合创新的能力。数字学习策略要求职业教育教师既关注自身数字教学策略的提升，也需关注其学生的数字学习策略生成，进而发展学生基于职业领域的数字技能；数字专业发展更是要求职业教育教师通过产教融合开展研究创新，含教研创新与技术创新，实现自身专业发展，这是该理论框架在能力层次上的个性指标群。

三、理论框架的坐标轴确定

作为终身学习者的职业教育教师，通过灵活运用数字技术支持自身专业学习与教学，提升专业知识和技能这一过程对其信息化教学态度的形成具有十分重要的作用，职业教育教师的信息化教学态度一旦形成也会对认知产生作用。而使用数字技术的态度会直接影响具体的实践，组织行为学认为认知、态度和行为三者之间相互联系、相互影响、相互作用。职业教育教师的“双师素质”特点，要求其不仅要具备教育教学能力，而且须具有较高的专业技术能力，并能够逐步将其融合形成专业教育教学能力。为强调这一特点，实践类型应细分为专业/教育实践。基于此，理论框架设计了态度、认知、专业/教育实践三轴。态度轴重点指职业教育教师采用数字技术教学的情感取向，对数字技术的态度也会直接影响职业教育教师使用数字技术进行教学实践[223]；认知轴重点指职业教育教师对数字技术支持学习与教学的认知过程；专业/教育实践轴指职业教育教师运用主体态度和认知使用数字技术开展专业和教学活动的过程。

四、理论框架的能力等级划分

国际主流的数字胜任力框架为推进教师自适应地发展自身能力，从教师专业纵向发展的角度构建不同能力阶段，在能力等级上至少设置了三级，其侧重点各有不同，便于处于不同发展等级的区域、学校与教师执行。本书中理论框架的等级划分一方面借鉴了 DigCompEdu 框架中新手、探索者、综合者、专家、领导者和开拓者六个等级的划分标准，另一方面综合了布鲁姆教育目标分类理论与其他权威教师数字胜任力模型的分类依据，将职业教育教师数字胜任力分为采纳、适应、适切、创新四阶段，以指导职业教育教师推进自身专业的自适应发展。

五、理论框架的具体解析

基于以上分析，本书构建了“三轴四域四阶段”职业教育教师数字胜任力理论框架（图3-10）。理论框架中教师的数字技术技能、数字化教育教学能力、数字学习策略、数字专业发展四个维度能力会随着态度、认知、专业/教育实践（三轴）的深入而发展，框架中掌握数字技术技能对应采纳阶段，掌握数字化教育教学能力对应适应阶段，掌握数字学习策略相关能力对应适切阶段，掌握数字专业发展相关能力对应创新阶段。不同能力发展阶段体现了职业教育教师从关注数字技术的工具功能到融合创新功能的转变。采纳阶段是开展数字化教学的基础，此阶段职业教育教师意识到数字技术对于教育教学的积极影响，并基本了解了数字技术的教学用途，尝试使用数字技术开展专业/教育实践。职业教育教师虽然在采纳阶段不是非常明确数字技术在教学与专业实践方面的全部作用，但随着态度、认知、专业/教育实践的深入，他们会逐渐明晰并达到适应、适切和创新的阶段。前面两个阶段更关注数字技术辅助教育教学的功能（工具性），后两个阶段则是数字技术融合创新功能的体现，也是资深职业教育教师区别于新手教师的重要指标。

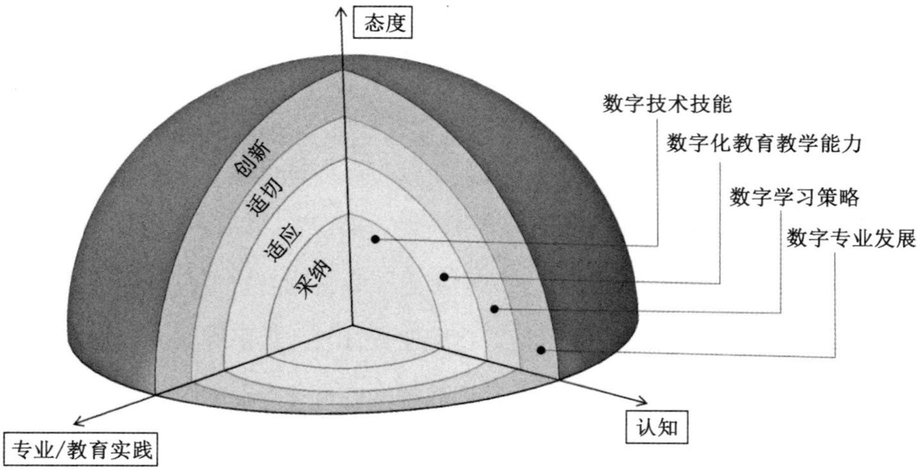

图3-10 职业教育教师数字胜任力理论框架

此外，在新冠疫情期间实施的在线教学，学生普遍遇到的难题是失去了传统课堂环境，注意力难以集中。作为“网络原住民”的一代，网络社会、媒体和技术是他们成长过程中的重要组成部分，职业教育教师应积极利用此优势将数字技术融入教学，但同时也应就数字技术产生的负面影响进行辩证性的思考。因此，后续构建操作性模型应涉及职业教育教师自身数字伦理的要求，强调其作为“技术榜样”培养学生积极应对虚拟环境下的伦理问题，如虚拟环境下的学习焦虑、网络暴力、道德困境（如“抄袭”），关注职教学生心理健康，及时疏解学生学习焦虑，应对网络暴力和道德困境，使学生能够合理运用数字技术发展自身学习策略而不受网络环境的消极影响。

六、理论框架的适应性分析

1. 共性分析

职业教育教师数字胜任力理论框架整体上遵循教育测评模型的构建范式，基于胜任力理论中的洋葱模型、分布式认知理论中的同心圆模型，建立态度、认知、专业 / 教育实践三轴；采纳 TPACK 理论框架的关键内容和国内外框架共同关注的能力域，构建了数字技术技能、数字化教育教学能力、数字学习策略、数字专业发展四大能力域；借鉴 DigCompEdu 框架和 ICT-CFT-3 框架的等级分类思路，构建了采纳、适应、适切、创新四阶段，总体上与教师教育者数字胜任力模型等级分类一致。理论框架在内容与等级划分上充分考虑了模型的共性特征。模型构建的过程与部分内容可迁移至职教师范生数字胜任力理论框架的构建，但在能力域的具体描述上可适当增加或者减少内容，提高或者降低难度，以更好地体现不同阶段对职业教育教师的能力要求。

2. 个性分析

职业教育教师数字胜任力理论框架同样具有个性特征。一方面在轴与维度的设计上体现了职教特性，另一方面在维度设计上体现了高水平职教师资的特点。针对职教特性方面，模型通过“专业 / 教育实践”轴的设置体现了职业教育教师的“双师”特性，另外在数字化教育教学能力域的描述中强调学生专业数字化教育教学能力的发展，体现了职业教育教师区别于其他类型教师的特性所在。针对高水平职业教育教师方面，设计了数字学习策略、数字专业发展两大能力域，强调职业教育教师运用数字技术开展融合创新的能力。数字学习策略要求职业教育教师既关注自身数字学习策略的提升，又关注学生的数字学习策略生成；数字专业发展更是要求职业教育教师开展教研创新与技术创新，进而实现自身专业发展，体现了该理论框架在能力层次上的职教特性。

第五节 本章小结

本章首先梳理了国内外教师数字胜任力相关框架 / 标准，从研制背景、框架架构、基本内容与特点三方面总结了国内外相关框架 / 标准的特点与侧重点，从模型构建的流程、模型的内容、模型的应用分析框架 / 标准的优点与不足，为构建我国职业教育教师数字胜任力理论框架提供依据，也为开发操作模型提供参考。基于认知心理学的研究视角，结合国内外框架 / 标准的模型构建流程、模型内容、模型应用启示，以 Krumsvik 的教师数字胜任力模型为基础架构，结合 TPACK 模型的关键知识，构建了我国职业教育教师数字胜任力“三轴四域四阶段”理论框架，包含态度、认知、专业 / 教育实践三轴，数字技术技能、数字化教育教学能力、数字学习策略、数字专业发展四域，采纳、适应、适切、创新四阶段，为职业教育教师数字胜任力的操作性模型维度要素构建指明了方向。

第四章
职业教育教师数字胜任力模型构建

第一节 职业教育教师数字胜任力的指标构建

指标构建的方式并不是随意的，需从操作性定义出发，遵循价值框架、逻辑框架和结构框架三个框架相统一的原则[224]。因此，本节基于初步构建的职业教育教师数字胜任力理论框架，根据胜任力模型研究的一般技术路径，对要素进行提取与聚类，以进一步丰富模型内容。

1. 资料来源

基于第三章总结的国内外相关框架 / 标准模型的研制经验，了解到模型构建基本上是基于本国或国际数字胜任力框架和教师职业标准，再结合有价值的文献与个人经验判断，对模型要素进行归类。因此，本书首先采用 NVivo 质性文本分析软件对相关框架与文献（表4-1、表4-2）进行分析，将要素进行归类。

表 4-1 分析框架 / 标准列表

类别	框架 / 标准名称	主要内容
国外教师数字胜任力相关框架	ICT-CFT3	学习者、领导者、公民、合作者、设计师、促进者、分析师
	NETS-E 2017	理解教育中的信息技术、课程与评估、教学法、信息技术、组织与管理、教师专业学习
	DigCompEdu	专业化参与、数字化资源、教学和学习、评价、赋能学习者、促进学习者的数字胜任力
国内教师数字胜任力相关标准	《中小学教师信息技术应用能力标准（试行）》	技术素养、计划与准备、组织与管理、评估与诊断、学习与发展
	《师范生信息化教学能力标准》	基础技术素养：意识态度、技术环境、信息责任 技术支持学习：自主学习、交流协作、研究创新 技术支持教学：资源准备、过程设计、实践储备
	《全国中小学教师信息技术应用能力提升工程 2.0 校本应用考核指南》	教学设计：数字教育资源获取与评价、演示文稿设计与制作、数字教育资源管理 学情分析：技术支持的学情分析 学法指导：技术支持的课堂导入、技术支持的课堂讲授、技术支持的总结提升、技术支持的方法指导、学生信息道德培养、学生信息安全意识培养 学业评价：评价量规设计与应用、评价资料的伴随性采集、资料视觉化呈现与解读

续表

类别	框架 / 标准名称	主要内容
	《职业院校数字校园规范》中的教师发展	信息意识与态度：重要性的认识、应用意识、评价与反思 信息知识与技能：基本知识、基本技能、职业教育教学的技能 信息化应用与创新：教学设计与实施、合作与交流、教学模式创新 信息化研究与发展：教学研究、终身学习、专业发展 信息社会责任：公平利用、健康使用、规范行为
	《教师数字素养》	数字化意识：数字化认识、数字化意愿、数字化意志 数字技术知识与技能：数字技术知识、数字技术技能 数字化应用：数字化教学设计、数字化教学实施、数字化学业评价、数字化协同育人 数字社会责任：法治道德规范、数字安全保护 专业发展：数字化学习与研修、数字化教学研究与创新
国内教师专业标准	《中等职业学校教师专业标准（试行）》	专业理念与师德：职业理解与认识、对学生的态度与行为、教育教学态度与行为、个人修养与行为 专业知识：教育知识、职业背景知识、课程教学知识、通识性知识 专业能力：教学设计、教学实施、实训实习组织、班级管理与教育活动、教育教学评价、沟通与合作、教学研究与专业发展

续表

类别	框架 / 标准名称	主要内容
国内职前教师能力标准	《职业技术师范教育专业认证标准》中的学生毕业要求	践行师德：师德规范、教育情怀、工匠精神 学会教学：专业知识与能力、专业实践能力、教学能力、融合创新 学会育人：班级管理、综合育人、职业指导 学会发展：自主学习、反思研究、国际视野、交流合作

注：表中仅列出相关框架 / 标准的维度内容，实际处理的数据包含维度里的内容。

表 4-2　国内外代表性文献

文献类型	代表性文献名称	文献篇数 / 篇
国外代表性文献	“*Assessing the digital competence of educators in social studies: an analysis in initial teacher training using the tpack-21 model*”[76]	20
国内代表性文献	《面向我国中小学教师的数字胜任力模型构建及应用研究》[40]	57

2. 资料处理与结果

首先，将经过处理后的10个“标准”与重要文献的文本导入NVivo分析软件；然后，对总文本中的内容逐一浏览，同时进行初始编码，最终共形成48个开放节点，872个参考点（图4-1）。

图 4-1　初始编码图

需要注意的是，由于将10个“标准”和论文文本汇总为一个文本来编码，故图4-2中的“文件”显示为1。以相似原则将提取到的关键词句归为一类，初步编码的节点大多数以框架 / 标准出现过的要素表述，结合研究者的个人经验，形成初步编码的节点名称和参考点数目（图4-2）。

节点　搜索项目

名称	文件	参考点
主动学习	1	22
以学生为中心	1	21
教师数字发展	1	21
差异与个性	1	20
开放态度	1	19
立德树人	1	17
学生学习需求与特点	1	17
协作学习	1	17
交流沟通	1	17
接轨产业前沿	1	16
反思改进	1	16
创新创造	1	15
数字化教学概念	1	14
数字知识	1	13
工匠精神	1	12
教学模式	1	12
数字协作	1	12
绩效期望	1	11
软件	1	11
教学活动	1	11
积极参与	1	11
数字监测	1	10
专业发展	1	10

图4-2　编码的节点名称和参考点数目示例

基于教师数字胜任力的理论框架，进一步针对开放节点和参考点进行详细分析，合并相似的能力节点、新增更具有概括性的能力节点以及删除无效的能力节点，形成了10个“标准”和论文共同关注的要素节点图（图4–3）。

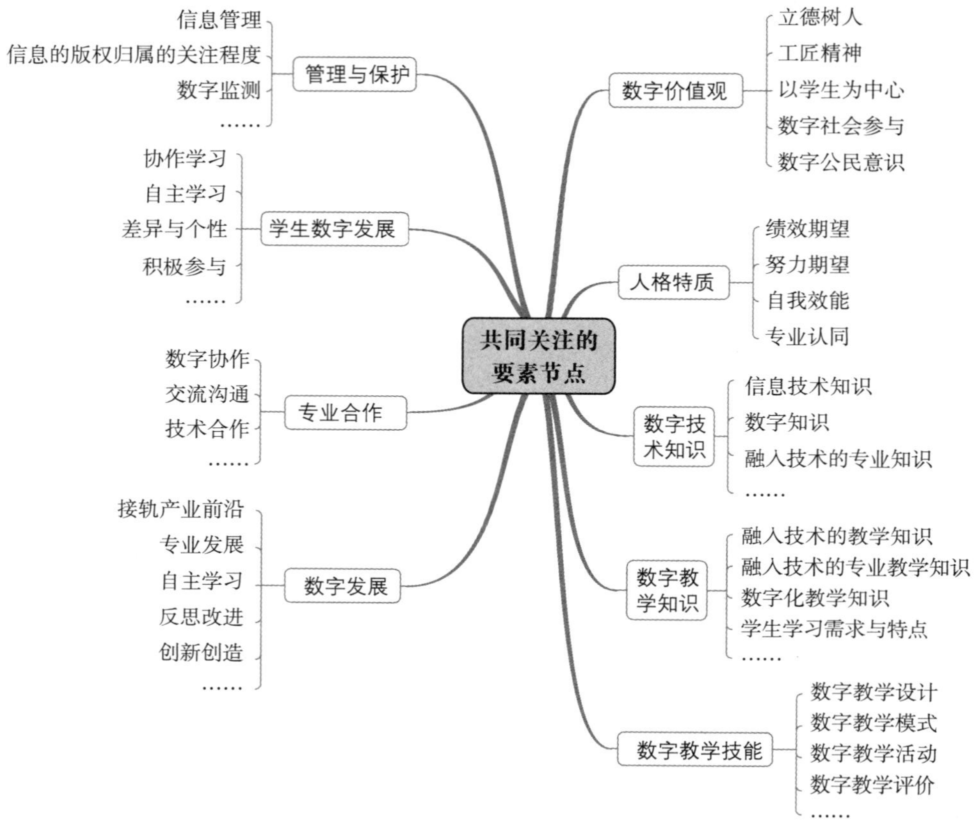

图4–3　共同关注的要素节点

共同关注的要素节点包括以下方面：①“数字价值观”包括立德树人、工匠精神、以学生为中心、数字社会参与、数字公民意识；②“人格特质”包括绩效期望、努力期望、自我效能、专业认同；③“数字技术知识”包括信息技术知识、数字知识、融入技术的专业知识等；④“数字教学知识”包括融入技术的教学知识、融入技术的专业教学知识、数字化教学知识、学生学习需求与特点等；⑤“数字教学技能”包括数字教学设计、数字教学模式、数字教学活动、数字教学评价等；⑥“管理与保护”包括信息管理、信息的版权归属的关注程度、数字监测等；⑦“学生数字发展”包含协作学习、自主学习、差异与个性、积极参与等；⑧“专业合作”包括数字协作、交流沟通、技术合作等；⑨“数字发展”包含接轨产业前沿、专业发展、自主学习、反思改进、创新创造等。NVivo文本分析的编码节点及其文本描述示例见表4-3。

表4-3　编码节点及其文本描述示例

节点	能力文本描述示例
数字价值观	培养学生运用数字技术解决专业问题的意识；结合职教学生学习特点，设计的内容新颖、信息丰富、吸引学生，并能给予学生较大的思考空间；尊重人才差异，重视学生的全面发展
人格特质	主动地发展自己以及教育共同体的数字化教学实践，负责地使用数字技术进行交流；相信数字技术对于促进教学与实践具有积极影响；发挥自身优势，获得由观念方法改进带来的自我肯定和教学成就感；认同教师的专业性和独特性
数字技术知识	适应教育现代化的数字技术知识，能针对不同类型的学生给予相应的学习支持与关注；掌握信息检索、收集、整理、筛选的基本方法；理解数字化教学的基本概念与理论基础
数字教学知识	了解职业院校学生的认知特征、学习基础、学习特点；了解数字化教学的本体概念、学生学习需求与特点等知识
数字教学技能	运用数字教学手段实施教学与实训（模块化教学设计实施能力、课程标准开发能力、教学评价能力）；掌握数字技术与专业教育教学知识的融合
管理与保护	熟练地收集、管理、处理和分析资料，确保个人信息和教育资料安全；辩证地看待网络信息，有意识营造健康的数字环境；判断在线教学不良影响，并采取策略达到问题的有效解决

续表

节点	能力文本描述示例
学生数字发展	使学习者能够运用数字技术协作完成项目任务，作为增强沟通、协作和协作性知识创造的手段；使学习者能较好地计划、监控和反思自己的学习，为其提供知识技能发展的证据，表达分享设计并提出创造性的解决方案
专业合作	使用多种途径与他人分享数字技术应用经验；了解所在区域经济基本情况；针对教育教学工作中的现实需要与问题，组成学习共同体进行探索和研究
数字发展	合理运用数字技术不断反思和改进教育教学工作；学习专业领域先进技术，促进关键技能改进创新；创造性地思考数字教学问题，创新地探索和应用；立足行业企业，开展科学研究

第二节　职业教育教师数字胜任力的指标凝练

结合第三章构建的理论框架（图3-10）和能力描述（表3-3），对研究得到的9个要素节点进行归类凝练，具体如下。

（1）将数字技术知识和管理与保护节点归入数字技术技能维度。因为技能是对知识的应用，强调数字技能的应用价值，管理与保护属于数字伦理范畴，是教师开展数字化教育教学的前提与要求。

（2）将数字教学知识与数字教学技能节点归入数字化教育教学能力维度。强调数字技术对于教育教学的创新价值，数字化教育教学能力建立在教学知识和教学技能的习得之上。

（3）将学生数字发展节点内容一部分归入数字化教育教学能力维度，如协作学习、自主学习要素，一部分归入数字学习策略维度，如差异与个性、积极参与、开放态度等。

（4）将专业合作、数字发展合并为数字专业发展维度；对于数字价值观和人格特质节点的内容根据各维度能力发展所需的理念、态度与价值观，全程融入其中。

根据维度描述进行要素相关性归类，初步凝练出职业教育教师数字胜任力四大维度33个要素及描述（表4-4）。

表 4-4 职业教育教师数字胜任力维度要素

维度	要素	描述
数字技术技能	努力期望	掌握数字技术，并发挥其对教学与实践的作用，相信数字技术是提升工作效率，实现教学变革的重要因素
	技术技能	能够运用与教学相关的数字技术（如多媒体、办公软件、数字平台、图形处理、视频编辑、网络教学资源等）
	技术合作	使用多种途径与他人分享数字技术应用经验
	信息版权归属的关注程度	能熟练地收集、管理、处理和分析数据，确保个人信息和教育资料安全，注重引用标注
	管理与保护	辩证地看待网络信息，积极应对网络暴力、淫秽信息、虚假信息等，有意识营造健康的数字环境
	技术问题解决	能判断在线教学的不良影响，并采取策略，实现问题的有效解决
数字化教育教学能力	绩效期望	相信数字技术对于促进中职生教学与实践具有积极影响
	自我效能	发挥自身优势，获得由观念方法改进带来的自我肯定和教学成就感
	教学知识	了解职业院校学生的认知特征、学习基础、学习特点
	教育技术知识	适应教育现代化的数字技术知识，能针对不同类型的学生给予相应的学习支持与关注

续表

维度	要素	描述
	以学生为中心	基于数字技术创设学习环境，内容结合职教学生学习特点，设计的内容新颖、信息丰富、吸引学生，并能够给予学生较大的思考空间
	数字教学	运用数字教学手段实施教学与实训（模块化教学设计实施能力、课程标准开发能力、教学评价能力）
	协作学习	使用数字技术促进和加强职教学生协作，使学习者能够运用数字技术协作完成项目任务，以此作为增强沟通合作和协作性知识创造的手段
	自主学习	使用数字技术支持职教学生自主学习，使中职生能较好地计划、监控和反思自己的学习，并为其提供知识技能发展的证据，帮助学生自主表达分享并提出创造性的解决方案
	技术创新	教师能学习专业领域的先进技术，促进关键技能改进创新，提升实习实训指导能力和技术技能积累创新能力
	动态监测	教师开展教学过程监测、学情分析、学业水平诊断和学习资源供给，动态监测与科学育人结合
	数字评估	使用数字技术对学生进行过程性评估。创新评估方法，尝试使用中职生数字作品作为学生成绩的证据
	教育责任	在遇到师生异地、网络异常、技术障碍等困难时，仍能投入工作，并努力履行传授知识、提高素质、培养情操等方面的职责
数字学习策略	差异与个性	遵循职业教育规律、技术技能人才成长规律和学生身心发展规律，尊重技能人才差异，重视学生的全面发展
	迁移	学生通过教师设计的学习情境完成学习问题 / 任务，并能够拓展迁移性地解决实际问题

续表

维度	要素	描述
	理解	教师利用数字技术等多种途径促进中职生原有知识与新知识产生联结，帮助其建立新的知识体系
	知识深加工	通过分析、综合、应用、同化和深度加工学习知识，提升学生的创新思维能力
	积极参与	将数字技术融入教学过程中，使学习者积极参与跨学科技能学习、深度思考及创造性设计
	开放态度	学习者对现实世界情境保持开放的态度，并积极参与实践活动，解决复合型问题
	反思	教师与学生反思自身学习情况，对抽象复杂知识的学习进行及时准确的反馈
数字专业发展	立德树人	遵守立德树人的职业操守
	工匠精神	把工匠精神融入教师个人的职业理念、职业态度、职业技能和职业责任之中
	专业认同	认同职业学校教师的专业性和独特性，主动学习，不断更新自身知识，提升能力
	接轨产业前沿	结合现代信息技术的发展，科学预测并深入了解所在区域经济发展情况、相关行业现状趋势与人才需求、世界技术技能前沿水平等基本情况
	创新探索	能够创造性地思考数字教学问题，构建数字环境下教学的独特方式并进行创新的探索和应用
	反思改进	合理运用数字技术不断反思和改进教育教学工作
	专业合作	针对教育教学工作中的现实需要与问题，积极推进线上线下学习共同体的建立，促进组内探索和研究
	科学研究	校企人员双向互动，立足行业企业，开展科学研究，服务企业技术升级和产品研发

（1）数字技术技能维度包含努力期望、技术技能、技术合作、信息版权归属的关注程度、管理与保护、技术问题解决。其中，努力期望属于技术接受的态度层面，技术技能、技术合作、信息版权归属的关注程度、管理与保护、技术问题解决属于有效和负责任地借鉴、使用、开发和共享数字资源所需具备的知识与技能，也是发展其他能力的基础。

（2）数字化教育教学能力维度包含绩效期望、自我效能、教学知识、教育技术知识、以学生为中心、数字教学、协作学习、自主学习、技术创新、动态监测、数字评估、教育责任。其中，绩效期望、自我效能、以学生为中心属于技术接纳态度与理念层面，剩下的要素是职业教育教师合理地将数字技术运用于专业教学、实习实训组织、社团活动与班级管理，并借助数字化过程性评价，开展动态监测，不断优化教育教学效果所需要的能力。

（3）数字学习策略维度要求职业教育教师对数字技术获取知识的公平性予以保障，尊重学生的个性化学习需求，促进学生积极有效地参与数字化学习过程，因此，其包括差异与个性、迁移、理解、知识深加工、积极参与、开放态度、反思等与教师和学生学习策略相关的要素。

（4）数字专业发展维度将与职业教育教师专业发展相关的要素纳入，包含立德树人、工匠精神、专业认同等理念和态度层面的内容，也包含职业教育教师在今后专业发展中所需要的能力。

根据标准制定的原则与要求[225]，要求指标内部建设的一致性、排他性和可测量性。一致性要求同一级维度与要素之间具有包含关系，同级指标间划分合理且科学；排他性要求指标构成高度提炼，避免重复与相似要素重复出现；可测量性要求指标与描述的内容清晰，易于理解。

同时，基于职业教育教师的专业特性（双师素质），且考虑到与我国《职业院校数字校园规范》中教师发展的衔接性，再次调整了维度与要素内容（表4-5）。

表 4-5 职业教育教师数字胜任力维度要素修改对比

初构的职业教育教师数字胜任力维度要素		修订后的职业教育教师数字胜任力维度要素及描述		
维度	要素	维度	要素	描述
—		一、数字理念与态度	努力期望	利用数字化教学资源、工具、平台支持自身发展的难度评判
			绩效期望	相信数字技术是创新教学模式，提高教学质量，实现教育教学变革的重要因素
			自我效能	发挥自身优势，获得由观念方法改进带来的自我肯定和教学成就感
			环境影响	易受周围人 / 环境影响，正向激励自身使用数字技术，主动自觉地提高自身的数字技术
			立德树人	树立育人为本、德育为先、能力为重的教学理念，确保自身在数字环境中对学生的积极影响；将自身规范使用数字信息的观念、知识传递给学生，重视学生在数字环境下的全面发展
			工匠精神	将工匠精神融入利用数字技术发展个人的职业理念、职业态度、职业技能和职业责任之中，并注重对学生的积极影响
			专业认同	认同职业教育教师的专业性和独特性，主动通过数字技术学习，不断更新自身知识，提升能力的态度

续表

初构的职业教育教师数字胜任力维度要素		修订后的职业教育教师数字胜任力维度要素及描述		
维度	要素	维度	要素	描述
数字技术技能	努力期望、技术技能、技术合作、信息版权归属的关注程度、管理与保护、技术问题解决	二、数字知识与技能	基本技能	掌握信息检索、收集、整理、筛选的基本方法
			数字设备	掌握常用数字设备与教学数字设备的操作
			数字软件	熟练操作社会性及学科教学软件，包括熟练操作社交软件、熟练操作学科软件、熟练操作常用教学软件
			数字平台	熟练掌握社会性及教学相关的学习平台 / 系统，包括熟练使用网络教学与学习平台、熟练使用学习管理系统
			数字资源	选择、修改与创造数字资源以满足日常、教学和学习的需要，包括选择合适的数字资源。识别、评估和选择日常、教学和学习的数字资源；修改与创造数字资源。在可能的情况下，修改或增强现有数字资源，创建或合作创建新的数字资源
			数字管理	关注、管理与保护数字信息，并遵循信息使用的法律与伦理道德规范，包括能熟练地收集、管理、处理和分析资料，确保个人信息和教育资料安全，注重引用标注；辩证看待网络信息，积极应对网络暴力、淫秽信息、虚假信息等，有意识营造健康的数字环境

续表

初构的职业教育教师数字胜任力维度要素		修订后的职业教育教师数字胜任力维度要素及描述		
维度	要素	维度	要素	描述
数字化教育教学能力	绩效期望、自我效能、教学知识、教育技术知识、以学生为中心、数字教学、协作学习、自主学习、技术创新、动态监测、数字评估、教育责任	三、数字教育与教学	数字教学知识	了解数字化教学的本体概念、学生学习需求与特点等知识，包括了解职业院校学生的认知特征、学习基础、学习特点及技术需求；理解数字化教学的基本概念与理论基础；掌握数字技术与专业教育教学知识的融合；能判断在线教学的不良影响，并采取策略，实现问题的有效解决
			数字教学设计	掌握数字化职业教育教学设计的理论与方法，包括理解与运用数字化教学设计模式；利用数字技术创设新型实验、实训、实习教学环境，设计的内容新颖、信息丰富、吸引学生，并能给予学生较大的思考空间；利用数字技术开展模块化教学设计，使教学内容得以更好地设计与呈现
			数字教学模式	灵活运用和创新数字化教学模式，包括利用数字技术构建理实一体、工学结合的虚实融合教学模式；利用数字技术构建校企合作教学模式；开展数字技术支持下的自主学习、协作学习、探究学习等信息化学习模式在教学中的应用
			数字教学活动	掌握数字化教学活动实施的程序与方法，包括掌握数字技术与职业教育教学活动和专业教育教学活动融合；利用虚拟、增强与混合现实技术支持实验和实训教学活动；利用数字技术指导与支持学生开展专业实践活动；利用数字技术指导学生开展专业职业技能竞赛

续表

初构的职业教育教师数字胜任力维度要素		修订后的职业教育教师数字胜任力维度要素及描述		
维度	要素	维度	要素	描述
			数字教学评价	掌握职业教育数字教学效果评价的理论与方法，并开展动态监测，包括理解职业教育数字化教学效果的评价理论；掌握职业教育数字化教学效果评价的手段与方法；掌握职业教育数字化学习效果评价的手段与方法；开展教学过程监测、学情分析、学业水平诊断和学习资源供给，掌握动态监测与科学育人结合的程度
			数字班级管理	运用数字技术开展班级管理与教育活动。运用数字技术开展线上线下相结合的育人和德育活动；采用数字技术模拟职业生涯，开展就业创业指导；利用数字技术对学生进行必要的心理干预与疏导
			教育责任	在遇到师生异地、网络异常、技术障碍等困难时，仍能投入工作，并努力完成传授知识、提高素质、培养情操等方面的职责

续表

初构的职业教育教师数字胜任力维度要素		修订后的职业教育教师数字胜任力维度要素及描述		
维度	要素	维度	要素	描述
数字学习策略	差异与个性、迁移、理解、知识深加工、积极参与、开放态度、反思	四、数字关注与支持	公平获取	考虑和回应学生(对于数字技术)的期望、能力、使用及误解，以及他们使用数字技术的情境、设备或认知方面的限制；确保所有学生，包括有特殊需要的学生，能够在学习资源、学习工具、学习环境利用上享受均等机会
			差异个性	遵循职业教育规律、技术技能人才成长规律和学生身心发展规律，支持不同水平学生以不同速度获取知识技能；尊重技能人才差异，重视利用数字技术支持学生个性化与多样化的学习需求
			积极参与	利用数字技术促进学生积极、创造性地学习专业技术知识，包括教师利用数字技术等多种途径推动学生的旧知识与新知识产生联结，促进新旧知识体系建立；将数字技术融入教学策略中，培养学生的跨学科技能、深度思考及创造性设计；通过教师设置的数字化学习情境完成学习问题/任务，能够解决实际问题或拓展迁移性问题
			负责使用	学生有效和负责地使用信息通信技术及数字资源，包括学生在数字环境中查找、组织、处理、分析和解释信息，比较和批判性地评估信息及其来源的可信度和可靠性；采取措施确保学习者能够安全负责地管理风险和使用数字技术；学生在学习活动中负责任地进行交流、协作，表达自己，注意分享时版权和许可的应用

续表

初构的职业教育教师数字胜任力维度要素		修订后的职业教育教师数字胜任力维度要素及描述		
维度	要素	维度	要素	描述
数字专业发展	立德树人、工匠精神、专业认同、接轨产业前沿、创新探索、反思改进、专业合作、科学研究	五、数字合作与发展	信息交流	利用数字技术与学生、家长、同事、管理者进行交流，促进教育教学合作，包括利用数字技术与学生进行学习方面的交流；利用数字技术与家长进行学生情况、学习、教学方面的交流；利用数字技术与同事在教学与研究方面进行交流；利用数字技术与学校管理者就教学管理工作进行交流
			专业合作	利用数字技术与技术人员、学科专家、教育技术专家、行业专家、兼职教师进行专业合作，促进专业学习共同体的形成，包括利用数字技术与技术人员在专业教学资源开发、教学平台优化等方面进行沟通与合作；利用数字技术与学科专家、教育技术专家进行信息化教学设计等方面的沟通与合作；利用信息技术与行业专家、兼职教师等开展专业沟通与合作，促进分工协作与自身专业教学能力发展
			接轨前沿	利用数字技术开展自主学习、终身学习，提升信息化教学能力；积极参与职业院校信息化教学比赛，了解信息化教学动态与前沿；结合现代数字技术的发展，科学预测并深入了解所在区域经济发展情况、相关行业现状趋势与人才需求、世界技术技能前沿等基本情况

续表

初构的职业教育教师数字胜任力维度要素		修订后的职业教育教师数字胜任力维度要素及描述		
维度	要素	维度	要素	描述
			反思改进	合理运用数字技术不断反思和改进专业与职业教育教学工作，包括利用数字技术记录学习与教学问题、过程性资料，并进行反思改进；创造性地思考数字教学问题，构建数字环境下教学的独特方式并进行创新探索和应用；反思自身在数字技术支持下的学习与教学情况，合理规划个人发展
			研究创新	原创数字作品：根据教学需要，设计开发原创作品，支持教学高质量开展（如数字故事、3D立体模型等）；数字化教学研究：识别和确定教学问题或需求，开展数字化教学研究与改革；产品研发：校企人员双向互动，立足行业企业，开展科学研究，服务企业技术升级和产品研发

修订的主要内容与理由如下。

（1）将模型中的“态度”（*Y*轴）单列做一级维度，命名为“数字理念与态度”。

根据我国教师相关的“专业标准”设计特点，一般都将理念与态度单列，为了更好地与职业教育教师专业标准衔接，新增该维度。包括努力期望、绩效期望、自我效能、环境影响、立德树人、工匠精神、专业认同。其中，努力期望、绩效期望、环境影响是来自整合型技术接受模型（unified theory of acceptance and use of technology，UTAUT）[226]。该模型认为个人采纳与使用数字技术的行为意图由四个因素决定：绩效期望、努力期望、环境影响和促进条件（表4-6）。UTAUT 模型提出了使用意愿的三个直接决定因素（绩效期望、努力期望和环境影响）和技术使用行为的两个直接决定因素（使用意愿和促进条件）[227]。UTAUT 模型的基础就是意愿（态度）决定技术使用（行为）[228]。

表 4-6 UTAUT 模型决定因素

决定因素	定义
绩效期望	个人认为使用该系统将有助于自己获得工作绩效收益的程度
努力期望	与系统使用相关的容易程度
环境影响	个人在多大程度上意识到其他重要人物认为自己应该使用新系统
促进条件	个人认为组织和技术基础设施存在以支持系统使用的程度

基于 UTAUT 模型内容，结合职业教育教师特点，确定努力期望、绩效期望、环境影响三个要素属于与职业教育教师自身态度相关性较高的指标，因此将它们纳入数字理念与态度维度，并进行明确描述。自我效能是对自己能够成功完成工作或任务的确切信念[229]，包含结果预期和效能预期，结果预期是指个体对自己的某种行为可能导致的结果的推测；效能预期是指个体对自己实施某行为的能力的主观判断[230]。结合中职具体场景，可以将其描述为发挥自身优势，获得由观念方法改进带来的自我肯定和教学成就感。专业认同是教师或准教师对其职业及内化的职业角色积极的认知、体验和行为倾向的综合体，它是教师或准教师个体的一种与职业有关的积极态度[231]。结合职业教育教师特点，可理解为认同职业学校教师的专业性和独特性，主动通过数字技术学习，不断更新自身知识，提升能力的态度。立德树人是对教师的通用要求，工匠精神是基于职业院校“双师型”教师的特点而特设的要素，遵循了共同准则，体现独特的原则。

（2）维度二修改为“数字知识与技能”，细化要素分类。

修改维度的表述主要在于沿袭我国标准的相关表述，便于教师、学生、管理者等利益相关方理解。另外，分布式认知理论认为认知分布在个体之间、工具、环境两两交互之中。随着数字技术的发展，认知工具大量替代了人们大脑内部的思维和计算，智慧性人工制品对个体认知过程的影响受到重视[232]。结合职业教育涉及的相关“人工制品”，重新修改了维度二指标，原归纳的“数字技术技能”要素颗粒度较大，不便于测量与评价，因此根据媒介内容将其拆分为数字设备、数字软件、数字平台、数字资源，并分别对其进行了认知与“人工制品”交互的描述。将“信息版权归属的关注程度”“管理与保护”“技术问题解决”统一归纳为“数字管理”，描述为关注、管理与保护数字信息，并遵循信息使用的法律与伦理道德规范，包括能熟练地收集、管理、处理和分析资料，确保个人信息和教育资料安全，注重引用标注；辩证看待网络信息，积极应对网络暴力、淫秽信息、虚假信息等，有意识营造健康的数字环境。

（3）维度三修改为“数字教育与教学”，调整内部要素。

根据整合技术的学科教学知识（TPACK）框架的基本理念和做法、教师知识构建的顺序与整合，将维度三的“数字化教育教学能力”改为“数字教育与教学”。将“以学生为中心”“协作学习”“自主学习”“技术创新”等高阶能力归入维度四，并整合要素名称。将动态监测和数字评估归入数字教学评价。根据《师范生信息化教学能力标准》，调整维度三的要素为数字教学知识、数字教学设计、数字教学模式、数字教学活动、数字教学评价。另结合《中等职业学校教师专业标准（试行）》专业能力中“班级管理与教育活动”的要素，增加“数字班级管理”，即运用数字技术开展线上线下相结合的育人和德育活动；采用数字技术模拟职业生涯，开展就业创业指导；利用数字技术对学生进行必要的心理干预与疏导。尽量体现中职教师全方位的工作，凸显教师数字胜任力中的教育功能。

（4）维度四修改为“数字关注与支持”，体现对“以学生为中心”理念的贯彻。

维度四中数字学习策略主要关注数字技术支持下“以学生为中心”的教育教学过程中，学生积极地、负责任地参与教学活动的效果。目前国外的教师数字胜任力框架均从分析教师对于学生发展的影响入手，来确定教师专业标准，如《欧盟教育工作者数字胜任力框架》在赋能学习者维度中明确了教师对学生的积极影响及效果;UNESCO教师信息与通信技术能力框架从学生的角度检验教师的发展，分为“促进学生的信息获取”“促进学生的知识深化”“促进学生的知识创造”三个等级;《美国国家教师教育技术标准》以多元的角色及角色要求来规范教师的数字胜任力，角色要求都是通过对学生的影响来判断教师在此方面是否达标，如教师作为学习者，通过向他人学习和与他人一起学习来不断改进他们的实践，并积极探索利用技术提高学生学习能力的成熟且有影响力的实践。但我国目前的教师专业标准设计均未体现这一思路。借鉴富勒的关注阶段论[233]，个人成为教师是经由关注自身、关注教学任务，最后关注学生的学习以及自身对学生的影响这样的发展阶段而逐渐递进的。职业教育教师在经历了数字知识与技能（采纳阶段）、数字教育与教学（适应阶段），进入了适切阶段。但数字学习策略容易被误解为教师的学习策略发展，因此修改表述为数字关注与支持。二级要素也从关注学生数字学习策略拓展到了学生数字学习生活中的重要发展点，增加公平获取要素，因为公平获取是其他能力发展的基础，技术最大的潜力在于促进全纳教育的实现。其他要素改动较小，公平获取、差异个性、积极参与、负责使用，充分考虑了近年来学生应对虚拟环境下的伦理问题。

（5）维度五修改为“数字合作与发展”。

为保持维度表述一致，将数字专业发展改为数字合作与发展，包含信息交流、专业合作、接轨前沿、反思改进、研究创新等内容，整合了《中等职业学校教师专业标准（试行）》专业能力中“沟通与合作”和“教学研究与专业发展”两个部分的内容，并结合职业教育教师专业发展要求，增加了“专业合作”要素，即与学科专家、教育技术专家、企业行业专家进行交流合作的内容。针对“研究创新”要素的描述体现了新增职业教育教师作为“数字原住民”的特点与优势，提升其数字胜任力在专业发展方面的难度，要求职业教育教师能原创数字作品和服务产品研发，因此数字合作与发展维度能力的难度略高于目前的教师信息化教学能力。

第三节　职业教育教师数字胜任力指标的专家验证

采用德尔菲法[234]，通过多轮专家匿名咨询、修订和验证，直到专家意见基本一致，最终确定相对完善、合理、可靠的数字胜任力要素及其描述，并进一步构建其指标体系，德尔菲法实施步骤如下。

一、问卷编制

基于表4-5中修订后的维度要素编制专家咨询问卷，针对每个维度和要素进行必要描述，并设计五级评分标准：“非常重要”为5分，依次到“特别不重要”为1分。当专家认为要素需要修改或删除时，可在“修改意见”处写上具体的修改意见。

二、专家遴选

遴选北京、上海、浙江、江苏、广东、湖北、广西、澳门等地共30名在高校从事职业教育信息化、职业教育教师专业发展研究的专家，职教教学实践经验丰富的一线教学名师和区域职教研究所研究员作为咨询专家。其中，8位专家具有教授（或正高级讲师）职称，22位专家具有副教授（或高级讲师）职称，博士学位占比46.67%；有10位专家的教龄在31年及以上，10位专家教龄为11~30年，

10位专家教龄在10年左右。普通高等院校专家占专家总人数的50%，职业院校占43.33%，研究所占6.67%，咨询专家群体均对调研主题有深入的了解或具有相关的研究经验，有专业代表性和权威性。专家来源如图4-4所示。

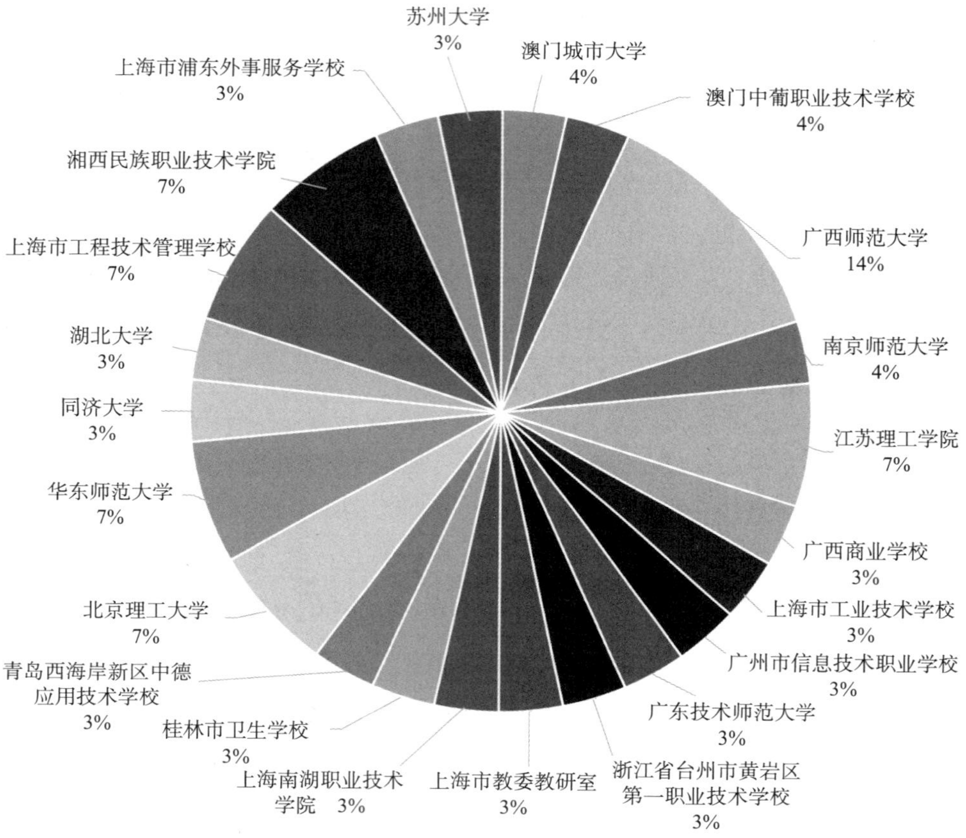

图4-4 专家来源分布图

三、第一轮专家咨询过程与结果

在第一轮专家咨询中，共发放32份专家咨询问卷，回收到专家意见反馈30份，专家积极系数为93.7%，问卷有效率100%。

1. 专家意见集中程度

针对回收的专家咨询问卷分别进行均值、标准差、差异系数的统计分析[235]。变异系数（coefficient of variation，*CV*）是标准差（standard deviation，*SD*）与均值的比值，用以反映专家对胜任力要素以及描述的协调程度[236]，当*CV*值低于0.15时，资料分布均匀，高于0.5时，资料分布明显不均匀，以均值大于3.75（5分量表的75%）[237]为均值的评价标准。

第一轮的专家意见咨询维度得分均在4.23分以上，其中“数字理念与态度”和“数字教育与教学”达到4.5分以上，较为重要，维度获得专家认可。

从表4−7可看出，第一轮专家打分，29个要素中有28个要素的得分均值在3.9分及以上，占比96.6%，说明基于理论框架构建的职业教育教师数字胜任力维度与要素有一定的公信力。*CV*值集中在0.15~0.25，说明专家打分数据分布较为均匀。

29个要素中仅有努力期望均值为3.73分，接近3.75分，考虑到努力期望是整合型技术接受模型中重要的组成部分，且是影响数字技术使用意愿的重要因素，因此保留此要素，将其描述修改为“相信主动学习数字化教学的知识与技能，开发简易的数字化资源，了解平台功能就能很好地掌握教学所用的数字技术”。

29个要素中仅有数字资源、数字教学知识、积极参与、信息交流4个要素的*CV*值为0.15，其他要素需要结合专家意见进一步进行修改。

表 4-7　两轮专家咨询问卷调查结果分析

第一轮					第二轮				
维度	要素	***CV***	均值	***SD***	维度	要素	***CV***	均值	***SD***
数字理念与态度	努力期望	0.23	3.73	0.85	数字理念与态度	德技并修	0.05	4.93	0.25
	绩效期望	0.23	3.90	0.91		绩效期望	0.00	5.00	0.00
	自我效能	0.21	4.07	0.85		努力期望	0.12	4.23	0.50
	环境影响	0.21	4.17	0.86		环境影响	0.09	4.77	0.42
	立德树人	0.18	4.53	0.81		发展态度	0.10	4.20	0.40
	工匠精神	0.21	4.20	0.87		教育责任	0.05	4.93	0.26
	专业认同	0.20	4.13	0.81					
数字知识与技能	基本技能	0.22	4.37	0.95	数字知识与技能	数字知识	0.05	4.93	0.26
	数字设备	0.21	4.03	0.84		数字设备、软件、平台	0.00	5.00	0.006
	数字软件	0.16	4.27	0.68		数字资源	0.14	4.57	0.62
	数字平台	0.21	4.07	0.85		数字管理	0.07	4.87	0.34
	数字资源	0.15	4.33	0.65					
	数字管理	0.20	4.13	0.81					
数字教育与教学	数字教学知识	0.15	4.33	0.65	数字教育与教学	数字教学设计	0.05	4.93	0.26
	数字教学设计	0.16	4.47	0.72		数字教学实施	0.05	4.93	0.26
	数字教学模式	0.20	4.13	0.81		数字教学评价	0.11	4.53	0.50
	数字教学活动	0.21	4.13	0.85		数字班级管理	0.07	4.87	0.34
	数字教学评价	0.19	4.30	0.82					
	数字班级管理	0.25	3.97	0.98					
	教育责任	0.25	3.97	0.98					

续表

第一轮				
维度	要素	***CV***	均值	***SD***
数字关注与支持	公平获取	0.18	4.20	0.75
	差异个性	0.18	4.27	0.77
	积极参与	0.15	4.33	0.65
	负责使用	0.18	4.13	0.76
数字合作与发展	信息交流	0.15	4.33	0.65
	专业合作	0.18	4.30	0.78
	接轨前沿	0.20	4.27	0.85
	反思改进	0.18	4.37	0.80
	研究创新	0.24	4.07	0.96

第二轮				
维度	要素	***CV***	均值	***SD***
数字关怀与支持	保证公平获取	0.10	4.27	0.44
	尊重差异个性	0.15	4.47	0.67
	促进积极参与	0.11	4.57	0.50
	确保有效使用	0.11	4.33	0.47
数字合作与发展	交流合作	0.13	4.43	0.56
	接轨前沿	0.07	4.87	0.34
	反思改进	0.10	4.67	0.47
	研究创新	0.00	5.00	0.00

2. 专家意见整理与要素修订

根据第一轮专家打分，结合理论或政策分析，再次修订了职业教育教师数字胜任力要素（表4-7）。

1）维度一修订

（1）调整要素顺序。

根据整合型技术接受模型中三个影响因素的影响程度由高到低重新调整“努力期望”“绩效期望”“环境影响”的顺序为“绩效期望”“努力期望”“环境影响”，并修改了“绩效期望”与“努力期望”的表述。“绩效期望”修改为认同数字技术对教育教学带来的改变，愿意通过实践优化和提升教学质量，带来更好的工作绩效；“努力期望”修改为相信主动学习数字化教学的知识与技能，开发简易的数字化资源，了解平台功能，能很好地掌握教学所用的数字技术。

（2）删除部分要素，更新命名。

更新了“努力期望”与“绩效期望”的描述后，“自我效能”与其在内容上有一定的重合，因此，将“自我效能”要素删除。“专业认同”强调教师主动通过数字技术学习，不断更新自身知识，提升能力的态度。为了使该指标更易于理解，将其更改为“发展态度”。“工匠精神”“立德树人”要素在内涵上与“德技并修”重合，将其归入“德技并修”。

（3）调整“教育责任”要素的归属。

“教育责任”要素原归属于数字教育与教学维度，均值为3.97分，*CV*值达到0.25，相较于其他要素，属于得分较低且专家分歧较大的要素，根据2018年9月习近平总书记在全国教育大会上的重要讲话精神，全社会共同担负起办好教育的责任[238]，它应上升为一种理念与态度，指导职业教育教师开展各类学习与教学活动。结合专家意见，教师的教育责任意识在“后疫情时代”显得尤为重要，当面临师生异地、网络异常、技术障碍等困难时，教师仍需努力完成相应的教育职责。基于此，保留此要素，将其归入维度一，更新表述为基于教师职业操守，运用数字技术优化教育教学效果，努力完成对学生的知识传授、立德树人、价值引领、素质提升。

2）维度二修订

维度二中各要素均分普遍较高，但专家内部也存在一定的分歧，除“数字资源”外，其他要素均需要进行不同程度的修改。结合专家访谈意见，“基本技能”未能很好地体现数字胜任力的特点，且该维度为数字知识与技能，却没有一个要素直接反映知识内容，故修改为“数字知识”，修改描述为：① 了解数字化教学的概念，掌握数字化教学所需要的设备、平台、软件及数字资源的理论知识；② 了解职业院校学生的认知特征、学习基础、学习特点及技术需求，理解数字化教学的理论基础及主要模式；③ 了解与教授专业相对应的职业领域和工作场所所需的数字知识与技术。将“数字设备”“数字软件”“数字平台”等数字人工制品归为“数字设备、软件、平台”一个要素，并在描述中确定与其相关的技能要求。保留“数字资源”与“数字管理”要素，并修改描述。

3）维度三修订

基于维度要素数量基本一致原则，且数字教学知识内容已经含在“数字知识”要素中，因此删除“数字教学知识”要素。更新要素为“数字教学设计”“数字教学实施”“数字教学评价”。另有专家指出，“数字教学设计”包含“数字教学模式”和“数字教学活动”中的内容，根据经典的课程与教学论对教学过程的分类[239]，将该部分整理为“数字教学设计”“数字教学实施”“数字教学评价”三个要素，并重新修改了描述。在“数字教学设计”要素中明确了教学设计的过程[240]：教育教学目标的编写，教学环境的创设，数字化资源、平台、教学方法和教学组织形式的选择，教学模式的采用等内容；“数字教学实施”涵盖专业理论教学、实验和实训教学、专业实践活动和职业技能竞赛等中职学校教学活动，强调其与数字技术的深度融合；“数字教学评价”在描述中分别明确了职业教育教师掌握数字教学效果评价的理论、方法与应用；在“数字班级管理”要素中分别描述了运用数字技术开展班级管理的各项教育活动。

4）维度四修订

修改维度四名称为数字关怀与支持，更新要素为“保证公平获取”“尊重差异个性”“促进积极参与”“确保有效使用”。有专家指出“关怀”较“关注”更具人文关怀，根据《现代汉语词典》，关注指关心重视，而关怀除指关心与重视外，还有爱护的意思，体现出数字时代对于中职职前教师更高的情感要求，因此将此维度修改为数字关怀与支持。另外，“公平获取”“差异个性”“积极参与”“负责使用”4个要素有专家提出指义不明，实施对象不知是职业教育教师还是职教学生，经过描述与解释，专家建议可在各要素前加上动词使表意更加明确，即“保证公平获取”“尊重差异个性”“促进积极参与”“确保有效使用”，通过洞察职业教育教师对于职教学生的关怀与支持程度来观察其能力水平。

5）维度五修订

将“信息交流”和“专业合作”合并为“交流合作”。维度五反映了职业教育教师专业发展的基本路径[241]，因此，均值都达到了4分以上，但考虑到各维度要素数量的一致性，且《中等职业学校教师专业标准（试行）》中将“沟通与合作”作为一个指标，因此将“信息交流”和“专业合作”合并为“交流合作”，描述更改为利用数字技术与学生、家长、同事、管理者进行交流，促进教育教学合作；利用数字技术与学科专家、教育技术专家、企业行业专家进行交流合作，促进自身专业发展，并对“反思改进”和“研究创新”的描述进行了细化。

四、第二轮专家咨询过程与结果

基于第一轮专家咨询的分析结果，对要素进行详细修订，编制了第二轮专家咨询问卷。专家咨询问卷发放给有效且完整填写第一轮问卷的30位专家，收集到30份有效的专家反馈问卷，专家的积极系数为100%。

第二轮专家咨询结果见表4-7。第二轮专家意见咨询的22个要素得分均值全部在4.20分及以上，专家对于修订的要素认可度较高，意见相对集中，$CV \leq 0.15$，其中“绩效期望”“数字设备、软件、平台”和“研究创新”达到了5.00分的满分，专家对于这三个要素归属的维度与描述满意度最高。总体来看，第二轮专家意见基本达到统一，无须再修改维度与要素。

为了更好地验证30位专家意见的一致程度，本书使用肯德尔和谐分析计算专家意见协调系数。协调系数的值为0~1，越接近1，则所有专家的意见协调度越高[242]。运用SPSS软件开展非参数检验，得到专家意见协调系数，见表4-8。

表4-8 两轮专家咨询结果的专家意见协调系数

第一轮专家咨询		第二轮专家咨询	
个案数	30	个案数	30
肯德尔和谐系数	0.260	肯德尔和谐系数	0.467
卡方值	218.427	卡方值	294.173
自由度	28	自由度	21
渐近显著性	0.000**	渐近显著性	0.000**

注：$^{*}p < 0.05$，$^{**}p < 0.01$。

与第一轮的0.260相比，第二轮专家意见的协调系数达到了0.467，接近0.5，高于前者，表明专家对本轮咨询意见基本统一。同时，这两轮的专家咨询意见结果差异显著，说明两轮咨询结果可信度较高[243]。30位专家在职业教育教师数字胜任力要素方面达成了高度的协调，研究结果可取。

五、专家权威程度

专家权威程度是指专家针对某一问题或者方向的权威力度，值的大小对于评价的可靠性影响显著[244]。

一般专家的权威程度用 Cr 表示，是专家的自我评价。专家的权威系数由专家对问题的熟悉程度和对问题的判断依据两个因素决定。熟悉程度和判断依据分别用 Cs 和 Ca 表示，按照公式 $Cr=(Cs+Ca)/2$ 来计算专家的权威程度，当专家的权威程度 $Cr>0.7$，表明该研究结果有较高的可靠性。其中，Cs 代表专家对咨询问题的熟悉程度，不同的量化值代表不同的熟悉程度，很熟悉（A）量化值为0.9，较熟悉（B）量化值为0.7，一般熟悉（C）量化值为0.5，不太熟悉（D）量化值为0.3，很不熟悉（E）量化值为0.1。公式为 $Cs=(A\times$ 个数 $+B\times$ 个数 $+C\times$ 个数 $+D\times$ 个数 $+E\times$ 个数$)/$ 专家数量。由表4–9可计算出专家对本书研究的总熟悉程度为 $Cs=(0.9\times1+0.7\times13+0.5\times16)/30=0.6$。

表4–9 30位专家对本书研究的熟悉程度

您对问题的熟悉程度	本题有效填写人次	占比/%	量化值
很熟悉（A）	1	3.33	0.9
熟悉（B）	13	43.33	0.7
一般熟悉（C）	16	53.33	0.5
不太熟悉（D）	0	0	0.3
很不熟悉（E）	0	0	0.1
合计	30		

专家对问题的判断依据由实践经验（W）、理论分析（X）、各类参考信息（Y）、直观感受（Z）4个维度组成，每个维度分为大、中、小3个层次，赋分情况见表4-10。计算公式为 Ca=（$W_{大}\times$ 个数 $+W_{中}\times$ 个数 $+W_{小}\times$ 个数 $+X_{大}\times$ 个数 $+\cdots+Z_{小}*$ 个数）/ 专家数量。

表 4-10　专家判断依据及其影响程度赋值表

判断依据	对专家的判断影响程度（Ca）		
	大	中	小
实践经验（W）	0.5	0.4	0.3
理论分析（X）	0.3	0.2	0.1
各类参考信息（Y）	0.1	0.1	0.1
直观感受（Z）	0.1	0.1	0.1

根据专家判断依据打分情况（表4-11），可计算出 Ca=26.3/30=0.88。

表 4-11　专家判断依据打分情况

判断依据	大	中	小
实践经验（W）	18×0.5	12×0.4	0
理论分析（X）	7×0.3	21×0.2	2×0.1
各类参考信息（Y）	11×0.1	17×0.1	2×0.1
直观感受（Z）	11×0.1	12×0.1	7×0.1

综上，可计算出专家权威程度 Cr=（0.6+0.88）/2=0.74 > 0.7。说明30位专家权威性较高，对职业教育教师数字胜任力维度和要素的评判较为可靠，进一步证明了基于理论与文献分析的数字胜任力维度和要素的科学性。

六、职业教育教师数字胜任力的维度与要素阐释

通过理论框架构建、文献要素提取，结合德尔菲（Delphi）法[245]对职业教育教师数字胜任力的维度、要素及描述进行了修订、验证和完善，确定了职业教育教师数字胜任力的维度与要素及其相应描述（表4-12）。

表 4-12　职业教育教师数字胜任力维度、要素及描述

一级构成要素	描述	二级构成要素	描述
数字理念与态度	教师具有适应未来数字时代发展需要的基本理念，并认识到数字技术对于学习、教学和专业实践等方面的重要性，具有学习、应用、融合创新数字技术的意识与态度	德技并修	以社会主义核心价值观引领自身在数字环境中自育和育人并举，注重自身师德修养与专业技术的全面发展
		绩效期望	认同数字技术对教育教学带来的改变，愿意通过实践优化和提升教学质量，带来更好的工作绩效
		努力期望	相信主动学习数字化教学的知识与技能，开发简易的数字化资源，了解平台功能就能很好地掌握教学所用的数字技术
		环境影响	易于受到周围人或环境影响，正向激励自身使用数字技术，主动自觉地提高自身的数字技术
		发展态度	有不断更新自身知识，提升能力的积极态度
		教育责任	基于教师职业操守，运用数字技术优化教育教学效果，努力完成对学生的知识传授、立德树人、价值引领、素质提升

续表

一级构成要素	描述	二级构成要素	描述
数字知识与技能	一方面要求教师作为数字公民，具备能有效和负责任地借鉴、使用、开发和共享数字资源的知识与技能；另一方面要求教师作为专业工匠，熟练掌握所教授专业对应职业所需的数字知识与技能	数字知识	（1）了解数字化教学的概念，掌握数字教学所需要的设备、平台、软件及数字资源的理论知识； （2）了解职业院校学生的认知特征、学习基础、学习特点及技术需求，理解数字化教学的理论基础及主要模式； （3）了解与教授专业相对应的职业领域和工作场所所需的数字知识与技术
		数字设备、软件、平台	（1）掌握职业领域常用数字设备和专业教学相关的数字设备的操作； （2）熟悉职业领域常用数字软件、网络协作软件与常用教学软件的操作； （3）熟练使用职业领域所需的标准化平台、网络教学平台、家校交流平台与学习管理系统
		数字资源	（1）能识别、评估、选择与专业教学和学习相关的数字资源； （2）能修改、合作开发或独立开发专业数字教学资源，愿意将自有资源与他人共享
		数字管理	（1）能熟练地收集、管理、处理和分析资料，确保个人信息和教育资料安全； （2）遵守信息伦理，抵制网络暴力、淫秽信息、虚假信息等，加强产权意识，营造健康的数字环境

续表

一级构成要素	描述	二级构成要素	描述
数字教育与教学	教师能合理地将数字技术运用于专业教学、实习实训组织、社团活动与班级管理，并借助数字化过程性评价，开展动态监测，不断优化教育教学效果	数字教学设计	掌握数字化职业教育教学设计的理论与方法： （1）采用数字技术分析学情与专业教学的内容，编写教育教学目标； （2）能利用数字技术创设信息丰富、吸引学生的新型实验、实训、实习教学环境； （3）根据教学内容和目标选择相应数字化资源、平台、教学方法和教学组织形式等； （4）能够采用至少一种数字化教学模式（理实一体、工学结合的虚实融合教学模式；校企合作教学模式；自主学习、协作学习、探究学习等）应用于课堂教学
		数字教学实施	掌握数字化教学实施的程序与方法： （1）掌握数字技术与职业教育教学活动的合理融合； （2）利用虚拟、增强与混合现实技术支持实验和实训教学； （3）利用数字技术指导与支持学生开展专业实践活动和职业技能竞赛
		数字教学评价	掌握数字教学效果评价的理论、方法与应用： （1）了解数字化教学效果的评价理论； （2）掌握数字化教学和学习效果评价的手段与方法； (3)能将动态监测（教学过程监测、学情分析、学业水平诊断和学习资源供给等）与科学育人相结合

续表

一级构成要素	描述	二级构成要素	描述
		数字班级管理	运用数字技术开展班级管理与教育活动： （1）运用数字技术开展线上线下相结合的育人和德育活动； （2）采用数字技术模拟职业生涯，开展就业创业指导； （3）利用数字技术对学生进行必要的心理干预与疏导
数字关怀与支持	教师对学生利用数字技术获取知识的公平性予以保障，以人为本，尊重学生个性化的学习需求，促进学生积极有效地参与数字化学习过程，逐步掌握职业所需的数字技能，并能规范地制作数字化学习成果	保证公平获取	（1）考虑和响应学生借助数字技术学习知识的期望、水平及限制； （2）确保所有学生能够在学习资源、学习工具、学习环境等方面享受均等的机会
		尊重差异个性	（1）尊重职业院校学生的认知特点，支持不同个体异步获取知识技能； （2）遵循职业教育规律，重视利用数字技术满足学生个性化与多样化的学习需求
		促进积极参与	（1）应用数字技术等多种途径推动学生旧知识与新知识产生联结，促进新旧知识体系建立； （2）将数字技术融入教学策略中，促进学生学习效果、学习方法与思维模式的初步形成； （3）通过设置数字化学习情境，引导学生参与并完成学习问题 / 任务，学有余力者能解决实际问题或拓展迁移性问题
		确保有效使用	（1）确保学生能查找、分析、处理数字信息，使其能够安全负责地管理风险和使用与学习和专业相关的数字技术； （2）学生在学习活动中能遵守相关知识产权要求，制作数字化学习成果

续表

一级构成要素	描述	二级构成要素	描述
数字合作与发展	教师使用数字技术实现与利益共同体的沟通与合作，主动更新自身与职业领域相关的知识结构，不断反思改进教学与专业技能，与企业联动实现研究创新，实现自身专业发展	交流合作	(1) 利用数字技术与学生、家长、同事、管理者进行交流，促进教育教学合作； (2) 利用数字技术与学科专家、教育技术专家、企业行业专家进行交流合作，促进自身专业发展
		接轨前沿	(1) 利用数字技术开展自主学习、终身学习，提升专业数字化教学能力； (2) 积极参与各级各类教学能力与专业技能比赛，了解最新数字化教学动态与专业数字技术； (3) 通过数字技术及时掌握与自身专业教学相关行业中出现的新技术、新材料、新工艺等
		反思改进	(1) 利用数字技术记录学习与教学问题、过程性资料，并进行反思改进； (2) 通过反思发现数字教学问题，对教学资源进行优化，对教学流程进行改进； (3) 反思自身在数字技术支持下的学习与教学情况，不断更新自身专业知识技能与发展规划
		研究创新	(1) 根据教学需要，设计开发教学资源，支持高质量地开展教学； (2) 识别和确定教学问题或需求，探索数字化教学改革与教学研究； (3) 校企人员双向互动，立足行业企业，达到产学研一体化，实现教学技术与专业技术双创新

本书在构建职业教育教师数字胜任力理论框架的基础上，建立了职业教育教师在数字时代的专业能力要求，包含数字理念与态度、数字知识与技能、数字教育与教学、数字关怀与支持、数字合作与发展5个维度和德技并修、绩效期望等22个要素。

第四节　职业教育教师数字胜任力框架模型构建

一、基于层次分析法的指标权重确定

为进一步确定维度与要素间的结构关系，构建完整的职业教育教师数字胜任力框架模型。首先，运用层次分析法构建职业教育教师数字胜任力层次结构模型；然后，采用专家咨询获得维度和要素的两两比较重要性得分；最后，根据层次分析法的操作步骤，借助层次分析软件 Yaahp 根据10位专家的咨询得分计算权重，通过对判断矩阵进行随机一致性检验，最终确定职业教育教师数字胜任力维度与要素的权重值。

1. 层次分析法解析

层次分析法是一种将定性与定量分析相结合的科学方法，适用于具有多层次、多层级的目标决策或评价体系，具有准确性、综合性和系统性等优点，被包括教育研究在内的各领域广泛应用。其主要过程是根据分解后的决策问题建立对应的层次结构模型，构造判断矩阵，通过一致性检验，最后计算出要素权重[246]。

1）构建层次结构模型

以目标层（决策目的和需要解决的问题）、准则层（需要考虑的因素）和方案层（相应的备选方案）三个层级来分解需要进行决策的问题，从而建立层次结构模型，如图4-5所示。

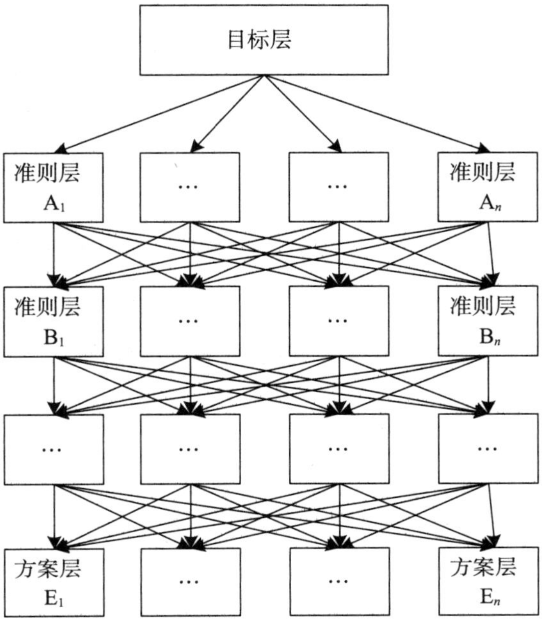

图 4-5 典型的层次结构模型

2）构造判断矩阵

Santy 等以 Satty1~9 标度（表4-13）为基础，把相同层次的各要素进行两两比较，从层次结构模型的准则层开始构建两两比较判断矩阵。

表 4-13 Satty1~9 标度表

重要程度	标度值
同样重要	1
稍微重要	3
比较重要	5
十分重要	7
绝对重要	9
以上相邻重要程度的折中值	2、4、6、8

3）一致性检验

在层次分析法中，权矢量一般为最大特征根（λ_{max}）的特征矢量。然后，以一致性检验结果适当调整矩阵参数。当一致性比率 $CR < 0.1$ 时，则判定结果可以接受；当 $CR \geqslant 0.1$ 时，必须对结果进行调整。其中，一致性比率 $CR=CI/RI$。一致性指标 $CI=(\lambda_{max}-n)/(n-1)$。平均随机一致性指标见表4-14。

表 4-14 平均随机一致性指标

矩阵阶数	1	2	3	4	5	6	7	8	9	10
RI	0	0	0.52	0.89	1.12	1.26	1.36	1.41	1.46	1.49

4）计算权重结果

通过一致性检验后，要计算所有要素与目标层相对重要性的权重值，此过程从目标层—准则层—方案层依次进行，从而获得整个决策问题的权重，指标方案层以及准则层各要素的权重值之和都为1。

2. 权重咨询对象与调查过程

本书采用 Yaahp V10进行指标权重的分析计算。层次分析辅助软件 Yaahp 能够实现复杂决策问题的建模、矩阵判断和权重计算等方面的功能[247]。

考虑到对维度、要素及描述的整体熟悉程度，选取10名参与过两轮专家咨询的专家作为本轮要素权重咨询的对象。首先，借助 Yaahp 软件，构建职业教育教师数字胜任力层次结构模型，如图4-6所示。然后，将权重咨询问卷分发给10位专家，最后，共回收有效问卷10份。

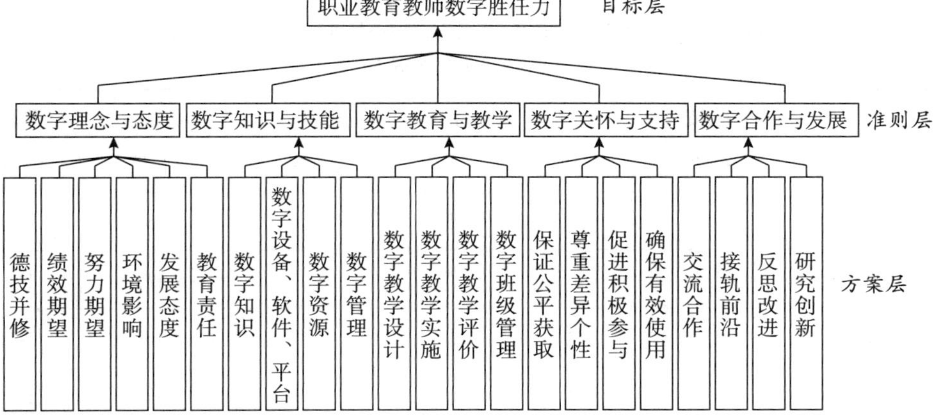

图 4-6 职业教育教师数字胜任力层次结构模型

3. 调查结果分析

1）建立判断矩阵与一致性检验

首先，建立判断矩阵。通过专家的判断数据，创建每名专家的判断矩阵。表4-15 显示了专家 Z1 对各维度两两比较的判断结果，表4-16显示了其对各要素两两比较的判断结果。将10位专家填写的调查问卷资料直接导入 Yaahp 软件，并在判断矩阵界面自动生成每位专家对各个层级的判断矩阵，如图4-7所示。每位专家的名字会显示在 Yaahp 中的群决策面板，点击专家的名字则会显示该专家对应的判断矩阵资料。

表 4-15 各维度两两比较的判断矩阵（专家 Z1）

维度	数字理念与态度	数字知识与技能	数字教育与教学	数字关怀与支持	数字合作与发展
数字理念与态度	1	5	3	5	1
数字知识与技能	1/5	1	1/3	3	1/3
数字教育与教学	1/3	3	1	1	1/3
数字关怀与支持	1/5	1/3	1	1	1/3
数字合作与发展	1	3	3	3	1

表 4-16 各要素两两比较的判断矩阵（专家 Z1）

（1）数字理念与态度

要素	德技并修	绩效期望	努力期望	环境影响	发展态度	教育责任
德技并修	1	5	5	5	5	3
绩效期望	1/5	1	4	5	1/2	1/3
努力期望	1/5	1/4	1	1	1/3	1/2
环境影响	1/5	1/5	1	1	1/3	1/5
发展态度	1/5	2	3	3	1	1/3
教育责任	1/3	3	2	5	3	1

（2）数字知识与技能

要素	数字知识	数字设备、软件、平台	数字资源	数字管理
数字知识	1	1/3	1/3	2
数字设备、软件、平台	3	1	3	3
数字资源	3	1/3	1	3
数字管理	1/2	1/3	1/3	1

（3）数字教育与教学

要素	数字教学设计	数字教学实施	数字教学评价	数字班级管理
数字教学设计	1	3	3	3
数字教学实施	1/3	1	1	3
数字教学评价	1/3	1	1	3
数字班级管理	1/3	1/3	1/3	1

（4）数字关怀与支持

要素	保证公平获取	尊重差异个性	促进积极参与	确保有效使用
保证公平获取	1	1/5	1/3	1/3
尊重差异个性	5	1	3	3
促进积极参与	3	1/3	1	1
确保有效使用	3	1/3	1	1

（5）数字合作与发展

要素	交流合作	接轨前沿	反思改进	研究创新
交流合作	1	3	1/3	1/3
接轨前沿	1/3	1	1/5	1/3
反思改进	3	5	1	1
研究创新	3	3	1	1

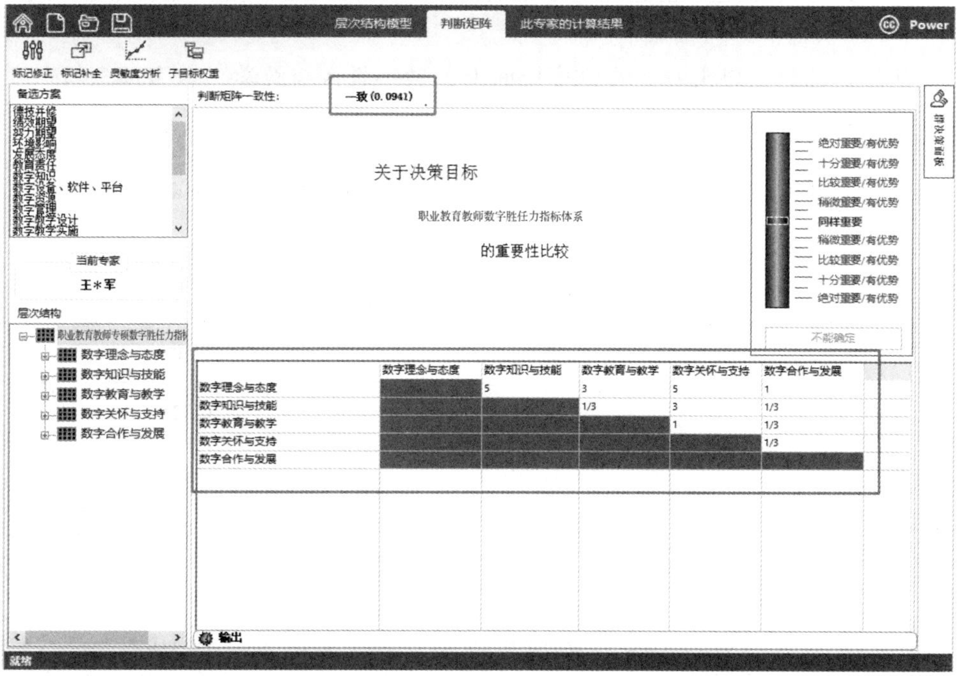

图 4-7 Yaaph 判断矩阵界面（专家 Z1）

对每位专家的判断矩阵进行一致性检验，衡量判断矩阵是否符合标准。通过参考 Yaahp 软件中直接生成的一致性检验值，判断出每名专家的一致性比例 *CR* 值均小于0.1，故通过一致性检验。

2）权重计算

利用 Yaahp 软件创建每位专家的判断矩阵，通过一致性检验后，采用平均法计算各位专家的数据结果，最终获得各维度相对于目标层的权重值，见表4-17。

表 4-17 各维度的权重（专家 Z1~Z10）

维度	权重值
数字理念与态度	0.2268
数字知识与技能	0.1945
数字教育与教学	0.2843
数字关怀与支持	0.1346
数字合作与发展	0.1598

从权重计算结果来看，在维度层面上，数字教育与教学、数字理念与态度、数字知识与技能三个维度的权重占比较大。

使用同样的方法计算出各要素相对于准则层的权重值，见表4-18。

表 4-18 各要素的权重（专家 Z1~Z10）

维度	要素	权重值
数字理念与态度	德技并修	0.3254
	绩效期望	0.1349
	努力期望	0.0842
	环境影响	0.0774
	发展态度	0.1319
	教育责任	0.2463

续表

维度	要素	权重值
数字知识与技能	数字知识	0.2647
	数字设备、软件、平台	0.3154
	数字资源	0.2559
	数字管理	0.1640
数字教育与教学	数字教学设计	0.3874
	数字教学实施	0.3403
	数字教学评价	0.1772
	数字班级管理	0.0952
数字关怀与支持	保证公平获取	0.1762
	尊重差异个性	0.1927
	促进积极参与	0.2944
	确保有效使用	0.3367
数字合作与发展	交流合作	0.1773
	接轨前沿	0.2318
	反思改进	0.3336
	研究创新	0.2572

3）权重分析

根据专家对维度要素进行两两比较，得到的各维度和要素的权重值，最终形成了职业教育教师数字胜任力要素的权重分配图（图4−8），图中数值从左到右分别为模型各维度的权重值、各要素在该维度中的权重值。需要说明的是，为了统计方便，各维度权重用 Q_A~Q_E 表示；数字理念与态度维度各要素项权重用 Q_{A1}~Q_{A6} 表示，数字知识与技能维度各要素项权重用 Q_{B1}~Q_{B4} 表示，数字教育与教学维度各要素项权重用 Q_{C1}~Q_{C4} 表示，数字关怀与支持维度各要素项权重用 Q_{D1}~Q_{D4} 表示，数字合作与发展维度各要素项权重用 Q_{E1}~Q_{E4} 表示。

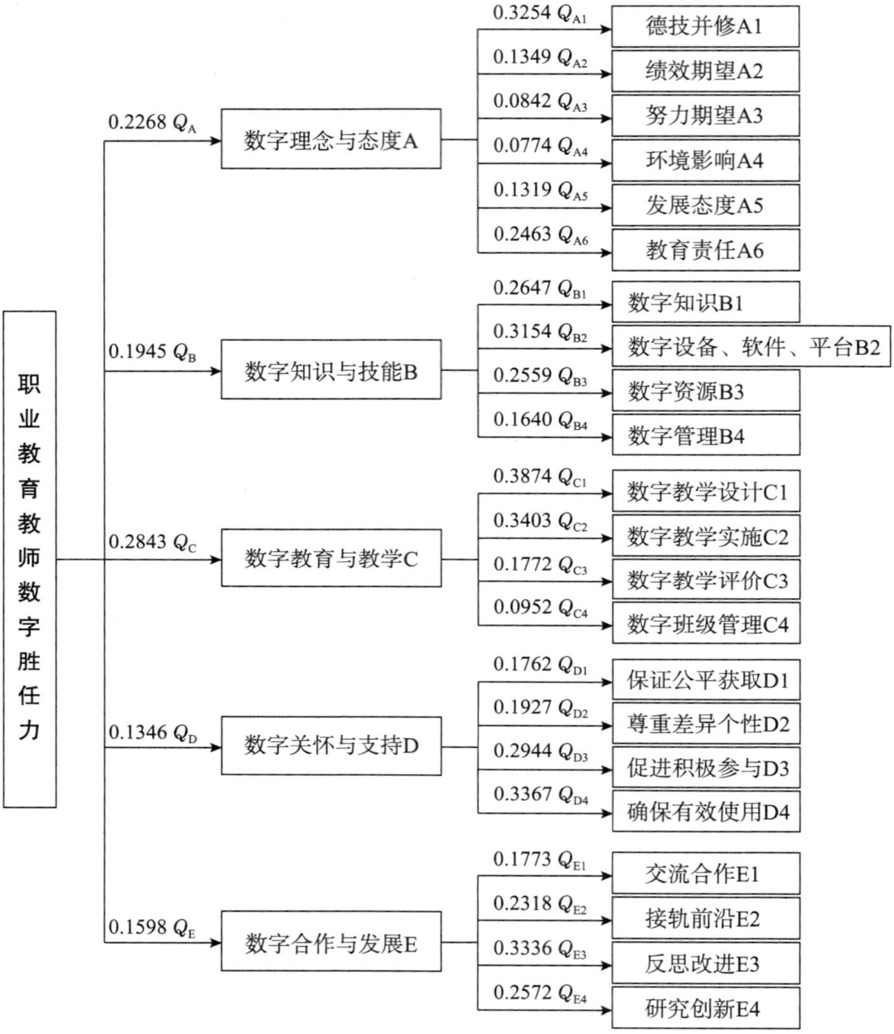

图 4-8 职业教育教师数字胜任力要素的权重分配

综合专家意见构建了职业教育教师数字胜任力结构及结构关系，明确了各个维度和要素的相对重要性（图4-8）。以下将结合我国职业院校数字校园建设现状和职业教育教师数字胜任力培养的现实需求，逐一对各维度和要素权重值的合理性进行分析。

（1）维度的权重分析。

在维度方面，按照由大到小的权重值排序：数字教育与教学（0.2843）>数字理念与态度（0.2268）>数字知识与技能（0.1945）>数字合作与发展（0.1598）>数字关怀与支持（0.1346）。从各维度的权重所反映的能力重要性来看，基本反映了目前各职业院校对职业教育教师数字胜任力培养的重视程度。

数字教育与教学的权重值最高，强调教师能合理地将数字技术运用于专业教学、实习实训组织、社团活动与班级管理，并借助数字化过程性评价，开展动态监测，不断优化教育教学效果，对应“促进学生发展”能力域，是教师职业存在的首要价值，也是需要重点关注的能力。其次是数字理念与态度、数字知识与技能维度。数字理念与态度维度需要职业教育教师具备“以学生为中心”等适应未来数字时代发展的基本理念，并认识到数字技术对于学习、教学等方面的重要性，具有学习、应用数字技术的意识与态度；数字知识与技能强调职业教育教师作为数字公民，应具备能有效和负责任地借鉴、使用、开发和共享数字资源的知识与技能。以上两个维度对应“数字化应用”能力域，是决定教师是否具有高素质的关键，也是“促进学生能力发展”能力域的基础。数字合作与发展、数字关怀与支持维度隶属于“促进教师发展”能力域，强调教师使用数字技术实现与利益共同体的沟通与合作，主动更新自身知识结构，不断反思改进教学，研究创新，实现自身专业发展与学生适性成长。一方面这两种能力是“数字化应用”能力域和“促进学生能力发展”能力域的延伸，属于高阶能力，发展范式较为复杂；另一方面，这两种能力受限于教师专业发展的内驱力和自我职业规划，相较于其他维度较难测量，因此重要性相对较低。

（2）要素的权重分析。

在数字理念与态度维度，其所含要素按照由大到小的权重值排序：德技并修（0.3254）>教育责任（0.2463）>绩效期望（0.1349）>发展态度（0.1319）>努力期望（0.0842）>环境影响（0.0774）。其中德技并修的权重值最高。德技并修是中国特色高水平职业教育立德树人根本特征的鲜明体现[248]。教育责任在数字化时代也被置于重要地位，强调教师的职业操守，排名第二，其他维度的排序基本与近期的技术接受度实证研究一致[249，250]。

在数字知识与技能维度，其所含要素按照由大到小的权重值排序：数字设备、软件、平台（0.3154）>数字知识（0.2647）>数字资源（0.2559）>数字管理（0.1640），此排序与中小学教师数字胜任力研究结论基本一致。数字设备、软件、平台的基本操作技能作为职业教育教师基础数字技术素养的重要组成要素，在《中小学教师信息技术应用能力标准（试行）》中被归为基础技术素养，是教师信息技术应用能力的重要观测指标，因此权重值最高。数字知识是关于数字技术的专业化知识，包含技术知识与数字化教学理论知识，是指导数字化实践的基础知识，位居第二。数字资源包含合理利用现有数字资源与创造性开发数字资源，专家认为针对现存的海量的数字资源，更要求准教师们能很好地甄别与利用有效资源提升教学效果，而开发教学资源对于职业教育教师来说难度较大，权重稍低。权重值最低的是数字管理，一方面是因为目前新入职教师大多数是“数字原住民”，使得他们对于信息隐私与信息共享的规则较为熟悉；另一方面，营造健康的数字环境对于教师来说有一定的难度，缺乏可操作的指导方案，更多依靠个人体悟。

在数字教育与教学维度，其所含要素按照由大到小的权重值排序：数字教学设计（0.3874）>数字教学实施（0.3403）>数字教学评价（0.1772）>数字班级管理（0.0952）。数字教学设计是职业教育教师开展教学实践的前提，也是体现数字化融入教学应用与创新的根本，教学设计是教学实施成败的关键，因此数字教学设计的权重值高于数字教学实施。数字教学评价是面向具体教学活动环节的能力，虽然其权重值相较于前两者低，但随着数智化时代的到来，教学评价改革已被置于重要的位置。中共中央、国务院印发的《深化新时代教育评价改革总体方案》指出，坚持科学有效，改进结果评价，强化过程评价，探索增值评价，健全综合评价，充分利用信息技术，提高教育评价的科学性、专业性、客观性[251]。可见，推进教学评价改革已上升至国家意志。数字班级管理的权重值较低，一方面是因为此方面的能力需在一定的教育智慧生成之后才能得到较好发展，对于职业教育教师掌握有一定的难度；另一方面，《职业院校数字校园规范》《师范生信息化教学能力标准》等中并未明确提及此方面能力的发展要求，因此专家认为相较于其他能力此能力略显不重要。

在数字关怀与支持维度，其所含要素按照由大到小的权重值排序：确保有效使用（0.3367）>促进积极参与（0.2944）>尊重差异个性（0.1927）>保证公平获取（0.1762）。《职业院校数字校园规范》中融入了信息社会责任的维度，强调信息化融入教学的社会责任内容，关注学生在接受教育教学时的公平、差异问题已经成为教育界的共识，专家认为，教师需要培养学生的信息安全常识、保护自身和他人隐私的意识、分辨健康与有害信息的意识、安全有效地使用信息技术的意识，确保有效使用是学生参与数字化学习的前提，能有效引导其开展学习活动，因此其权重值最高。另外，教师需根据职教学生的学习习惯与兴趣，合理使用数字技术支持学生充分参与到课堂中，以此检验教育教学的成效，因此，促进积极参与也被置于重要位置。尊重差异个性与保证公平获取必须以学生参与教学为前提，是教学过程中的具体能力，虽然权重值较低，但教师也非常有必要根据学生的特点为其量身定制教育目标、计划、方案、资源，因材施教，开展个性化教育[252]，并确保所有学生在学习资源、学习工具、学习环境上享有均等的机会。

在数字合作与发展维度，其所含要素按照由大到小的权重值排序：反思改进（0.3336）>研究创新（0.2572）>接轨前沿（0.2318）>交流合作（0.1773）。反思改进是开展研究创新的基础，是消化前沿知识与技能的重要路径，正如学者吴天武认为，教师自身的觉醒需要教师不断反思自身的教育行为以及由此获得的教育经验。其公式为：教师专业化成长 = 教育行为 + 教育经验 + 反思改进[253]。因此反思改进在此维度中权重值最高。其次是研究创新。研究创新能力是影响职业教育教师专业发展水平的重要指标，因此其权重值仅次于反思改进。接轨前沿体现为职业教育教师利用数字技术开展自主学习、自我优化，主动学习先进理念和经验，是其进行终身学习实现自我提升和全面发展的能力，同时还包括参与各类教学竞赛与掌握专业新技术，是职业教育教师开展反思研究的起点，但此方面能力的提升还依赖资深教师的帮助与支持，因此其权重值略低于其他能力。交流合作涉及与其利益相关者的沟通合作，对于新手教师，自主沟通合作的机会较少，但对于资深教师而言，此能力是发展专业共同体最重要的能力，也是教师领导力最重要的体现。

二、模型的确定

1. 模型的架构与内容

根据职业教育教师数字胜任力理论框架，结合质性文本要素提取、归纳分析，专家咨询与层次分析法等方法的融合运用，梳理了维度与要素之间的数理关系，进一步将模型各维度、要素的相对重要程度（权重）纳入模型中，最终确定了职业教育教师数字胜任力模型，如图4-9所示。

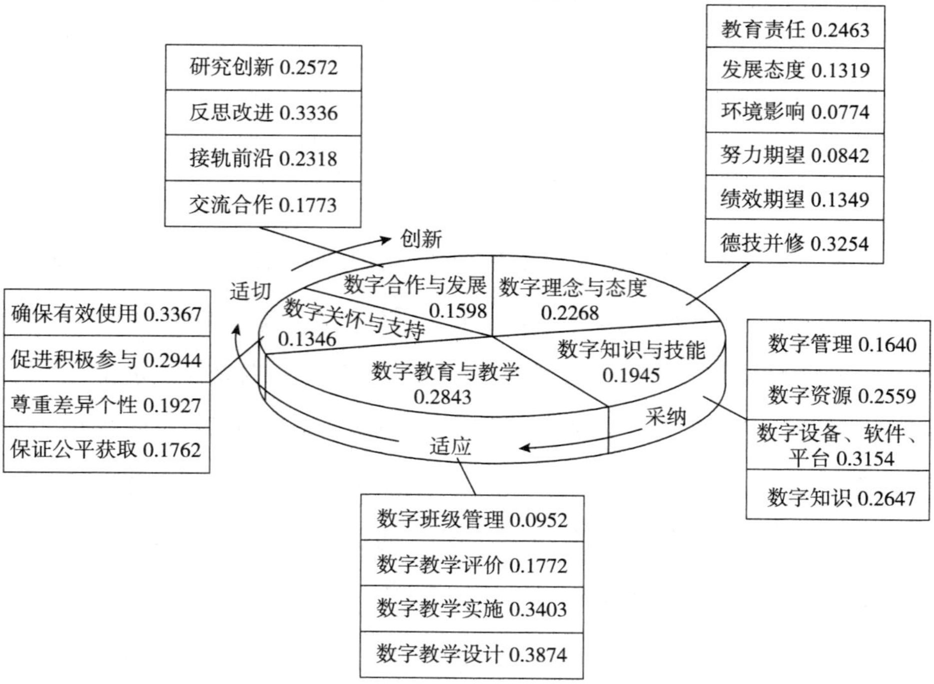

图4-9 职业教育教师数字胜任力罗盘模型

职业教育教师数字胜任力模型总体上是一个罗盘模型，清晰地展示了职业教育教师数字胜任力各维度和要素的关系，明确了其能力构成是一个复杂的能力与特质的集合。维度间呈现出彼此独立却相互关联的关系，维度下的要素体现出该维度的关键能力及其间的逻辑关系。数字理念与态度（0.2268）始终影响着职业教育教师数字胜任力发展的不同阶段，不同阶段的认知与专业 / 教育实践侧重点不同。采纳阶段，重点培育教师数字知识与技能（0.1945），此阶段的认知与实践形式以“学”为主；适应阶段，即数字教育与教学（0.2843）能力的发展，此阶段以“做”为主，即教师将所学知识转化为数字化行动；适切阶段，即数字关怀与支持（0.1346）能力的培养，强调以“教”为主的认知提升方式与实践形式，即教师尝试将实践知识、实践体悟转化为教学实践的行动指引；创新阶段，即数字合作与发展（0.1598），采取以“研”为主的实践方式，即总结所学与所做的问题与经验，针对实际问题开展相应的研究。前一个能力是后一个能力的基础，体现出能力间的层次与侧重关系，能力发展循环周而复始，支撑职业教育教师整个执教生涯。模型根据维度和要素权重的大小确定形状的大小，体现出不同能力的重要程度。

2. 模型的职教特性

维度方面的职教特性。职业教育教师数字胜任力模型在其理论框架的指导下，将职业教育教师专业发展作为一个连续统，是对《职业院校数字校园规范》教师发展中信息意识与态度、信息知识与技能、信息化应用与创新、信息化研究与发展、信息社会责任的升华，结合教师须运用数字技术开展学习、教学与专业发展的特点设计了数字理念与态度、数字知识与技能、数字教育与教学、数字关怀与支持、数字合作与发展五大维度，使职业教育教师数字胜任力模型在维度内容上高于教师信息化教学能力要求，体现了职教特色。

要素与描述方面的职教特性。第一，要素与描述设计过程的职教特性。基于理论框架的指导，采用质性文本分析软件从国内外教师数字胜任力相关框架 / 标准（含职业教育教师）、中职教师专业标准、职教师资能力要求和重要研究文献中提取关键节点，不断凝练修改要素及其描述，保证模型要素构建的客观性；专家构成上，遴选北京、上海、浙江、江苏、广东、湖北、广西、澳门等地共30位从事职业教育信息化、职业教育教师专业发展研究的专家，职教教学经验丰富的一线教学名师和区域职教研究所研究员作为咨询专家，对要素与描述进行了多轮咨询与修订，一定程度上保证了要素的职教特点。第二，要素与描述的职教特性。在要素与描述中充分结合职业教育教师专业实践特点，设计了德技并修、尊重差异个性、促进积极参与等体现职业教育教师工作实践的内容，在描述上更是从职教师资具体的专业实践内容出发，结合其学习与工作场景对要素进行细化阐释，为职业教育教师数字胜任力自评量表的研制奠定了基础。

3. 模型的应用价值

模型的应用一方面可实现对目标对象的能力评估，另一方面可为能力培育提供目标指导。

通过科学研究方法研制的职业教育教师数字胜任力模型，其能力结构、结构间的量化关系与描述的可理解性可有效保证职业教育教师数字胜任力自评问卷的可测性，通过教师对其能力的自评一方面可验证模型的可靠性与稳定性，另一方面可了解教师的能力现状，根据能力缺陷，针对性地制订培育方案。

模型设计了采纳、适应、适切、创新四个阶段，各能力发展阶段对应不同的能力培育环节，可科学有效地指导职业教育教师数字胜任力相关课程体系的构建。能力阶段及其权重指导数字胜任力课程的安排与课时占比，各维度要素及其权重指导具体的教学内容设计，能力间进阶的实践形式（学—做—教—研）可指导课程的组织形式，根据现状调查结果查漏补缺，从而为职业教育教师数字胜任力的系统培育提供指导。

三、职业教育教师数字胜任力模型的验证

根据专家验证的职业教育教师数字胜任力模型的维度与要素的描述，编制“职业教育教师数字胜任力自评问卷”，通过对回收的585份全国职业教育教师数字胜任力调查问卷进行分析，从实证角度验证模型的稳定性。

1. 调查目的与对象

为了验证模型的可靠性和有效性，对全国职业教育教师进行问卷调查，并对调查结果进行统计分析。

采用随机抽样的方法，通过中国职业技术教育学会和全国职业教育教师教学交流群发放问卷，被试者通过“问卷星”完成问卷。问卷发放时间是2022年12月19日12时到2022年12月29日24时。提交问卷588份，有效问卷585份，有效率达99.5%，调研对象覆盖了全国大部分省份。

2. 问卷项目分析与信效度检验

根据职业教育教师数字胜任力模型的要素及描述，编制了“职业教育教师数字胜任力自评问卷”，此问卷包括两部分：第一部分为“填写者基本信息”，共11个题项；第二部分为“职业教育教师数字胜任力自评”，总计48个题项，总计59个题项。调查问卷的后一部分为六点式自评问卷，每题取1~6分的整数。

1）项目分析

采用SPSS 26.0软件对问卷的每个题项和总分进行皮尔逊相关系数测试，每个题项在$p < 0.01$的置信水平上达到显著，且全部项目相关系数达到0.978以上，均大于0.4，说明每个题项与问卷整体达到了较高的相关性。问卷的内容与职业教育教师数字胜任力得分相关性均较好，可用于调查研究。

2）信度检验

此次测试问卷在数字胜任力各维度上的克隆巴赫系数（Cronbach's alpha）大于0.7，并且总体信度为0.978，说明本问卷所设计的自评量表具有较高的信度(表4−19)。

表 4−19 内部一致性信度检验（N=585）

克隆巴赫系数	题项数
0.978	48

3）效度检验

（1）内容效度。

职业教育教师数字胜任力的要素及其描述是依据理论框架，经过30位相关领域专家两轮的验证和修订最终确定的。经过“分析—修订—验证”多次反复运算，确保了模型的各项描述具有代表性。此外，根据数字胜任力模型和要素编制的问卷，在小规模试测和正式调查中都有较好的反馈。以上结果表明，本书编制的调查问卷具有很好的内容效度，符合此次调查的需求。

（2）结构效度。

① 探索性因子分析。

本书采用探索性因子对问卷的结构效度进行检验。在进行探索性因子分析时，首先要判断样本数据是否满足做探索性因子分析的条件，*KMO*（Kaiser-Meyer-Olkin）值是常用的判断标准。当*KMO*值大于0.6时，说明样本适合进行探索性因子分析[254]。

结果表明：*KMO*值为0.964，巴特利特（Bartlett）球形检验的χ^2值为12110.107（自由度为1128），方差解释率为66.579%（如果萃取后的因素能联合解释所有变量60%以上，则相当理想），$p<0.001$，表明存在显著性差异，满足因子分析的条件。从表4−20可知，数字理念与态度、数字知识与技能、数字教育与教学、数字关怀与支持、数字合作与发展的*KMO*值分别为0.844、0.925、0.945、0.922、0.947，均大于0.70，最小值为0.844，最大值为0.947，并且全部

通过 Bartlett 球形检验（p=0.000 < 0.05）。说明变量效度较高，问卷各个题项可以很有效地表达对应变量的概念信息。

表 4-20 *KMO* 和 Bartlett 球形分析结果摘要表

维度	题项数 / 个	*KMO* 值	卡方值	自由度	p
数字理念与态度	6	0.844	767.358	15	0.000**
数字知识与技能	9	0.925	1472.667	36	0.000**
数字教育与教学	13	0.945	3258.610	78	0.000**
数字关怀与支持	9	0.922	1687.688	36	0.000**
数字合作与发展	11	0.947	2586.379	55	0.000**

注：*p < 0.05；** p < 0.0。

而且从表4-21可知，因子载荷系数均高于0.6，说明研究变量信息可以有效表达，并且方差解释率均大于60%。综上表明，问卷具有非常高的结构效度。

表 4-21 因子载荷系数和方差解释率分析结果摘要表

维度	要素	因子载荷系数	特征根	方差解释率 /%
数字理念与态度	德技并修	0.798	3.603	60.044
	绩效期望	0.858		
	努力期望	0.629		
	环境影响	0.738		
	发展态度	0.795		
	教育责任	0.764		

续表

维度	要素	因子载荷系数	特征根	方差解释率 /%
数字知识与技能	数字知识	0.729	3.065	76.624
	数字设备、软件、平台	0.785		
	数字资源	0.789		
	数字管理	0.700		
数字教育与教学	数字教学设计	0.813	3.318	82.944
	数字教学实施	0.791		
	数字教学评价	0.784		
	数字班级管理	0.813		
数字关怀与支持	保证公平获取	0.810	3.038	75.939
	尊重差异个性	0.732		
	促进积极参与	0.805		
	确保有效使用	0.735		
数字合作与发展	交流合作	0.798	3.261	81.522
	接轨前沿	0.852		
	反思改进	0.788		
	研究创新	0.750		

② 验证性因子分析。

将问卷数据导入 AMOS.26软件中，根据模型的拟合情况发现，模型不存在负误差项，标准化系数和误差项都在可接受范围内。通过违规估计检查[255]，拟合结果中卡方自由度比为3.330＜5，$GFI = 0.818$，接近0.9，由于社会、心理问题比较复杂，一般认为该值略低于0.9（大于0.8）是可接受继续分析的[256]。$RMSEA = 0.091 < 0.10$，$CFI = 0.915 > 0.9$，$IFI = 0.916 > 0.9$，$TLI = 0.902 > 0.9$（表4-22），表明该模型指标配适度良好，模型合理。

表 4-22　验证性因子分析值

常用指标	χ^2	自由度	卡方自由度比	*GFI*	*RMSEA*	*CFI*	*IFI*	*TLI*
判断标准	—	—	<5	>0.9	<0.10	>0.9	>0.9	>0.9
总体维度值	662.683	199	3.330	0.818（接近0.9）	0.091	0.915	0.916	0.902
模型适配判断	通过	通过	通过	通过	通过	通过	通过	通过

验证性因素分析后得到的全国职业教育教师数字胜任力结构方程模型如图4-10所示，发现五个一级指标之间的相关性为0.63~0.92，且均达到了0.05的显

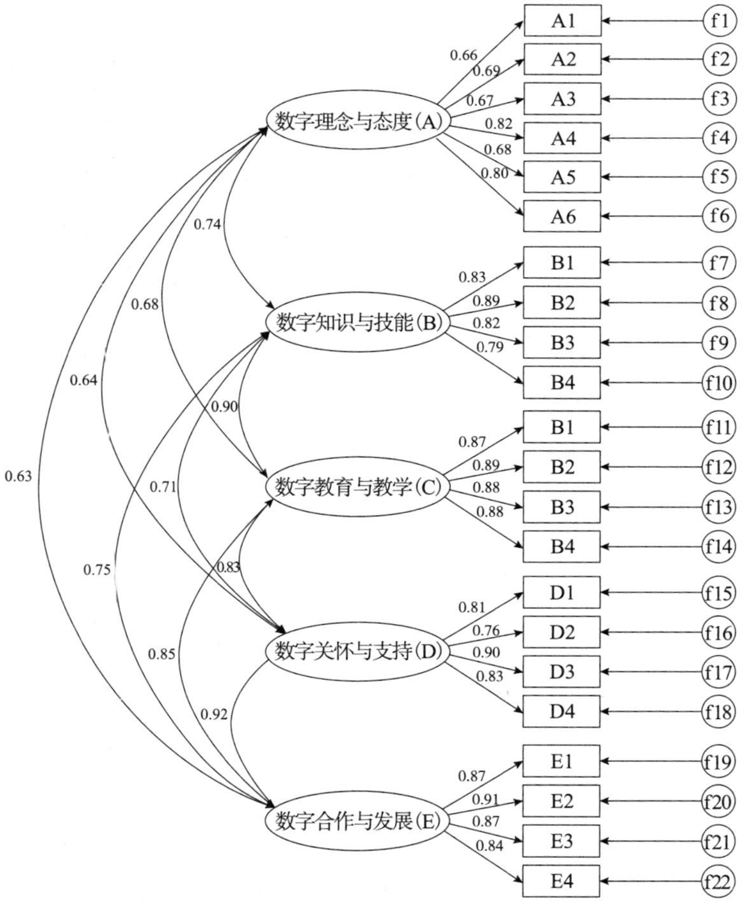

图 4-10　全国职业教育教师数字胜任力结构方程模型

著水平，说明这五个维度之间存在较高的相关度。数字理念与态度维度与其他维度的相关系数较为平均，为0.63~0.74，结合能力模型的解析，该能力需贯穿于其他能力的培养过程中；数字知识与技能和数字教育与教学高度相关，相关系数达0.90；数字关怀与支持维度与数字合作与发展维度高度相关，相关系数达0.92。从相关系数黏性来看，AMOS从实证资料拟合的模型与研究构建的职业教育教师数字胜任力模型一致，遵循“数字理念与态度（A）$\xrightarrow{0.74}$数字知识与技能（B）$\xrightarrow{0.90}$数字教育与教学（C）$\xrightarrow{0.83}$数字关怀与支持（D）$\xrightarrow{0.92}$数字合作与发展（E）”关系脉络，其中数字理念与态度（A）引领数字胜任力其他维度的发展，后期能力培育应注重A~E能力间的关联，形成系统的培育路径。

除此之外，各维度与要素间的相关系数也较高，均大于0.6，说明模型具有良好的拟合性，本书构建的职业教育教师数字胜任力模型较为合理与科学。

本书所编制的“职业教育教师数字胜任力自评问卷”编制过程严谨科学，从而保证了问卷的内容效度和结构效度。克隆巴赫系数达到0.978，说明测评量表具有较高的信度。探索性因子分析*KMO*值达0.964，Bartlett球形检验的χ^2值达12110.107，说明维度和要素效度较高，方差解释率均大于60%，说明问卷具有较高的结构效度。验证性因素分析发现结构方程模型指标配适度良好，模型合理，五个一级指标之间的相关系数为0.63~0.92，且均达到了0.05的显著水平，从相关系数黏性来看，拟合的模型与研究最初构建的职业教育教师数字胜任力模型一致。因此判定“职业教育教师数字胜任力自评问卷”是一个可靠性较高的能力测评量表。

第五节　本章小结

本章基于教育测评模型的构建范式，开展了职业教育教师数字胜任力指标体系的构建，确定了维度要素的权重，生成与验证了职业教育教师数字胜任力模型。首先通过NVivo质性文本分析软件对国内外10个重要标准与关键研究文献进行指标提取，提取了数字价值观、人格特质、数字技术知识、数字教学知识、数字教学技能、管理与保护、学生数字发展、专业合作、数字发展9个节点，结合前期构建的职业教育教师数字胜任力理论框架，不断凝练表意相似的指标，形成四个维度33个要素。再依据标准制定的原则与要求，凝练成五个维度29个要素，维度分别为数字理念与态度、数字知识与技能、数字教育与教学、数字关注与支持、数字合作与发展，初步形成职业教育教师数字胜任力指标体系。采用德尔菲法，邀请30位从事相关研究与实践的专家通过多轮匿名咨询、修订和验证，确定了相对完善、合理、可靠的职业教育教师数字胜任力要素及其描述，并进一步修订了模型的维度和要素。

运用层次分析法，从30位指标咨询专家中优选出10位专家对构建的维度要素进行两两比较打分，借助层次分析软件 Yaahp，依据专家的打分计算指标权重，矩阵经过随机一致性检验后，确定职业教育教师数字胜任力维度和要素的权重值。结合理论框架，生成了职业教育教师数字胜任力模型，阐释了职业教育教师数字胜任力各维度间的结构关系，准确地把握了职业教育教师数字胜任力的本质特征，即数字理念与态度（0.2268）始终影响着职业教育教师数字胜任力发展的不同阶段，随着职业教育教师认知与专业/教育实践的深入，会经历采纳阶段数字知识与技能（0.1945）→适应阶段数字教育与教学能力（0.2843）→适切阶段数字关怀与支持能力(0.1346)→创新阶段数字合作与发展(0.1598)的能力发展过程。

将职业教育教师数字胜任力模型的要素及描述转换成“职业教育教师数字胜任力自评问卷”，对全国范围的职业教育教师发放问卷，基于统计数据验证了量表的信效度。验证性因子分析从实证资料证明了该模型指标配适度良好，结构合理，从实证角度证实了职业教育教师数字胜任力的培养应遵循数字理念与态度贯穿，数字知识与技能→数字教育与教学→数字关怀与支持→数字合作与发展的能力进阶脉络。

第五章　全国职业教育教师数字胜任力现状调研

数字胜任力是21世纪教师的基本生存技能，是应对数智时代教育变革挑战的关键能力。促进数字胜任力模型本土化实施的最佳途径是在真实情境中应用数字胜任力模型，考察模型的可操作性、可靠性与延展性[257]，实现对教师数字胜任力水平的精准分析。因此，为更好地验证模型的适用性，了解我国职业教育教师数字胜任力水平，本章将面向全国范围的职业教育教师发放“职业教育教师数字胜任力自评问卷”，一方面了解全国范围内职业教育教师的数字胜任力现状，为基于影响因素构建职业教育教师数字化职前培养与职后培训一体化发展体系提供依据；另一方面进一步在真实职业教育工作场域中验证数字胜任力模型的有效性、合理性和延展性。

第一节　全国职业教育教师数字胜任力现状调研

一、调查目的与调查对象

1. 调查目的

为了更好地了解全国范围内职业教育教师的数字胜任力现状，通过问卷星向31个省（区、市）（除港澳台地区外）的职业教育教师发放了“职业教育教师数字胜任力自评问卷”，共回收有效问卷2514份。其中，中等职业教育学校教师386人，占比15.35%；高等职业教育专科学校教师1503人，占比59.79%；高等职业教育本科学校教师625人，占比24.86%。问卷发放的具体目的如下。

（1）了解当前全国职教在职教师的数字胜任力水平。

（2）了解内部因素（教师性别、学历水平、供职院校类型、教师职称、是否“双师型”教师、工作年限等）和外部因素（数字化校园建设程度、面向教师的信息化培训、教师参与教学技能竞赛的机会等）对职业教育教师数字胜任力的影响程度。

（3）了解内部因素与外部因素对职业教育教师数字胜任力的预测能力，判断哪类因素具有更强的预测能力，为职业院校设计教师数字胜任力职后培训方案与建立保障机制提供依据。

2. 调查对象

本书的问卷以网络电子版问卷为主，依据调研目的向全国大部分地区的职业院校发放了调查问卷，最终回收的有效问卷分别来自江苏、广东、山东、浙江、上海、云南、湖南、新疆、青海、内蒙古、陕西、甘肃、贵州、河南、四川、河北、湖北、安徽、重庆、江西、宁夏等省（区、市），覆盖了除港澳台地区外的全国所有省级行政区（图5–1），调查对象涉及19个职业教育专业目录（图5–2），保证了问卷调查的有效性，能较为准确地反映全国职业教育教师的数字胜任力现状。

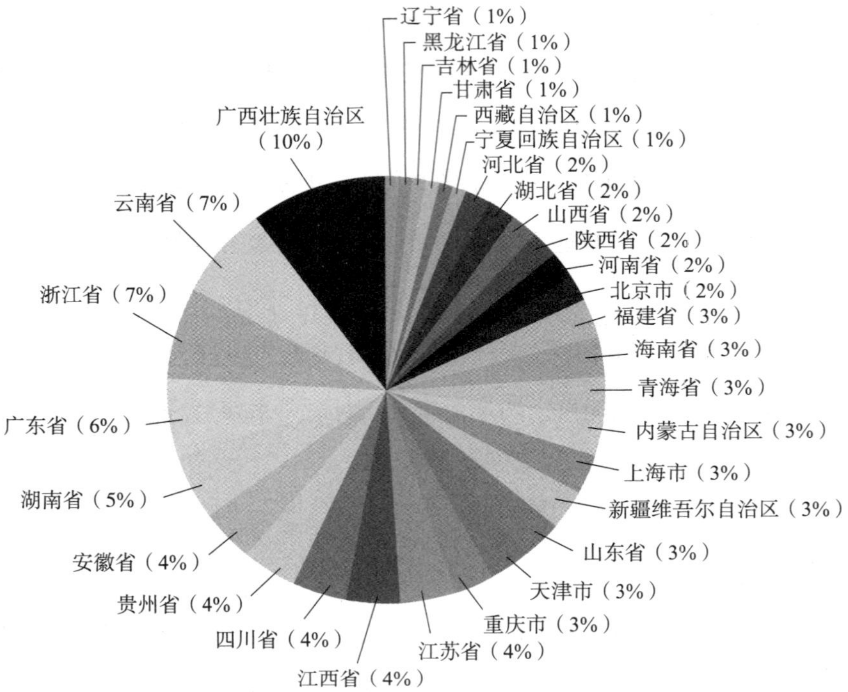

图 5-1 有效问卷所在省份分布情况

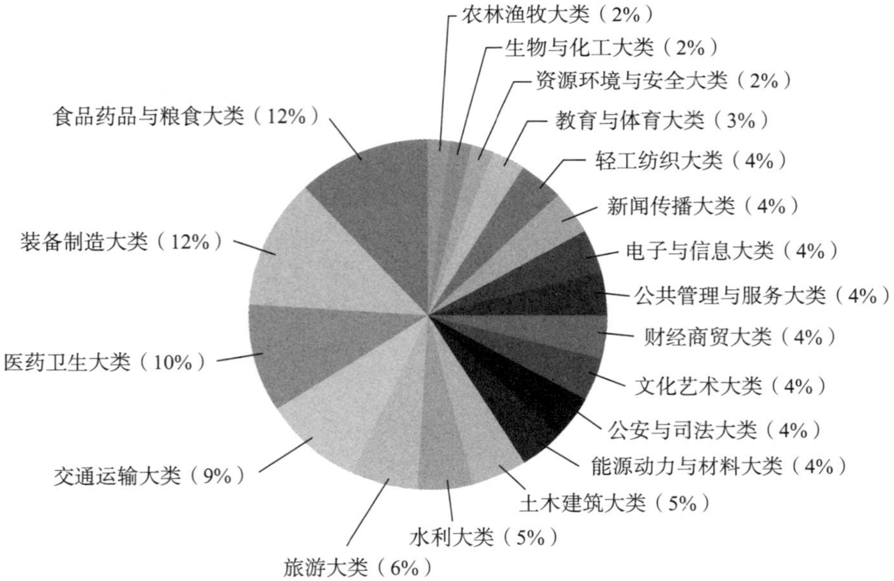

图 5-2 职业教育教师教授专业方向分布情况

有效问卷涉及的2514名职业教育教师中，男性2106人，占比83.77%；女性仅408人，占比16.23%。其余信息如学历、供职院校类型、教师职称、是否“双师型”教师、工作年限、数字化校园建设程度、面向教师的信息化培训、教师参与教学技能竞赛的机会等情况详见表5-1。

表5-1 调查对象基本信息表

类别	选项	人数	占比/%
是否“双师型”教师	是	787	31.30
	否	1727	68.70
学历水平	大学本科及以下	465	18.50
	硕士研究生	1199	47.69
	博士研究生	850	33.81
供职院校类型	中等职业教育学校	386	15.35
	高等职业教育专科学校	1503	59.79
	高等职业教育本科学校	625	24.86
是否省级示范性职业院校	是	952	37.87
	否	1562	62.13
是否国家级示范性职业院校	是	660	26.25
	否	1854	73.75

类别	选项	人数	占比/%
工作年限	1~4年	207	8.23
	5~10年	796	31.66
	11~15年	1277	50.80
	15年以上	234	9.31
教师职称	助理讲师（或同级别职称）	356	14.16
	讲师（或同级别职称）	644	25.62
	高级讲师（或同级别职称）	1269	50.48
	正高级讲师（或同级别职称）	245	9.75
教师接受政府组织的教育信息化能力培训次数	否	800	31.82
	1~2次	485	19.29
	3~4次	769	30.59
	5~6次	270	10.74
	7次及以上	190	7.56

续表

类别	选项	人数	占比 /%	类别	选项	人数	占比 /%
教学技能大赛获奖（填写最高级别）	无	606	24.11	教师参与校本教育信息化能力培训次数	否	987	39.26
	校级	159	6.32		1~2 次	536	21.32
	地市级	1288	51.23		3~4 次	817	32.50
	省（区）级	320	12.73		5~6 次	143	5.69
	国家级	141	5.61		7 次及以上	31	1.23

二、研究方法

1. 研究方法与思路

运用调查研究法通过“职业教育教师数字胜任力自评问卷”对职业教育教师数字胜任力现状进行调查，运用相关的数据统计分析法分析调查数据。

首先遵循调查研究法的相关步骤，针对全国范围内职业教育教师随机发放“职业教育教师数字胜任力自评问卷”，调查过程恪守知情原则、自愿原则、保密原则、公正原则，遵循了社会科学研究的研究伦理。对回收的问卷进行筛选，对有效问卷进行加权计分，进而计算出职业教育教师数字胜任力的维度和要素得分，通过均值分析、单因素方差分析和多元线性回归分析等，分别了解职业教育教师的数字胜任力水平；同样探究内外部因素对其数字胜任力的影响程度以及预测能力。

2. 调查资料统计分析的加权说明

根据职业教育教师数字胜任力各要素作用的大小，在对职业教育教师的自评资料进行分析时，需综合第四章计算出的各要素权重值与要素得分，对不同要素的得分进行加权，从而计算出准确的职业教育教师数字胜任力得分，以此衡量职业教育教师数字胜任力各维度的水平。以职业教育教师 T 为例进行得分加权说明，他对数字理念与态度维度各要素打分依次为 S_{A1}~S_{A6}，对数字知识与技能维度各要素打分依次为 S_{B1}~S_{B4}，对数字教育与教学维度各要素打分依次为 S_{C1}~S_{C4}，对数字关怀与支持维度各要素打分依次为 S_{D1}~S_{D4}，对数字合作与发展维度各要素打分依次为 S_{E1}~S_{E4}。

教师 T 的要素 A1 在其维度的加权得分：

$$T_{A1Q}=S_{A1}\times Q_{A1} \tag{5-1}$$

教师 T 的数字理念与态度维度的得分：

$$T_A=S_{A1}\times Q_{A1}+S_{A2}\times Q_{A2}+S_{A3}\times Q_{A3}+S_{A4}\times Q_{A4}+S_{A5}\times Q_{A5}+S_{A6}\times Q_{A6} \tag{5-2}$$

教师 T 的数字理念与态度维度的加权得分：

$$T_{AQ}=Q_A\times(S_{A1}\times Q_{A1}+S_{A2}\times Q_{A2}+S_{A3}\times Q_{A3}+S_{A4}\times Q_{A4}+S_{A5}\times Q_{A5}+S_{A6}\times Q_{A6}) \tag{5-3}$$

教师 T 的总体加权得分：

$$\begin{aligned}T_{总}=&Q_A\times(S_{A1}\times Q_{A1}+S_{A2}\times Q_{A2}+S_{A3}\times Q_{A3}+S_{A4}\times Q_{A4}+S_{A5}\times Q_{A5}+S_{A6}\times\\&Q_{A6})+Q_B\times(S_{B1}\times Q_{B1}+S_{B2}\times Q_{B2}+S_{B3}\times Q_{B3}+S_{B4}\times Q_{B4})+Q_C\times(S_{C1}\times Q_{C1}+S_{C2}\\&\times Q_{C2}+S_{C3}\times Q_{C3}+S_{C4}\times Q_{C4})+Q_D\times(S_{D1}\times Q_{D1}+S_{D2}\times Q_{D2}+S_{D3}\times Q_{D3}+S_{D4}\times Q_{D4})\\&+Q_E\times(S_{E1}\times Q_{E1}+S_{E2}\times Q_{E2}+S_{E3}\times Q_{E3}+S_{E4}\times Q_{E4})\end{aligned} \tag{5-4}$$

三、调查结果统计与分析

1. 全国职业教育教师数字胜任力整体水平

从总体层面来看，职业教育教师数字胜任力的得分均值为4.19，标准差为0.756，介于“有点符合”与“比较符合”之间，也就是教师自评得分多选择4分和5分（1—极不符合，2—较不符合，3—略不符合，4—有点符合，5—比较符合，6—完全符合）。其中有836位职业教育教师的得分高于均值，占33.25%；有1678位职业教育教师得分低于均值，占66.75%，其中1538人处于有点符合及以下水平，占61.18%。且各维度均值呈现数字合作与发展＞数字教育与教学＞数字关怀与支持＞数字理念与态度＞数字知识与技能。数字合作与发展维度高于均值的有942人，占37.47%，低于均值的有1572人，占62.53%，低于4分的有1008人，占40.10%；数字教育与教学维度高于均值的有884人，占35.16%，低于均值的有1630人，占64.84%，低于4分的有1027人，占40.85%；数字关怀与支持维度高于均值的有887人，占35.28%，低于均值的有1627人，占64.72%，低于4分的有1097人，占43.64%。职业教育教师在数字教育与教学、数字合作与发展、数字关怀与支持维度的情况较为乐观，而在数字理念与态度、数字知识与技能维度中处于有点符合及以下的人数较多，分别占59.94%和61.06%（表5-2）。另外，全国范围的职业教育教师在数字理念与态度维度中，环境影响、努力期望指标得分最高，德技并修、发展态度、教育责任次之，绩效期望指标得分最低，这也是所有指标中得分最低的。数字知识与技能维度中数字资源指标得分较高，其次是数字管理与数字知识，而数字设备、软件、平台得分最低。数字教育与教学维度中指标得分呈现数字教学实施>数字教学设计>数字班级管理>数字教学评价。数字关怀与支持维度中得分最高的指标是尊重差异个性，得分最低的是保证公平获取。数字合作与发展维度中交流合作指标得分最低，而研究创新得分最高，该指标也是所有指标中得分最高的（图5-3）。

表5-2 职业教育教师数字胜任力基本情况

维度	均值	标准差	*N*1（高于均值）	*N*2（低于均值）	*N*3（低于4值）
数字胜任力总分	4.19	0.756	836（33.25%）	1678（66.75%）	1538（61.18%）
数字理念与态度	4.14	0.96	871（34.65%）	1643（65.35%）	1507（59.94%）
数字知识与技能	4.12	0.79	839（33.37%）	1675（66.63%）	1535（61.06%）
数字教育与教学	4.23	0.73	884（35.16%）	1630（64.84%）	1027（40.85%）
数字关怀与支持	4.21	0.72	887（35.28%）	1627（64.72%）	1097（43.64%）
数字合作与发展	4.25	0.73	942（37.47%）	1572（62.53%）	1008（40.10%）

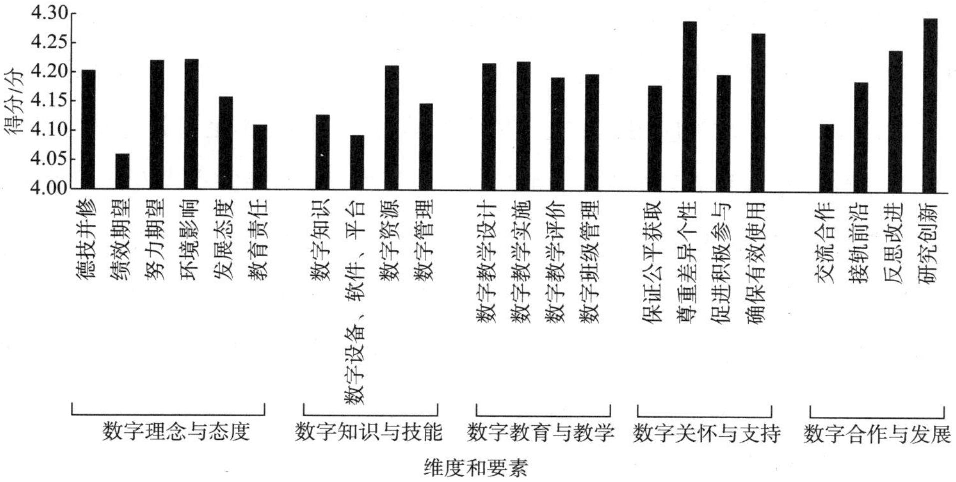

图 5-3 职业教育教师数字胜任力各指标得分情况

按照国家统计局的划分标准，本书将研究所涉及的省份划分为东部、中部、西部三大地区，东部地区包括北京、天津、河北、上海、辽宁、江苏、浙江、山东、福建、广东、海南11个省级行政单位；中部地区包括山西、安徽、江西、河南、湖北、湖南、黑龙江和吉林8个省级行政单位；西部地区包括四川、贵州、重庆、云南、甘肃、陕西、宁夏、青海、新疆、内蒙古、西藏和广西12个省级行政单位。通过对东西中部地区职业教育教师数字胜任力总分和各维度得分的统计，得到如图5-4所示的东西中部地区职业教育教师数字胜任力总分及各维度得分情况。从图中可以看出，东部地区职业教育教师数字胜任力总分显著高于中部与西部地区，从单维度的得分来看，职业教育教师数字胜任力水平也同样存在“东高中西低”的特点。作为与地域经济发展联系最为紧密的教育类型，职业教育数字化发展受区域市场经济对职教产业布局和资源配置调节的影响，优质的数字教育资源、数字化基础环境营造、数字教育硬件设施建设等会不可避免地向经济发达地区汇聚，当前我国经济发展水平存在的区域不平衡性就呈现东部地区＞中部地区＞西部地区的态势[258]，这也与研究发现区域职业教育教师数字胜任力水平“东高中西低”的发展特点相呼应。另外，从各区域职业教育教师数字胜任力单维度水平来看，中西部地区职业教育教师在数字教育与教学、数字合作与发展两个维度与东部地区的发展水平差距显著。在职业教育数字化建设推进过程中，一方面中西部部分欠发达地区可能存在数字教育资源投入难以支撑教师持续产出，导致教师应用数字技术助力教学的内部动力不足，外部动力滞后，大部分学校只能由上而下推动数字化教学，教师难以从教学需求出发，积极探索数字化教育与教学的基本技能与方法；另一方面可能存在数字教育资源高投入难以产生高效益问题，大部分欠发达地区缺乏技术与学科教育有效整合的专业性指导与针对性培训，导致教师难以将数字化教育设施设备真正融入教学，难以在现有的数字化教育资源平台中，发掘自身数字化合作能力，普遍存在“拿来主义”[259]，极大程度地限制了自身数字化专业能力发展。

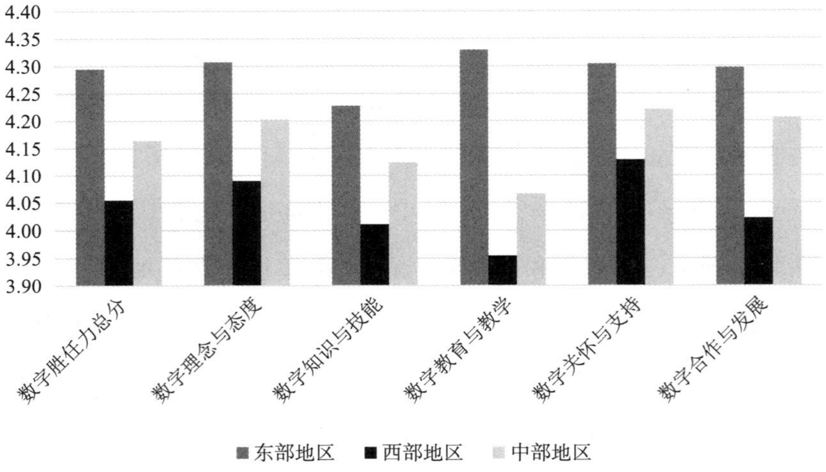

图 5-4 东西中部地区职业教育教师数字胜任力得分情况

2. 不同背景特征职业教育教师数字胜任力水平发展状况

研究数据显示，不同学历职业教育教师的数字胜任力水平差异较大（表5-3）。以学历为依据可将职业教育教师分为大学本科及以下、硕士研究生和博士研究生三类，数据结果显示不同学历职业教育教师的数字胜任力发展侧重点不同。大学本科及以下学历的教师数字知识与技能、数字教育与教学维度发展良好，但在数字关怀与支持、数字合作与发展维度发展较差，反观硕士研究生与博士研究生学历的职业教育教师在数字合作与发展、数字关怀与支持等维度表现良好。究其原因在于硕博研究生的培养模式多以研究型专业人员为目标定位，硕博研究生学历的教师在科学研究方面远超以应用型专业人员为目标定位的本科学历教师，表现在硕博研究生学历的职业教育教师在反思意识、问题意识、系统研究方法以及实地研究能力等方面经受过专业的培养[260]，并善于把握职业教育数字化转型下的现实教学与管理问题，会借助新型数字技术深入探讨，切实提升自我。与此同时，可以发现高学历职业教育教师在数字知识与技能、数字教育与教学等维度表现远低于低学历的职业教育教师，说明当前硕博研究生学历职业教育教师所接受的数字化教育理论与实践的具体转化操作环节的培训与支持还比较欠缺，导致高学历职业教育教师有理论缺实践，难以在数字化教学理论与数字化教育教学实践之间建立良性的互动关系。

表 5-3　不同学历职业教育教师的数字胜任力发展水平对比

维度	学历类型（平均值 ± 标准差）		
	大学本科及以下（n=465）	硕士研究生（n=1199）	博士研究生（n=850）
数字理念与态度	4.07 ± 0.79	4.04 ± 0.98	4.21 ± 0.56
数字知识与技能	4.55 ± 0.80	3.93 ± 0.73	3.83 ± 0.51
数字教育与教学	4.64 ± 0.83	3.98 ± 0.66	3.71 ± 0.46
数字关怀与支持	3.78 ± 0.88	4.07 ± 0.64	4.20 ± 0.49
数字合作与发展	3.60 ± 0.93	4.29 ± 0.64	4.39 ± 0.49

我国现有教育体系中以职称为表征的教师晋升机制，使教师职称被视为教师评价与激励的重要制度安排，通常职称较高的教师被认为是更优秀、更上进的教师[261]。这一现象在本书研究中也得到一定程度的证实，即随着职称的升高，职业教育教师的数字教育与教学能力总体呈现提升的趋势（表5-4）。说明受职称晋升制度的影响，教师能不断催生内在职业成长动力，不断提升专业能力，强化教育教学和教育研究方面的能力。但是本书研究也发现正高级职业教育教师（或

同级别职称）的能力表现并非完全优于助理讲师（或同级别职称）、讲师（或同级别职称）和高级讲师（或同级别职称），尤其在数字理念与态度、数字知识与技能等维度差别明显。这也体现出随着教师职称的变化，教师的职责会逐渐加重，除教学工作外，可能会担任更多的行政职务，难以将工作重心聚焦，进而容易造成忽视教学实际、忽略学生主体地位的情况。本书研究中随着职业教育教师职称升高，其数字关怀与支持能力逐渐下降的表现恰好体现这一结果。

表 5-4 不同职称职业教育教师的数字胜任力发展水平对比

维度	职称（平均值 ± 标准差）			
	助理讲师（或同级别职称）（n=356）	讲师（或同级别职称）（n=644）	高级讲师（或同级别职称）（n=1269）	正高级讲师（或同级别职称）（n=245）
数字理念与态度	4.30 ± 1.17	4.53 ± 0.99	3.95 ± 0.81	3.94 ± 0.94
数字知识与技能	4.23 ± 1.04	4.43 ± 0.84	4.01 ± 0.63	3.95 ± 0.78
数字教育与教学	4.29 ± 0.91	4.38 ± 0.89	4.29 ± 0.60	4.44 ± 0.51
数字关怀与支持	4.37 ± 0.97	4.21 ± 0.83	3.89 ± 0.57	3.82 ± 0.63
数字合作与发展	4.33 ± 0.92	4.23 ± 0.86	4.19 ± 0.59	4.18 ± 0.58

由于教师职称晋升有工作年限要求，往往获得高级职称的教师同时也是教龄比较长的教师。因此随着教师工作年限的增加，教师的数字教育与教学、数字合作与发展能力总体呈现提升的趋势，说明随着工作年限增长，教师的经验逐渐丰富，从依赖于经验形成、稳步度过职业生存期，到形成实践性知识、不断明晰其专业地位，再到融通理论与实践、形成学习共同体最终成长为专家型教师，这是工作经验增加对不同专业发展阶段的教师带来的意义与价值。但是本书研究发现教龄较长的职业教育教师的能力表现并非完全优于教龄短的职业教育教师（表5-5），尤其在数字理念与态度、数字知识与技能等维度差别明显。这可能是随着教师教龄的增长，过于依赖教学经验而忽视教育教学理论，陷入经验内容的常识性与理论性的矛盾中，特别是工作年限超过15年甚至临近退休的职业教育教师，

难以关注并掌握数字化随教育发展而产生的教师能力，如现代教育教学技术的运用能力、数字化教育教学研究能力等。同样本书研究发现长教龄（11~15年、15年以上）的职业教育教师在数字关怀与支持维度的表现不如短教龄职业教育教师（1~5年、5~10年），说明长教龄的职业教育教师在学生数字能力发展与职业规划指导能力方面表现较差。这可能与职业教育教师的心理资本和职业倦怠存在一定关系[262]，一方面短教龄职业教育教师在工作初期工作投入度高，乐于付出，心理资本较高，难以出现职业倦怠，即使存在短期内工作成效不高，也能及时归因，密切关注学生数字能力发展的动态，解决数字化教学实际产生的问题；另一方面长教龄职业教育教师即便具有丰富的教学经验，但由于职业倦怠的出现[263]，可能导致心理资本逐渐下降，不再关注自身职业价值的生成，忽视学生主体地位，降低了对自身数字能力提升的需求和对学生的关注与支持。

表 5-5 不同工作年限职业教育教师的数字胜任力发展水平对比

维度	工作年限（平均值 ± 标准差）			
	1~4年（n=207）	5~10年（n=796）	11~15年（含15年）（n=1277）	15年以上（n=234）
数字理念与态度	4.03 ± 0.68	4.25 ± 1.01	3.74 ± 0.69	3.26 ± 0.78
数字知识与技能	4.37 ± 0.65	4.27 ± 0.77	3.80 ± 0.59	3.70 ± 0.84
数字教育与教学	4.34 ± 0.68	4.28 ± 0.82	4.38 ± 0.52	4.75 ± 0.91
数字关怀与支持	4.31 ± 0.77	4.18 ± 0.96	3.98 ± 0.91	3.87 ± 0.86
数字合作与发展	4.10 ± 0.72	4.24 ± 0.80	4.04 ± 0.53	4.71 ± 0.95

3. 内外部因素对职业教育教师数字胜任力的影响差异

1）内部因素

本书研究的影响职业教育教师数字胜任力水平的内部因素包括性别、学历水平、供职院校类型、职称、是否“双师型”教师、工作年限等。通过方差分析探究职业教育教师内部因素对其数字胜任力的影响，结果表明除性别（t=827.968，

p=0.087）以外，学历（F=429.051，p=0.000）、供职院校类型（F=41.220，p=0.000）、是否“双师型”教师（t=1228.456，p=0.000）、工作年限（F=214.552，p=0.000）、职称（F=40.377，p=0.000）等内部因素对教师数字胜任力整体水平均有显著影响。

本书将职业教育教师学历分为本科及以下、硕士研究生、博士研究生，根据分析结果显示，本科及以下学历的职业教育教师的数字胜任力总值表现是最优的，其次是硕士研究生与博士研究生（表5-6）。但从单一维度来看，硕士研究生、博士研究生学历的职业教育教师的数字理念与态度（$M_2=4.04$，$SD=0.98$；$M_3=4.21$，$SD=0.56$）、数字关怀与支持（$M_2=4.07$，$SD=0.64$；$M_3=4.20$，$SD=0.49$）、数字合作与发展（$M_2=4.29$，$SD=0.64$；$M_3=4.39$，$SD=0.49$）等维度的得分显著高于本科学历的职业教育教师的数字理念与态度（$M_1=4.07$，$SD=0.79$）、数字关怀与支持（$M_1=3.78$，$SD=0.88$）、数字合作与发展（$M_1=3.60$，$SD=0.93$）得分（表5-3）。一定程度上说明接受过更高教育层次培养的职业教育教师的数字理念与态度、数字关怀与支持以及数字合作与发展等能力普遍能得到提升，很大程度上归功于《教育信息化2.0行动计划》中提高教育信息化应用水平与师生信息素养的系列举措。同时从各学历类型的人数占比来看，当前职业教育教师的学历结构逐渐趋于更高学历层次，也从侧面验证了增加高学历教师供给是新时代促进职业教育数字化转型，构建高质量职业教育教师团队的关键所在。

表5-6 不同学历类型职业教育教师数字胜任力总分的差异分析

学历类型	个案数	数字胜任力加权总分		F	p
		M	SD		
大学本科及以下	465	4.70	0.80	429.051	0.000
硕士研究生	1199	4.35	0.67		
博士研究生	850	3.71	0.47		

供职院校类型分为中等职业教育学校、高等职业教育专科学校、高等职业教育本科学校三类（表5-7）。供职于中等职业学校的教师在数字胜任力总值和单一维度的得分均在4分以上，属于三类职业院校中表现最优的，但其得分内部分化较大。其次是供职于高等职业教育专科院校的教师，而供职于高等职业教育本科学校的教师得分较低，尤其是在数字知识与技能维度上远低于供职于其余两类院校的教师。说明当前中等职业教育学校与高等职业教育专科学校教师数字胜任力水平处于稳定发展阶段，而高等职业教育本科学校仍处于试点探索阶段，属于职业教育改革的新生事物，职业教育本科学校教师数字胜任力发展只有在其稳步发展的基础之上才能顺利开展。

表 5-7　不同任职院校职业教育教师数字胜任力总分的差异分析

职业院校类型	个案数	数字胜任力加权总分		F	p
		M	SD		
中等职业教育学校	386	4.48	1.01	41.220	0.000
高等职业教育专科学校	1503	4.18	0.70		
高等职业教育本科学校	625	4.06	0.55		

“双师型”教师在数字理念与态度（M=5.02，SD=0.91）维度的得分远高于非“双师型”教师（M=3.75，SD=0.68），在其余维度得分和总分上“双师型”教师也优于非“双师型”教师（表5-8）。同时，“双师型”教师在数字胜任力整体及各维度上与非“双师型”教师存在显著差异。这说明具有“双师型”职称的职业教育教师数字化生存与适应能力、教育教学研究能力、教师专业发展终身学习能力和教育教学创新实践能力较强，持续推进“双师型”教师认证对提升职业教师数字胜任力有重要意义。

表 5-8 是否“双师型”职业教育教师数字胜任力总分的差异分析

是否“双师型”教师	个案数	数字胜任力加权总分		t	p
		M	SD		
是	787	4.82	0.73	1228.456	0.000
否	1727	3.91	0.54		

本书将职业教育教师工作年限分为1~4年、5~10年、11~15年与15年以上。结果显示工作年限在11~15年的职业教育教师数字胜任力总分较低，其次是工作5~10年的职业教育教师，工作年限在1~4年和15年以上的职业教育教师数字胜任力总分较高（表5-9）。说明职业教育教师数字胜任力发展水平可能会受职业倦怠的影响，其次结合表5-5中不同工作年限教师的数字教育与教学维度变化趋势来看，工作年限较长的教师更容易成长为专家型教师，且专家型教师对数字化发展的洞察力与其教学经验密切相关，更容易敏锐察觉到数字化教学的关键要素，并将其与一般性教学原则建立起联系[264]，从而发展自我的数字胜任力。而新手教师的职业知识、职业心理稳定性和职业心理认同感等都处于巅峰时刻[265]，更容易调动自身内在职业系统，接受数字化教育理念，主动提升自身数字胜任力，以此增强自我的职业生存竞争优势。

表 5-9 不同工作年限职业教育教师数字胜任力总分的差异分析

工作年限	个案数 / 人	数字胜任力加权总分		F	p
		M	SD		
1~4年	207	4.83	0.65	214.552	0.000
5~10年	796	4.27	0.80		
11~15年	1277	3.93	0.52		
15年以上	234	5.26	0.78		

本书中将教师职称从低到高依次分为助理讲师（或同级别职称）、讲师（或同

级别职称)、高级讲师(或同级别职称)和正高级讲师(或同级别职称)。方差分析结果显示讲师(或同级别职称)的数字胜任力总分最高，其次是助理讲师(或同级别职称)，而高级讲师(或同级别职称)、正高级讲师(或同级别职称)的数字胜任力总分较低，能力水平随着职称的升高反而下降(表5-10)。可见，高级讲师及以上级别的职业教育教师数字胜任力表现不是最优的，同时结合表5-4，在数字理念与态度、数字知识与技能维度，高级讲师(或同级别职称)、正高级讲师(或同级别职称)得分远低于讲师(或同级别职称)与助理讲师(或同级别职称)。说明采取相应激励措施激发高级讲师及以上职称教师的教学热情，发挥传帮带作用，营造良好的同生职业系统对提升职业教育教师数字胜任力水平有重要意义。

表5-10　不同职称类型职业教育教师数字胜任力总分的差异分析

职称类型	个案数	数字胜任力加权总分		*F*	*p*
		M	*SD*		
助理讲师(或同级别职称)	356	4.30	0.94	40.377	0.000
讲师(或同级别职称)	644	4.42	0.84		
高级讲师(或同级别职称)	1269	4.06	0.59		
正高级讲师(或同级别职称)	245	4.18	0.62		

2)外部因素

本书中影响教师数字胜任力水平的外部因素包含任职院校发展水平、教师参加信息化培训、参与教学技能竞赛等(表5-11)，其中教师任职院校发展水平设置了两个问题“是否省级示范性职业院校”和“是否国家级示范性职业院校”。单因素分析结果显示，是否国家级示范性职业院校(F=152.727，p=0.000)、是否为省级示范性职业院校(F=180.660，p=0.000)对教师数字胜任力总分和单维度得分均有显著差异，任职院校发展水平越高(任职院校属于国家级示范性职业院校或省级示范性职业院校)的教师，其数字胜任力总分和单维度得分越高，且从均值来看，从业于国家级示范性职业院校的教师数字胜任力水平，无论是总体还是单一维度都优于从业于省级示范性职业院校的教师。由此可见，被列为省级或者国家级示范性职业院校，无论是整体办学水平，还是师资、教育资源、教学水平等方面都较高，对于教师来说，其所处的外在职业系统更加稳定与完备，更容易对数字胜任力发展产生“连锁效应”与“辐射作用”，间接促使教师实现自身数字化专业发展。

外部因素中教师参加的信息化培训分为政府组织与校本培训两类。分析结果显示，教师是否参与数字化培训［是否参加过政府组织的教学信息化培训（t=148.384，p=0.000）、是否参加过学校开展的教学信息化培训（t=181.921，p=0.000）］在教师数字胜任力总分和单维度得分上存在显著差异，即参与过信息化培训的职业教育教师数字胜任力远高于未参加过培训的教师。另外，本书将教师参与过培训的次数分为1~2次、3~4次、5~6次以及7次及以上，单因素分析结果显示，培训次数在教师数字胜任力整体与各维度之间的主效应显著。随着培训次数的增加，职业教育教师数字胜任力水平开始呈现下降趋势，参与政府组织培训的教师数字胜任力下降趋势比参与校本培训的更明显，但当培训次数增加至7次及以上，教师的数字胜任力均值会有显著的提升，且参与校本培训的教师的增长趋势明显高于参与政府组织培训的教师。由此可见，校本培训的提升效果明显优于政府组织的培训。

数据结果显示，教师参与教学技能竞赛（t=243.104，p=0.000）在数字胜任力总分和单维度得分上存在显著差异，参与过教学技能大赛的职业教育教师数字胜任力的均分（M=4.46，SD=0.73）高于未参与过教学技能大赛的教师（M=4.18，SD=0.68）。从参与竞赛的类型来看，呈现省（区）级＞校级＞国家级＞地市级的得分情况，说明省（区）级竞赛对教师数字胜任力的提升效果最优。

表 5-11 不同外部因素与教师数字胜任力总分的差异分析

项目		人数	数字胜任力加权总分		F	p
			M	SD		
是否属于省级示范性职业院校	是	660	4.60	1.05	180.660	0.000
	否	1229	4.05	0.75		
	不清楚	625	4.06	0.55		
是否属于国家级示范性职业院校	是	277	4.62	0.69	152.727	0.000
	否	952	3.88	0.68		
	不清楚	1285	4.34	0.70		
教学技能大赛最高奖项	无	606	4.18	0.83	243.104	0.000
	校级	159	4.93	0.65		
	地市级	1288	3.93	0.38		
	省（区）级	320	5.00	0.66		
	国家级	141	4.01	1.15		
是否参加过政府组织的教学信息化培训	是	1224	4.38	0.84	148.384	0.000
	否	1290	4.03	0.58		
是否参加过学校开展的教学信息化培训	是	1227	4.39	0.87	181.921	0.000
	否	1287	4.01	0.53		

4. 内外部因素对职业教育教师数字胜任力的预测能力分析

为了研究内外部因素对教师数字胜任力的预测能力，本书先使用了皮尔逊（Pearson）相关性分析，结果显示内部因素中除了性别外，其余因素如学历、供职院校类型、是否“双师型”教师、工作年限与职称均与教师数字胜任力水平在0.01水平上有显著的相关性；外部因素中任职院校发展水平、参加信息化培训均与教师数字胜任力水平在0.01水平上有显著的相关性，参加教学技能大赛与数字教育与教学维度不相关，但与数字知识与技能维度在0.01水平上显著相关，与数字理念与态度、数字关怀与支持、数字合作与发展维度在0.05水平上显著相关（表5-12）。

表5-12 内外部因素与数字胜任力总分和单维度的相关性分析

因素	数字胜任力加权总分	数字理念与态度	数字知识与技能	数字教育与教学	数字关怀与支持	数字合作与发展
学历	−0.496**	−0.517**	−0.509**	−0.478**	−0.445**	−0.417**
供职学校类型	−0.168**	−0.304**	−0.238**	−0.099**	−0.109**	−0.094**
是否“双师型”教师	−0.573**	−0.614**	−0.542**	−0.554**	−0.514**	−0.504**
工作年限	−0.119**	−0.103**	−0.153**	−0.106**	−0.119**	−0.094**
职称	−0.144**	−0.198**	−0.175**	−0.087**	−0.137**	−0.121**
任职院校发展水平	−0.115**	−0.007	−0.066**	−0.157**	−0.146**	−0.141**
参加教学技能大赛	0.050*	0.051*	0.070**	0.031	0.049*	0.046*
参加信息化培训	−0.489**	−0.582**	−0.507**	−0.410**	−0.462**	−0.411**

注：*$p<0.05$；**$p<0.0$。

随后使用了多元线性回归分析，以数字胜任力总分为因变量，研究内外部因素对职业教育教师数字胜任力的预测能力。表5-13显示内部因素中教师职称［$B=0.068$（$t=4.332$，$p=0.000<0.01$）］、工作年限［$B=0.446$（$t=8.879$，$p=0.000<0.01$）］、学历［$B=0.328$（$t=19.001$，$p=0.000<0.01$）］会对数字胜任力总值产生显著的正向影响，是否“双师型”教师［$B=-0.037$（$t=-22.912$，$p=0.000<0.01$）］会对数字胜任力总值产生显著的负向影响，供职院校类型并不会对数字胜任力水平产生影响；而外部因素中仅有参加信息化培训［$B=0.390$

（$t=11.278$，$p=0.000<0.01$）］会对数字胜任力水平产生显著的正向影响，任职院校发展水平和参加教学技能大赛对数字胜任力水平没有显著影响。模型公式：数字胜任力总值＝6.710+0.328学历 −0.037是否“双师型”教师 +0.446工作年限 +0.068职称 +0.390参加信息化培训，模型 R^2 值为0.589，意味着学历、是否“双师型”教师、工作年限、职称与参加信息化培训可以解释数字胜任力总分58.9% 的变化原因。对模型进行 F 检验时发现模型通过 F 检验（$F=299.220$，$p=0.000<0.05$），也即上述因素中至少一项会对数字胜任力总分产生影响。同时，从进入模型中的因素数量以及系数大小来看，内部因素对职业教育教师数字胜任力的预测能力显著高于外部因素，且教师学历、工作年限、参与信息化培训等因素对教师数字胜任力发展的影响较为显著。再次使用多元回归分析，将教师学历、工作年限、参与信息化培训作为自变量，得到模型公式：数字胜任力总值＝ −3.710+0.371学历 +0.403工作年限 +0.490参加信息化培训，模型 R^2 值为0.809，意味着学历、工作年限与参加信息化培训可以解释教师数字胜任力总分80.9% 的变化原因，持续关注职业教育教师学历、工作年限、参与信息化培训对提升其数字胜任力有重要意义。

表 5-13　职业教育教师数字胜任力加权总分的线性回归分析结果

类别	非标准化系数		标准化系数	t	p	VIF
	B	标准误	β			
常数	6.710	0.069	—	97.182	0.000**	—
学历	0.328	0.017	−0.314	19.001	0.000**	1.338
是否“双师型”教师	−0.037	0.028	−0.400	−22.912	0.000**	1.492
工作年限	0.446	0.016	0.151	8.879	0.000**	1.420
职称	0.068	0.016	0.078	4.332	0.000**	1.591
参加信息化培训	0.390	0.027	0.206	11.278	0.000**	1.634
R^2	0.589					
调整 R^2	0.587					

续表

类别	非标准化系数		标准化系数	t	p	VIF
	B	标准误	β			
F	F（82505）=299.220，p=0.000					
D-W 值	1.471					

注：因变量为数字胜任力加权总分；$^{*}p < 0.05$；$^{**}p < 0.01$。

5. 全国范围职业教育教师数字胜任力现状调研总结

（1）职业教育教师现有数字胜任力水平仍处于中等及以下水平，且东部地区职业教育教师的数字胜任力水平显著高于中西部地区的职业教育教师。根据调查问卷结果分析，当前全国范围内职业教育教师数字胜任力水平较低，得分为3.434~4.946，均分介于“有点符合”与“比较符合”之间。其中1678位职业教育教师得分低于均分，占66.75%，仅有836位职业教育教师的得分高于均分，占33.25%。另外，通过分析单一维度得分情况，发现均值呈现数字合作与发展>数字教育与教学>数字关怀与支持>数字理念与态度>数字知识与技能。除数字合作与发展、数字教育与教学、数字关怀与支持维度情况较好以外，数字理念与态度、数字知识与技能维度均有超过1/2的职业教育教师能力水平处于“有点符合”及以下，分别占61.06%和59.94%。另外，通过地区分析，当前东部地区职业教育教师的数字胜任力水平显著高于中西部地区职业教育教师，这与东中西部地区经济发展水平对职教产业布局和资源配置的调节作用有直接关系，同时由于中西部地区相较于东部地区数字化建设资源匮乏和专业性的数字化培训缺乏等，中西部职业教育教师数字胜任力在数字教育与教学、数字合作与发展维度的表现远不及东部地区职业教育教师。

（2）学历、职称、工作年限等不同背景特征下的职业教育教师数字胜任力发展存在差异，且呈现不同的发展趋势。本书研究发现不同背景特征的职业教育教师数字胜任力发展水平存在差异且趋势不同，其中以学历、职称、工作年限等特征较为显著，学历与职业教育教师的教育研究能力之间存在正相关关系，高学历教师在数字合作与发展、数字关怀与支持维度表现优异；但在数字知识与技能、数字教育与教学方面表现一般，说明学历与教师教育教学实践能力可能存在一定的负相关关系。教师职称与工作年限之间可能存在正相关关系，这是因为教师职称晋升制度的影响，往往职称较高的教师其工作年限也更长。本书研究也发现职业教育教师的职称与工作年限和教师教育教学能力、专业发展合作能力等均存在正相关。职称越高，工作年限越长的教师数字化教学能力越强，但同样高职称长教龄的教师在对学生的数字化学习需求和能力发展等方面的关注不如低职称短教龄的职业教育教师。说明处于不同背景特征不同发展阶段的教师其数字胜任力发展趋势各有不同，开展分级分层数字胜任力培训，注重培训内容方法方式的差异化对提升职业教育教师群体数字胜任力水平有重要意义。

（3）除性别以外的内外部因素均会不同程度影响职业教育教师数字胜任力发展。调研发现，除性别外的内外部因素对职业教育教师数字胜任力发展水平有不同程度的影响，包括学历、供职院校类型、职称、工作年限、是否“双师型”教师、任职院校发展水平、参与教学技能大赛和参加信息化培训等。在学历方面，大学本科及以下学历的职业教育教师的数字胜任力总分与单一能力水平表现最优，其次是硕士研究生和博士研究生，但在维度一、二中高学历教师的表现显著优于低学历教师。中等职业学校在数字胜任力总分和单一维度的得分是三类职业院校中表现最优的，但其得分内部分化较大；其次是高等职业教育专科院校和高等职业教育本科学校，另外本科层次职校在数字知识与技能维度远低于其余两类院校。“双师型”教师在单一维度得分和总分上显著优于非“双师型”教师，说明“双师型”教师职称对于职业教育教师数字胜任力提升有一定的正向作用。随着教师工作年限增长，教师数字胜任力水平初期呈现下降趋势，直到工作年限达15年以上，将迎来教师数字胜任力发展的鼎盛时期，说明教师经验积累更容易促使教师形成对数字教育发展的敏锐洞察力，但职业倦怠的专业发展特点仍会影响教师对自身数字胜任力的审视与洞察；职称越高的教师数字胜任力总体表现并不是最优的，但在数字理念与态度、数字知识与技能维度的优势仍不容忽视，发挥其传帮带作用对提升教师团队数字胜任力具有深刻意义。任职院校水平越高越容易对教师数字胜任力发展产生“连锁效应”与“辐射作用”，两者之间存在一定正相关。参与信息化培训对教师数字胜任力提升的效果会在参与一定培训次数后开始显现，说明参与相关培训对教师数字胜任力提升有一定的延迟效应，且校本培训的效果更优。参与省（区）级竞赛对教师数字胜任力的提升效果是最优的，鼓励教师参与相关竞赛对提升其数字胜任力水平同样具有重要意义。

（4）部分内外部因素对职业教育教师数字胜任力发展具有一定预测能力，其中学历、工作年限和参与信息化培训等因素的预测能力较为突出。相关性分析结果显示除了性别，部分内外部因素如学历、供职院校类型、是否“双师型”教师、工作年限、教师职称、任职院校发展水平、参加信息化培训等均与教师数字胜任力水平在0.01水平上有显著的相关性；参加教学技能大赛与数字知识与技能维度在0.01水平上显著相关，与数字理念与态度、数字关怀与支持、数字合作与发展维度在0.05水平上显著相关。多元线性回归分析结果显示仅有学历、是否“双师型”教师、工作年限、职称与参加信息化培训进入回归模型，且对职业教育教师数字胜任力发展有58.9%的解释效果，其中学历、工作年限与参加信息化培训可以解释职业教育教师数字胜任力总分80.9%的变化原因，是职业教育教师数字胜任力预测的重要指标，也是后续制订职业教育教师数字胜任力发展策略的重点参考指标。

第二节　全国范围职业教育教师数字胜任力的发展策略

职业教育教师数字胜任力的提升是一个动态的、系统的、发展的过程，需要结合教师数字胜任力发展特点实施精准分层引领与助力帮扶，细化需求，促使培训能为受训教师提供实用性“干货”和高价值“硬货”[266]。结合本章的调研结果，发现不同学历、教龄、地区的职业教育教师在数字胜任力发展趋势上有诸多不同，也映射着不同类型的教师在数字胜任力不同维度有着不同程度的需求。第一，调研结果显示，学历与职业教育教师的教育研究能力之间存在正相关关系，与教师教育教学实践能力可能存在一定的负相关关系。因此，对于高学历的职业教育教师，应重点关注他们的数字认同与能动性建构，开展关于基础数字化教育教学的技能培训，使其充分发挥教育研究的自主性，利用自身研究优势加速其数字胜任力的全面发展；而对于学历相对较低的职业教育教师，一方面加强数字教育教学的基础培训，持续稳固其数字基础能力，另一方面逐步开展数字化能力提升的高阶培训，鼓励低学历职业教育教师通过提升学历、参与教学技能大赛等方式实现能力攀升，不断优化高学历职业教育教师“存量”，充分发挥各学历阶段职业教育教师数字胜任力发展的优势。第二，不同教龄职业教育教师其数字胜任力发展水平同样存在显著差异。工作年限越长的职业教育教师其数字教育教学能力、专业发展合作能力越强，但同时长教龄教师更容易忽视学生的数字化学习需求和能力发展，也就是在数字关怀与支持维度上的表现不及中短教龄的职业教育教师。因此，面向教龄较长的职业教育教师，数字胜任力培训应侧重于对学生的数字关怀方面，将教师的职业关注从自身发展迁移至以学生为中心上，而中短教龄职业教育教师应持续加强数字教育教学能力等相关培训。另外在培训过程中，要注重发挥长教龄职业教育教师的优势，形成以长教龄职业教育教师为中心的职业教育教师数字胜任力实践发展共同体，构建融洽的共同体氛围，以此切实提升不同教龄职业教育教师数字胜任力水平。第三，探索地区间数字教育共享合作路径，加大对中西部地区的数字教育扶持力度，完善欠发达地区数字教育基础设施环境建设，以优化数字资源内容和提升数字教育质量为目标，制定地区间数字教育资源共建共享机制，加强地区间教育资源开放共享，以此缩小教育资源分布不均导致的东中西部地区职业教育教师数字胜任力发展差异。另外，面向中西部地区的职业教育教师，应先加强数字基础教育教学能力的相关培训，提升中西部职业教育教师基础数字教育教学知识与技能，在此基础上开展跨地区跨校际的数字合作与专业发展相关主题培训，提升职业教育教师的数字教育综合治理能力和专业性教育战略预见，促进其数字胜任力发展生态从“知识”走向“能力”并兼顾“素养”发展。

第三节 本章小结

本章为了解全国职业教育教师数字胜任力状况，同时验证数字胜任力模型在真实职业情境的稳定性与有效性，向全国除港澳台地区以外31个省级行政区的职业教育在职教师发放了“职业教育教师数字胜任力自评问卷”，共回收有效问卷2514份。

通过对全国职业教育教师数字胜任力整体水平的描述性统计分析，发现当前全国范围内职业教育教师数字胜任力水平较低，处于“有点符合”与“比较符合”之间，超过1/2的职业教育教师得分低于均值，整体水平不容乐观。东西部地区职业教育教师数字胜任力发展差异较大，与各地区经济发展导致的数字教育资源分布偏差有直接关系；基于背景特征分析发现，背景特征不同的职业教育教师数字胜任力在各维度上存在较大差异，且其能力发展趋势也各不相同。单因素分析发现除性别以外的内外部因素对职业教育教师数字胜任力发展均有一定影响，且多元线性回归结果再次验证，部分内外部因素对职业教育教师的数字胜任力水平发展具有一定的预测能力，包括学历、是否“双师型”教师、工作年限、职称与参加信息化培训等，其中学历、工作年限和参与信息化培训等因素是极其重要的预测指标。因此，提升职业教育教师数字胜任力应从个体层面需求差异出发，针对职业教育教师数字胜任力个体发展趋势和特点，以精准分层引领和助力帮扶为手段，设计面向不同类型职业教育教师的培训内容，以此切实提升职业教育教师数字胜任力。

第六章
职教专硕数字胜任力现状调研

为进一步拓展模型的应用范围，形成完整的模型至培育的转换，推进职前与职后教师能力发展一体化，通过把握高层次职教师资代表职教专硕的数字胜任力现状，可为规划科学合理的数字胜任力培育路径，促进教师数字胜任力职前培育和职后发展空间场域的多次、多重融合，建立教师教育一体化数字胜任力发展空间叠整的有效机制，形成不同教师教育主体间的对话机制提供实践依据。基于此，本章将面向2019级职教专硕应届毕业生发放“职教专硕数字胜任力自评问卷”，一方面了解职教专硕数字胜任力现状，另一方面为培养院校研制科学合理的数字胜任力培育路径提供依据。

第一节　职教专硕数字胜任力现状调研

一、调查目的与调查对象

1. 调查目的

为了更好地了解经过三年培养的职教专硕应届毕业生的数字胜任力水平，侧面了解培养院校在数字胜任力方面的培养成效，向全国2019年招收了职教专硕的42所培养院校发放“职教专硕数字胜任力自评问卷”。2019年全国职教专硕招生人数仅1075人，且部分学校培养人数较少，不成规模，因此仅收集到了26所职教专硕培养单位（含2016~2020年招生规模达100人以上的培养院校）的数据，共计289份问卷，各专业方向经过系统培养的应届毕业生填写了问卷，保留有效问卷284份，问卷有效率达98.27%。问卷调查的具体目的如下。

（1）了解现阶段全国职教专硕应届毕业生的数字胜任力水平。

（2）了解师范生身份、前置实习经历、教学技能大赛获奖等方面的因素是否对职教专硕数字胜任力水平具有显著影响。

（3）了解具有15个及以上学生样本的培养院校在数字胜任力不同维度上是否具有显著差异，侧面判断学校的培养水平，为后续培育路径的设计提供依据。

2. 调查对象

调查问卷以网络电子版问卷为主，依据调研目的向全国42所培养院校发放了调查问卷，致力覆盖全国、不同类型职教专硕培养院校，探查全国职教专硕数字胜任力现状。

调研对象按照职教专硕培养院校分布，覆盖我国东部、西部、北部、南部地区4年职教专硕招生人数超过100人的院校。调查样本含职教“老八所”院校（如天津职业技术师范大学、广东技术师范大学等），师范院校（如广西师范大学、贵州师范大学等），工科类大学（如湖北工业大学、四川轻化工大学等），综合性大学（如苏州大学、吉林外国语大学等）（图6–1），调研对象涉及11个专业领域（图6–2）。

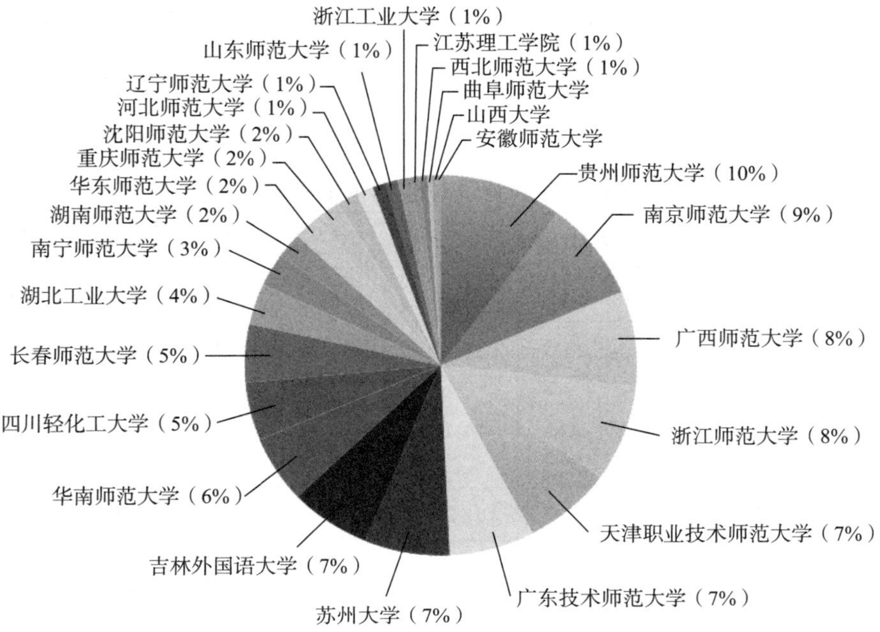

图 6-1　职教专硕所在学校分布情况

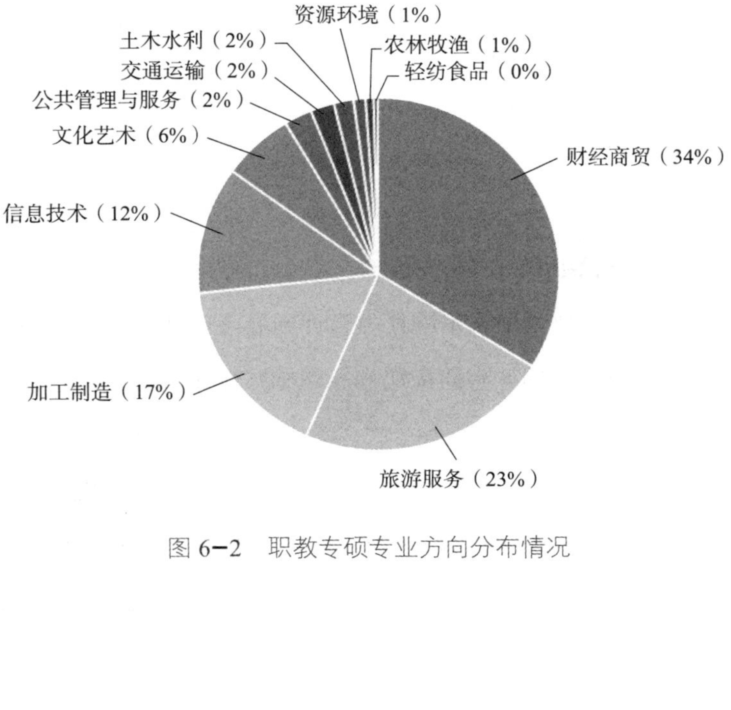

图 6-2　职教专硕专业方向分布情况

统计分析的284位职教专硕中，性别、学校类别、师范生（本科）、职教师范生（本科）、教学技能大赛获奖等情况整体较符合当前职教专硕的实际情况，样本具有一定的代表性（表6-1）。

表 6-1　调研对象基本信息表

类别	选项	人数 / 人	百分比 /%	类别	选项	人数 / 人	百分比 /%
性别	男	53	18.66	职教师范生	是	41	14.44
	女	231	81.34		否	243	85.56
学校类别	职教“老八所”院校	41	14.43	硕本专业一致	是	139	48.94
	师范院校	174	61.27		否	145	51.06
	工科类大学	27	9.51	最高级别教学技能大赛获奖	无	198	69.72
	综合性大学	42	14.79		校级	60	21.13
读硕前职教教学经历	是	99	34.86		地市级	5	1.76
	否	185	65.14		省（区）级	19	6.69
师范生	是	61	21.48		国家级	2	0.70
	否	223	78.52				

二、研究方法

1. 研究方法与思路

本章通过发放“职教专硕数字胜任力自评问卷”对职教专硕应届毕业生数字胜任力现状开展调研，运用调查研究法和相关的数据统计分析法开展调查与数据分析。

遵循调查研究法的相关步骤，针对职教专硕应届毕业生随机发放“职教专硕数字胜任力自评问卷”，对回收的问卷进行筛选，对有效问卷进行加权计分，进而计算出职教专硕的维度和要素得分，通过均值分析、单因素方差分析和 LSD (least significant difference，最小显著差异)多重比较分析，分别了解职教专硕应届毕业生的能力水平；性别、职教师范生、学校类别、教学技能大赛获奖、读硕前职教教学经历等因素与数字胜任力得分的关系；样本在15人以上的培养院校在数字胜任力总分、维度方面的差异情况。

2. 调查资料统计分析的加权说明

在本书中，职教专硕和职教在职教师被视为教师数字胜任力教育一体化发展的两个关键阶段，同属于职业教育教师数字胜任力研究的主体对象。因此，两者的数字胜任力加权算法理应一致，且具体的加权算法在第五章第一节中已经详细阐述，在此不做赘述。

三、调查结果统计与分析

1. 全国职教专硕数字胜任力整体水平

本量表的六级自评选项分别是1(极不符合)、2(较不符合)、3(略不符合)、4(有点符合)、5(比较符合)和6(完全符合)。从284名职教专硕样本数据的总体层面来看，数字胜任力的均分为$M=4.60$，$SD=0.35$，介于“有点符合”与“比较符合”之间。其中，有146位职教专硕的得分高于均分，占51.41%；有138位职教专硕的得分低于均分，占48.59%，其中66人处于“有点符合”及以下水平，占23.24%。各维度得分情况见表6-2，数字理念与态度(维度一)低于均分的有154人，占54.23%，低于4分(有点符合)的占9.91%，大部分学生处于“比较符合”和“有点符合”之间，职教专硕在数字理念与态度维度的情况较为乐观；而数字知识与技能(维度二)、数字教育与教学(维度三)、数字关怀与支持(维度四)、数字合作与发展(维度五)处于“有点符合”及以下的人数较多，占28.87%及以上，特别是数字教育与教学维度是全国职教专硕数字胜任力的薄弱能力，低于4分的职教专硕高达104人，占36.61%。

表 6-2 全国职教专硕数字胜任力整体水平的描述性统计情况

维度	*M*	*SD*	*N*1（高于均分）	*N*2（低于均分）	*N*3（低于4分）
数字理念与态度	5.08	0.41	130（45.77%）	154（54.23%）	28（9.91%）
数字知识与技能	4.53	0.39	144（50.70%）	140（49.30%）	82（28.87%）
数字教育与教学	4.38	0.32	146（51.41%）	138（48.59%）	104（36.61%）
数字关怀与支持	4.56	0.32	147（51.76%）	137（48.24%）	89（31.34%）
数字合作与发展	4.45	0.30	143（50.35%）	141（49.65%）	103（36.27%）

通过以上分析可以发现，全国职教专硕的整体水平处于“有点符合”与“比较符合”之间，低于均分的人数占48.59%，其中23.24%的人低于4分；除数字理念与态度情况较好以外，其他维度均有1/4以上的人能力处于有点符合及以下，仍有相当数量职教专硕的数字胜任力水平不容乐观。从基本情况来看，职教专硕的数字胜任力与职业教育教师的数字胜任力发展水平有所不同，对比工作年限在1~4年的新手教师，职教专硕在数字理念与态度、数字知识与技能等方面表现略优，但在数字教育与教学维度上，职教专硕与新手教师的发展情况类似，职教专硕缺乏实践教学经验，新手教师则处在教学关注点的“边缘性”，更倾向于专注他们自己的教案和是否能够顺利按教案程序教学[267]，都难以思考如何在管控课堂的基础上融入数字技术丰富自己的教学。对比职教专硕和在职教师的数字胜任力水平，发现在职教师在数字合作与发展、数字教育与教学等维度具有较大优势，而职教专硕在数字理念与态度、数字知识与技能等维度得分显著高于在职教师，说明职前数字化培育能较好地帮助准职业教育教师掌握数字基础能力，为职后发展数字高阶能力奠定基础。然而为更好适应未来职教高质量发展的需要，整体提升全国职教专硕数字胜任力水平迫在眉睫，需更好地将其能力要素融入职教专硕培养环节。

进一步对收集到的284个数据分维度进行曲线绘制，结果如图6-3所示。

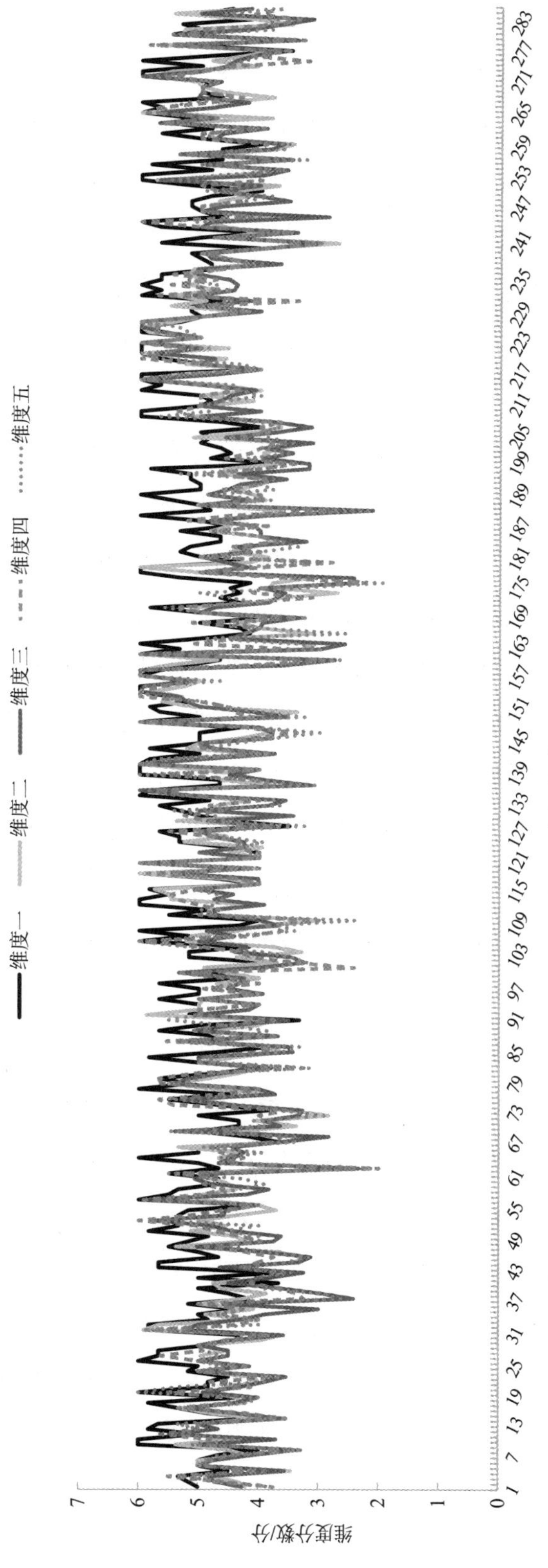

图 6-3　全国职教专硕数字胜任力不同维度可视化曲线

由图6−3可以看出，各维度数值具有相关关系，如维度一的值偏低，其他维度的值也会相应偏低。从均值来看，数字理念与态度维度的水平远高于其他四个维度，说明教育信息化2.0建设对于培养院校关注学生信息化能力的培养产生了正向影响，学生的数字理念与态度普遍得到提升，但高于均分的学生仅有130人，相比其他维度人数较少，说明该维度内部分化较大，后期培养应关注“数字鸿沟”对于各地区造成的影响[268]，强化职教专硕在思想上重视利用数字技术进行教学实践与专业发展。

数字教育与教学和数字合作与发展两个维度的均值均低于整体均值，说明全国职教专硕在此方面的能力普遍较低。曲线显示这两个维度学生得分内部差异较大，维度三波动区间为［3，6］，维度五波动区间为［2，6］，但维度三大部分学生集中在4~5分，维度五则波动更大，呈现出较明显的校际差异，待开展进一步的校际分析。这两个维度涉及的能力恰恰是职教专硕的关键能力，根据职教专硕培养目标，需培养具有较强职业技术教育教学实践和研究能力的高素质中等职业学校专业教师，其中教育教学实践能力对应数字教育与教学维度，研究能力对应数字合作与发展维度。由此可见，目前职教专硕数字胜任力现状与需求在这两个维度形成较大矛盾，维度三更是处于所有维度中的最低值，涉及数字教学设计、数字教学实施等与职教教育教学密切相关的要素，亟待形成系统培育路径以促进此能力的提升。

数字知识与技能和数字关怀与支持维度虽然均值接近整体均值，但数字知识与技能维度内部差异较大，突显了地区与学校间的差异，曲线波动区间为［3，6］，而数字关怀与支持则波动较小，大部分集中在［3，5］区间。针对数字知识与技能维度，全国教育硕士专业学位教育指导委员会（以下简称“教指委”）指导性培养方案中含有信息技术模块课程，大部分学校将其用于培养职教专硕的信息技术知识与技能，各校在课程设计上存在差异，因此造成了学生基础知识与技能水平的差异。而数字关怀与支持维度的能力，大多数学校并未在课程设置上体现，学生只能在实践中体会与发展此方面的能力，然而大多数学生可能会秉持

“以学生为中心”的教学理念，但如何将其融入课堂却存在较大困难与障碍，因此，该维度能力波动相对于其他维度较小，全国职教专硕在此维度基本处于“有点符合”的阶段，今后的培养中需更多关注研究生将理念融入教育教学实践，并辅以适当的评价手段强化数字关怀与支持维度能力的培养。

总的来说，全国职教专硕数字胜任力整体水平和五个维度的水平还处于基础阶段，能力现状与需求间形成了一定的矛盾。学生能力维度间存在较强的正相关，往往维度一能力水平较高的学生，其他能力水平也较高。学生能力水平呈现较明显的校际差异，有待进一步开展校际的对比分析。从维度均值与曲线图来看，一方面需关注数字理念与态度、数字知识与技能、数字教育与教学在各地区的均衡培养，减少区域间在教师教育阶段的“数字鸿沟”；另一方面，数字关怀与支持和数字合作与发展能力需在教师教育阶段的教学中重点关注，并配合相应的评价方案以支持此方面能力的发展；随着职业院校数字化校园建设的深化，需形成系统的数字胜任力培育方案以支持职教专硕能力的发展。

2. 单因素对职教专硕数字胜任力水平的影响

1）前置教育实习经历、师范生身份、职教师范生身份对职教专硕数字胜任力水平的影响均不显著

研究发现，具有前置教育实习经历（M=4.507，SD=0.814）的职教专硕数字胜任力均分略高于无前置教育实习经历（M=4.465，SD=0.773）的职教专硕，但在总体与各维度能力上都不存在显著性差异（t=0.435，$p=0.471>0.05$）。拥有师范生学习经历的职教专硕数字胜任力均分（M=4.514，SD=0.818）略高于非师范生身份的职教专硕（M=4.470，SD=0.779），在总分与各维度上均不存在显著性差异（t=0.392，$p=0.873>0.05$）。具有职教师范生身份的职教专硕数字胜任力均分（M=4.639，SD=0.779）略高于非职教师范生身份的职教专硕（M=4.452，SD=0.786），总分与各维度得分不具有显著性差异（t=1.405，$p=0.839>0.05$）（表6-3）。虽然职教师范生学习经历对于职教专硕数字胜任力各维度不存在显著影

响，但具有职教系统学习经历的职教专硕数字胜任力均分均高于具有教育实习经历和师范生学习经历的职教专硕，且其内部差异较小，因此职教专硕从职教师范生中招生更易培养其数字胜任力，为具有职教师范生的培养院校开展“4+2”或“4+3”的本硕连读项目提供了依据。

表 6-3 前置教育实习经历师范生身份、职教师范生身份的数字胜任力总分的差异分析

	题目	选项	个案数	M	SD	t	p
数字胜任力总分加权的差异分析	是否有前置教育实习经历	是	99	4.507	0.814	0.435	0.471
		否	185	4.465	0.773		
	是否是师范生	是	61	4.514	0.818	0.392	0.873
		否	223	4.470	0.779		
	是否是职教师范生	是	54	4.639	0.779	1.405	0.839
		否	230	4.452	0.786		

注:* 表示 $p<0.05$，即在0.05水平上显著相关;** 表示 $p<0.01$，即在0.01水平上显著相关。

2）具有教学技能大赛经历的职教专硕与没有此经历的职教专硕在数字胜任力水平上存在部分显著差异

参与了教学技能大赛的职教专硕数字胜任力的均分（$M=4.624$，$SD=0.729$）高于未参与过教学技能大赛的职教专硕（$M=4.417$，$SD=0.804$），总体上不存在显著差异（$t=-2.055$，$p=0.065>0.05$）。但在“数字理念与态度”与“数字教育与教学”维度上存在显著差异，参与了教学技能大赛的职教专硕在“数字理念与态度”与“数字教育与教学”维度显著高于未参与大赛的职教专硕（表6-4）。

表 6-4　是否参与教学技能大赛的学生数字胜任力总分与各维度的差异分析

维度	参与教学技能大赛	个案数	*M*	*SD*	*t*	*p*
数字胜任力加权总分	无	198	4.417	0.804	−2.055	0.065
	有	86	4.624	0.729		
数字理念与态度	无	198	4.185	1.352	−1.783	0.007**
	有	86	4.479	1.240		
数字知识与技能	无	198	4.390	0.802	−3.044	0.633
	有	86	4.698	0.748		
数字教育与教学	无	198	4.562	0.707	−2.290	0.046*
	有	86	4.755	0.627		
数字关怀与支持	无	198	4.507	0.812	−1.340	0.212
	有	86	4.645	0.757		
数字合作与发展	无	198	4.442	0.835	−0.447	0.213
	有	86	4.489	0.774		

注：* 表示 $p < 0.05$，即在0.05水平上显著相关；** 表示 $p < 0.01$，即在0.01水平上显著相关。

从以上研究结果来看，具有职教师范生经历的职教专硕数字胜任力总体发展更好，鼓励具有职教师范生的培养院校开展“4+2”或“4+3”的本硕连读项目，其他高校职教专硕招生政策向职教师范生倾斜；另外，参与教学技能大赛的学生在数字理念与态度、数字教育与教学维度与未参赛者存在显著差异，应鼓励设置校级、地市级、省（区）级教学技能竞赛，以此作为培养的必修活动之一，以赛促学，提升职教专硕数字胜任力。但参赛学生的数字胜任力并没有整体提高，这说明仅依靠比赛是不够的，在培养中还是要进行系统全面的设计，形成整体能力的提高。

3）部分培养院校在数字胜任力总分与维度上的方差分析

由于2019级职教专硕全国样本量有限，因此调研样本数量较为分散，在考虑院校类型与现有样本数量的基础上，选取样本量在15人及以上的职教专硕培养院校进行数字胜任力总分与维度的方差分析，了解院校间职教数字胜任力水平差异，为后续模型应用方案的设计奠定基础。

样本量在15人及以上的学校分别是贵州师范大学、南京师范大学、广西师范大学、浙江师范大学、广东技术师范大学、吉林外国语大学、天津职业技术师范大学、苏州大学、华南师范大学、四川轻化工大学。为方便统计，确保院校统计资料隐私，对以上学校进行编码，使用U1~U10分别代表不同学校。采用单因素方差分析法分析和验证以上学校职教专硕数字胜任力水平差异，各院校样本量、均值、标准差见表6-5。

表6-5 样本量15人及以上院校职教专硕数字胜任力（维度）的差异分析

类别	学校名称	样本量 / 人	*M*	*SD*	*F*	*P*
数字胜任力加权总分	U1	29	4.600	0.620	2.527	0.009**
	U2	24	4.237	0.764		
	U3	23	4.214	0.809		
	U4	23	4.511	0.608		
	U5	20	4.361	0.865		
	U6	19	4.569	0.780		
	U7	21	4.910	0.892		
	U8	22	4.095	0.824		
	U9	16	4.139	0.595		
	U10	15	4.170	0.656		

续表

类别	学校名称	样本量 / 人	M	SD	F	P
数字理念与态度	U1	29	4.616	1.274	2.435	0.008**
	U2	24	4.022	1.295		
	U3	23	3.906	1.258		
	U4	23	4.282	1.248		
	U5	20	4.072	1.510		
	U6	19	4.243	1.357		
	U7	21	4.707	1.232		
	U8	22	3.785	1.338		
	U9	16	3.771	1.150		
	U10	15	3.849	1.266		
数字知识与技能	U1	29	4.546	0.545	3.069	0.002**
	U2	24	4.327	0.811		
	U3	23	4.148	0.717		
	U4	23	4.550	0.566		
	U5	20	4.323	1.098		
	U6	19	4.653	0.737		
	U7	21	5.004	0.852		
	U8	22	4.055	0.935		
	U9	16	4.199	0.459		
	U10	15	4.147	0.612		

续表

类别	学校名称	样本量 / 人	*M*	*SD*	*F*	*P*
数字教育与教学	U1	29	4.576	0.487	3.078	0.002**
	U2	24	4.364	0.693		
	U3	23	4.366	0.832		
	U4	23	4.606	0.426		
	U5	20	4.616	0.643		
	U6	19	4.764	0.696		
	U7	21	5.116	0.704		
	U8	22	4.355	0.746		
	U9	16	4.401	0.604		
	U10	15	4.267	0.577		
数字关怀与支持	U1	29	4.647	0.629	1.66	0.101
	U2	24	4.327	0.715		
	U3	23	4.460	0.842		
	U4	23	4.602	0.691		
	U5	20	4.398	1.017		
	U6	19	4.662	0.724		
	U7	21	4.876	0.943		
	U8	22	4.186	0.906		
	U9	16	4.176	0.610		
	U10	15	4.449	0.591		

续表

类别	学校名称	样本量 / 人	M	SD	F	P
数字合作与发展	U1	29	4.646	0.625	1.989	0.042*
	U2	24	4.129	0.721		
	U3	23	4.255	0.850		
	U4	23	4.546	0.651		
	U5	20	4.330	0.865		
	U6	19	4.506	0.877		
	U7	21	4.745	1.102		
	U8	22	4.043	0.952		
	U9	16	4.094	0.713		
	U10	15	4.246	0.606		

注：* 表示 $p < 0.05$，即在0.05水平上显著相关；** 表示 $p < 0.01$，即在0.01水平上显著相关。

通过均值分析发现，U7（M=4.910）、U1（M=4.600）均分在4.6分及以上，U6（M=4.569）、U4（M=4.511）的均分高于4.5分，U5（M=4.361）、U2（M=4.237）、U3（M=4.214）、U10（M=4.170）、U9（M=4.139）、U8（M=4.095）均分低于4.5分。虽然总体均值显示各校职教专硕数字胜任力水平处于比较符合的状态，但进一步分析发现，采样的学校80%低于总体均分，且学校间存在极其显著的差异（p = 0.009**），说明职教专硕数字胜任力的水平参差不齐，亟待形成统一的系统化的数字胜任力培育方案指导各校研究生的培养。

在数字理念与态度维度，样本学校均没有达到该维度均值，仅有U7、U1高于4.5分，U3、U10、U8、U9甚至低于4分，处于“略不符合”的情况，进一步说明此维度内部差异较大，有待整体改进。在教育信息化2.0背景下职教专硕培养院校需更新数字化理念与态度的内涵，将其贯穿至数字胜任力的整个培养环节，注重隐性知识向显性知识的转化，使学生在理念与态度上支持具体数字化行为。

在数字知识与技能维度，仅有U7、U6、U4、U1达到均分以上，剩余60%的院校未达到均值，且学校间存在显著差异，与总体波动曲线基本一致，但最高分仅达到5分（U7），今后的培养应减少各校间在基础数字知识与技能的差异化，加强该维度能力培养的一致性。

数字教育与教学是全国职教专硕数字胜任力中均分最低的维度（4.38分），但采样的学校在该维度的能力达到均值左右或以上，其中U7、U6、U5、U4、U1五所培养院校达到4.5分以上，与教职委规范与重视系统的教育实习与专业实习密不可分，但依然没有达到较为理想的状态，且大部分学校学生在此方面的能力仍较为薄弱，因此在后期进行培养设计时应重点关注此维度能力的培养，减小各校差异。

在数字关怀与支持维度，均分为4.56分，均无高校达到5分，仅U7、U6、U1、U4四所高校分数徘徊在4.5分左右，且各校间无显著差异，可见该能力的培养目前仍未引起大部分学校的重视，或由于培养难度较大，成效不明显。如模型所述，职教专硕只有在充分发展了数字教育与教学（维度三）的基础上才能逐步从关注自身转变到关注学生，大多数学生在评估此维度能力时仅停留在理念层面，未能充分将其融入教育教学中。

在数字合作与发展维度，均分为4.45分，且院校间呈显著差异，仅有U7、U6、U1、U4四所高校达到4.5分，最高分值仅为4.745分，与该能力需求仍有一定的差距，体现了目前大部分职教专硕在交流合作、接轨前沿、反思改进、研究创新等方面能力的不足，应在培养中为学生创造更多的学习与交流机会，引领其反思与创新，形成系统的提升方案。

3. 各校维度LSD多重比较分析

通过统计分析，职教专硕数字胜任力总分与各维度都通过了方差齐性检验，可进行方差分析（analysis of variance，ANOVA），进一步采用LSD多重比较法进行检验后发现，U7在总分上显著高于U2、U3、U5、U8、U9、U10。U1与U8、

U9存在显著差异，U6与U8有显著差异，三所院校间 $P > 0.05$，因此将U7、U1、U6归入A类培养院校。U4与所有学校都没有显著性差异，U2、U3、U5、U10仅与U7有显著差异，U9与U7和U1两所院校存在显著差异，U8与U1、U6、U7三所大学存在显著差异，划分为B类院校，B类院校内部虽然存在一定的差异，但U5、U10、U2、U3、U9、U8间没有显著差异（表6–6）。

表6–6　总维度LSD多重比较分析后院校分类

院校	A类均值	B类均值
U7	4.910	
U1	4.600	
U6	4.569	
U4		4.511
U5		4.361
U2		4.237
U3		4.214
U10		4.170
U9		4.139
U8		4.095
p	$\geqslant 0.08$	$\geqslant 0.856$

在数字理念与态度维度，U7与U3、U10、U8、U9存在显著差异，U1与U8、U9存在显著差异，且U7与U1差异不显著，$P=0.807>0.05$，归为此维度A类院校。U4、U6、U5、U2四所院校与其他院校不存在显著差异，且内部间也没有显著差异，$p \geqslant 0.493 > 0.05$，归为B类院校。U3、U10、U8、U9至少与一所A类院校有显著差异，且均分低于4分，院校内部无显著差异，归入C类院校（表6–7）。

表 6-7 维度一 LSD 多重比较分析后院校分类

院校	A 类均值	B 类均值	C 类均值
U7	4.707		
U1	4.616		
U4		4.282	
U6		4.243	
U5		4.072	
U2		4.022	
U3			3.906
U10			3.849
U8			3.785
U9			3.771
p	0.807	≥ 0.493	≥ 0.749

由此发现，数字理念与态度虽然在教育信息化背景下倡导多年，但发展不够均衡，全国职教专硕的水平介于“略不符合”与“有点符合”之间，低于各校数字胜任力在总维度的表现，且院校间差异较大。在总维度属于 A 类的 U6 在此维度落入 B 类，B 类的 U3、U10 落入 C 类。主要原因在于理念与态度属于隐性知识，较难观察与测量，而且会随着实践与认知的发展而发展，具有不稳定性。统计发现，目前各区域间“数字鸿沟”较大，且受学校因素影响明显，职教专硕并不因为区域的数字化发展水平高而数字态度与理念水平就高，如属于东部发达地区的 U8 与南部发达地区的 U9 在数字态度与理念上水平较低，因此学校对于职教专硕数字态度与理念发展的影响更大，应在培养过程中关注此维度能力的融入与贯穿。

在数字知识与技能维度，除 U6 与 U7 不存在显著差异外，p 值为 $0.145 > 0.05$，归入 A 类，其他院校均与 U7 有显著差异，其中 U4、U1、U2、U5、U9 仅与 U7

有显著差异，而U3、U10、U8与U7和U6都有显著差异，但除U7、U6两所院校外，其他院校内部不存在显著差异，统一归入B类，不分C类（表6–8）。

表6–8 维度二LSD多重比较分析后院校分类

院校	A类均值	B类均值
U7	5.004	
U6	4.653	
U4		4.550
U1		4.546
U2		4.327
U5		4.323
U9		4.199
U3		4.148
U10		4.147
U8		4.055
p	0.145	$\geqslant 0.2259$

由表6–8可以发现，职教专硕数字知识与技能维度总体处于“有点符合”与“比较符合”之间，内部差异低于数字理念与态度维度，与总维度所属区间持平，但院校间内部差异依然较大。U1在该维度归入B类，与总维度归类存在差异，相较于U7和U6，U1学生能力的稳定性稍弱。归入B类的院校也存在均分上的差异，但内部差异不显著（$P \geqslant 0.2259$）。数字知识与技能维度属于数字胜任力构成中的基础维度，各培养院校均将技术类课程设为学生本科与研究生阶段的必修课程，但开设内容与方式各异，容易造成院校间培养的差异，这个差异会直接影响其他维度能力的发展。

数字教育与教学维度与数字知识与技能维度的结果存在较高的一致性，U6与U7之间不存在显著差异，p值为$0.088 > 0.05$，归入A类，U5、U4、U1、U9

与U7存在显著差异，U3、U2、U8、U10与U6、U7同时存在显著差异，但这八所院校内部不存在显著差异，归入B类（表6–9）。

表6–9 维度三LSD多重比较分析后院校分类

院校	A类均值	B类均值
U7	5.116	
U6	4.764	
U5		4.616
U4		4.606
U1		4.576
U9		4.401
U3		4.366
U2		4.364
U8		4.355
U10		4.267
p	0.088	≥0.653

从均值来看，采样院校此维度比其他维度得分高，且调研结果与维度二调研结果有较高的一致性，处于A类的院校同样是U7、U6，处于B类的院校均值排名也基本与维度二一致。可认为维度二能力的提升对于维度三有正向影响。因此在职教专硕数字胜任力培养时，数字知识与技能教学内容的合理安排，可为培养数字教育与教学能力奠定基础。虽然采样院校在此维度能力具有较好的表现，但全国职教专硕此能力的均值最低，说明虽然职教专硕教育教学实践能力的培养已成了各大培养院校的共识，但各校培养内容与方式的差异使各校在此维度出现内部差异，数字教育与教学能力依然是全国职教专硕培养的难点与痛点问题。

数字关怀与支持维度各校均值较低，院校间内部差异相较于其他维度更小，仅有U2、U8、U9与U7存在显著差异，U6和U1与U8存在显著差异，归入A类。

U4、U3、U10、U5与任何院校都不存在显著差异，U2、U8、U9与至少一所A类院校存在显著差异，但这7所院校内部间不存在显著差异，归入B类(表6-10)。

表6-10　维度四LSD多重比较分析后院校分类

院校	A类均值	B类均值
U7	4.876	
U6	4.662	
U1	4.647	
U4		4.602
U3		4.460
U10		4.449
U5		4.398
U2		4.327
U8		4.186
U9		4.176
p	≥0.308	≥0.552

如前所述，数字关怀与支持维度需在维度三充分发展的基础上形成，较难测量，职教专硕也许具有较先进的教学理念，可如何将理念融入职教学生的教学过程中尚未形成理性认知，因此，此维度均值较低，且院校间内部差异小，侧面说明各大院校对于此能力的培养尚处于探索阶段，如何合理开展此能力的培养与评估是难点。

在数字合作与发展维度，U7和U1与U2、U9、U8存在显著差异，归入A类，U4、U6、U5、U3、U10未与任何院校形成显著差异，归入B类，剩下的U2、U9、U8均与至少一所A类院校具有显著差异，但这8所院校内部没有显著差异，归入B类（表6-11）。

表 6-11 维度五 LSD 多重比较分析后院校分类

院校	A 类均值	B 类均值
U7	4.745	
U1	4.646	
U4		4.546
U6		4.506
U5		4.330
U3		4.255
U10		4.246
U2		4.129
U9		4.094
U8		4.043
p	0.673	≥0.718

该维度均分低于总体均分，且院校分类与维度一分类存在较高的一致性，说明了数字理念与态度对数字合作与发展的影响，且采样院校内部也存在显著差异。因此能力培育时需重点关注维度间的相关性与该维度能力的培养。该维度能力是职教专硕实现向中职教师角色转换的重要体现，也是区别于职教师范生的重要能力。能力较低的原因一方面是此维度能力培养需要较长周期且需要形成系统的培养方案；另一方面，此维度能力考查学生在实践中不断反思发展的能力，作为高阶能力，对学生基础素质要求较高。

从院校维度分类（表6-12）来看，存在较大的校际差异，总维度处于A类的院校，除U7之外，U1和U6能力维度不足之处形成互补，证实了学校因素是造成培养职教专硕数字胜任力差异的重要因素；而处于B类的院校，U2、U4、U5学生能力发展在各个维度较为均衡，证实了维度能力发展的相关性与系统性；U8、U9、U10院校均在维度一上存在不足，造成了其他能力维度发展受限，虽然它们都属于B类，但从均值来看，较为靠后，进一步说明维度一在职教专硕数字胜任力发展中的重要性与贯穿性。

表 6-12　院校各维度分类一览表

学校维度	总维度	维度一	维度二	维度三	维度四	维度五
U1	A	A	B	B	A	A
U2	B	B	B	B	B	B
U3	B	C	B	B	B	B
U4	B	B	B	B	B	B
U5	B	B	B	B	B	B
U6	A	B	A	A	A	B
U7	A	A	A	A	A	A
U8	B	C	B	B	B	B
U9	B	C	B	B	B	B
U10	B	C	B	B	B	B

4. 各校要素间 LSD 多重比较分析

进一步对采样院校维度要素进行 LSD 多重比较分析，除要素 19（合作交流）未通过方差齐性检验外，其他要素均通过了方差齐性检验，可进行方差分析，采用 LSD 多重比较法进行检验。

维度一中 6 个要素，院校间存在较大差异的是要素 1（德技并修）与要素 6（教育责任），其中 U1 在“德技并修”上的表现显著优于 U3、U2、U9、U8，甚至优于在维度一总分表现优异的 U7。要素 6（教育责任）上，U7 显著优于 U2、U3、U10、U9、U8。要素 2（绩效期望）、要素 3（努力期望）、要素 4（环境因素）、要素 5（发展态度）各校间差异较小。因此在培养职教专硕数字理念与态度维度应重点关注要素 1 与要素 6 的培养，借鉴 U1 对于学生自身修养与专业技术并举的培养理念，U7 在知识传授、立德树人、价值引领、素质提升上的责任培育。

维度二中，各校间差异最大的是要素 8（数字设备、软件、平台），U1 显著优于U3、U8、U9、U10，而U7显著优于除U1和U6之外的其他院校。要素8受学校现有的数字化教学条件影响大，对于培养院校与实习院校的数字设备要求高，但各校实际情况不同，不能做统一要求。U7在要素10（数字管理）上显著优于U3、U8、U9、U10，要素10（数字管理）涉及收集分析资料过程中对个人隐私与资料安全的保护、信息伦理等方面的关注，教师授课过程中的知识点强调与示范对于此能力培养影响较大。要素7（数字知识）与要素9（数字资源）各校间内部差异不大，随着数字校园的深入建设，数字资源的识别、评估、选择与开发的能力会被置于更重要的地位，将成为数字胜任力培养的重点内容。

数字教育与教学是数字胜任力培养中权重占比最大的能力维度，通过统计分析，要素11（数字教学设计）和要素12（数字教学实施）上，U7除与U6没有显著差异外，均显著优于其他院校。要素13（数字教学评价）和要素14（数字班级管理）与总体分类结果较为一致。数字教学设计与教学实施是职教专硕数字胜任力培养中各校差异最大的部分，也是培养中的关键部分，需通过进一步访谈了解此要素在培养上的具体做法，多种方式合力促进学生在此方面能力的发展。

数字关怀与支持维度，要素15（保证公平获取）是各校差异最大的指标，U7与U5、U3、U10、U2、U9、U8有显著差异，而其他要素各校间差异不大。结合上述的均值分析，可发现此维度全国职教专硕均处于较低水平，特别是要素17（促进积极参与）与要素18（确保有效使用）全国普遍偏低，而这两个要素又恰恰是体现数字关怀与支持的关键要素，是评定职教专硕数字胜任力水平的关键能力。院校在培养过程中需要深化实践，开展对学生的检测评价，提升实践效能，真正使学生将认知层面的知识融入实践层面，实现经验的转化。

数字合作与发展维度由于要素19没通过方差齐性检验，不能采用LSD多重比较法分析，但对于职教专硕而言交流合作能力是其持续发展自身专业能力的重要基础，要素20（接轨前沿）、要素21（反思改进）、要素22（研究创新）三方面能力与总体分类结果较为一致。值得关注的是U7在此方面能力的表现虽然最好，但依然没有达到“比较符合”的等级，可见全国职教专硕在此方面的能力较低。

数字合作与发展维度的能力将直接影响职教专硕职后专业发展，也是中职教师职后能否成为专家型教师的关键，各校需在实践教学、拓展活动、毕业论文写作过程中挖掘学生此方面的潜能，支撑学生职后在此方面能力的发展。

各校要素间 LSD 多重比较分析，明确了维度一中要素1（德技并修）与要素6（教育责任）、维度二中要素8（数字设备、软件、平台）、维度三中要素11（数字教学设计）和要素12（数字教学实施）、维度四中要素15（保证公平获取）是各校易产生差距的重要指标，也是培养中的关键。维度五全国都处于较低水平，需进一步关注此维度能力的培养。此部分的分析明晰了每个能力维度培养的难点与着力点，明确了能力现状与需求的矛盾，为后续设计培育方案、确定培养时长提供了依据。

第二节　职教专硕数字胜任力现状调研总结

一、仍有相当数量职教专硕处于中等及以下水平且内部差异大

从全国职教专硕数字胜任力的整体水平来看，院校间存在较大差异，总分为4.095~4.910分，处于有点符合与比较符合之间。低于均分的职教专硕数量占48.59%，低于4分的占23.24%，除数字理念与态度情况较好以外，其他维度均有1/4以上人数处于有点符合及以下，仍有相当数量职教专硕数字胜任力水平不容乐观。其中数字理念与态度维度均值水平远高于其他四个维度，数字教育与教学和数字合作与发展两个维度的均值均低于整体均值，数字知识与技能和数字关怀与支持维度接近整体均值，其中数字关怀与支持维度全国普遍偏低，亟待关注，各维度内部差异性较大，需形成系统的数字胜任力培育方案以支持职教专硕能力的发展。

二、教学类竞赛与师范生背景影响职教专硕数字胜任力的发展

调研发现，参加过教学类竞赛的职教专硕在数字理念与态度和数字教育与教学维度与其他未参赛的有显著差异。LSD 分析证实数字理念与态度可推动其他能力维度的发展。教育与教学能力是职教专硕的关键能力，但却是所有维度中均值最低的，亟待提升。以赛促学可极大提升职教专硕此方面的能力。另外，师范生背景对于职教专硕数字胜任力提升也有一定的正向作用，鼓励教育硕士招生政策向师范生特别是职教师范生倾斜。

三、各院校间数字胜任力差异较大，需关注培养的系统性与侧重点

从院校区域分布来看，并不存在发达地区与数字胜任力水平高有直接关系，职教专硕数字胜任力水平受院校培养内容与方式的影响较大。通过对样本量在15人以上的院校进行单因素方差分析与维度和要素间 LSD 多重比较分析发现，除数字关怀与支持维度各校间不存在显著差异外，其他维度都存在显著差异，其中数字理念与态度维度能力的发展对于其他维度能力均有影响，数字知识与技能、数字教育与教学能力是重点分析院校中差异最大的两个维度。明确了维度一中要素1（德技并修）与要素6（教育责任）、维度二中要素8（数字设备、软件、平台）、维度三中要素11（数字教学设计）和要素12（数字教学实施）、维度四中要素15（保证公平获取）是各校易产生差距的重要指标，也是培养中的关键。全国职教专硕数字胜任力现状与能力需求在不同维度上均还有较大进步空间，后期应关注培养的系统性与侧重点。

第三节　本章小结

为了验证职教专硕数字胜任力模型的稳定性，拓展模型应用范围，更好地了解全国职教专硕数字胜任力水平，侧面了解各校数字胜任力培养状况，本章对全国2019年招收了职教专硕的42所培养院校发放了“职教专硕数字胜任力自评问卷”，回收289份问卷，其中有效问卷284份。

通过对全国职教专硕数字胜任力整体水平的描述性统计分析，发现全国职教专硕的整体水平处于有点符合与比较符合之间，低于均分的人数占48.59%，仍有相当数量职教专硕的数字胜任力水平不容乐观。单因素分析发现前置教育实习经历、师范生、职教师范生、参与竞赛对于职教专硕数字胜任力均有一定影响，但总体影响不显著。参与竞赛学生与未参与者虽然总体上不构成显著差异，但在数字理念与态度、数字教育与教学维度上存在显著差异。因此，鼓励职教师资培养院校招生政策向职教师范生倾斜，开展“4+2”或“4+3”的本硕连读项目；鼓励设置校级、地市级、省（区）级教学技能竞赛，以赛促学，提升职教专硕数字胜任力。

通过对样本量在15人及以上培养院校在数字胜任力总分与维度上的方差分析，发现全国职教专硕数字胜任力的水平参差不齐，学校培养是其能力发展的重要影响因素，亟待形成统一的系统化的数字胜任力培养方案指导各校研究生的培养。进一步开展的维度间LSD多重比较分析，再次证实了学校因素是造成职教专硕数字胜任力差异的重要因素；维度能力发展的相关性与系统性；数字理念与态度维度在职教专硕数字胜任力发展的重要性与贯穿性。对要素间LSD多重比较分析发现，维度一中要素1（德技并修）与要素6（教育责任）、维度二中要素8（数字设备、软件、平台）、维度三中要素11（数字教学设计）和要素12（数字教学实施）、维度四中要素15（保证公平获取）是院校培养中的关键，是各校易产生差距的重要指标。各地的职教专硕在维度五上都处于较低水平，需进一步关注此维度能力的培养。本章的研究为后续提出职教专硕数字胜任力培育方案与路径提供了依据。

第七章　职教专硕数字胜任力的培育

数字胜任力模型的应用应从实际出发，发挥其引领和诊断等积极功能，并指导教师教育相关课程内容的建设。本章基于第六章职教专硕数字胜任力测评数据，从模型维度间的结构关系出发，关注学校间易产生差距的重要因素与影响因素，系统规划职教专硕数字胜任力的培育，拓展胜任力模型的应用范围，明确模型拓展应用的路径。

第一节　职教专硕数字胜任力培养现状

一、研究现状

1. 依托通用信息化教学课程培养方式的研究与实践

目前对于教育硕士信息化应用能力培养的研究较少，关于数字胜任力的研究更是相当缺乏，仅师范生信息化应用能力培养相关的研究可为本章研究提供借鉴。对于师范生信息化应用能力的培养仍未脱离仅依托通用信息化教学课程的培养方式，有些研究探讨了通用信息化教学课程的现状与问题[269]；有些研究着重于通用信息化教学课程的内容体系[270，271]；有些研究着重于通用信息化教学课程的效果及影响因素，如高月[272]对通用信息化教学课程对师范生信息化教学能力的提升效果进行了研究并提出了相应的改善策略；陈小玲[273]研究了师范生通用信息化教学课程学习投入度及其影响因素；何济玲等[274]对通用信息化教学课程进行了综合研究，在教学目标、内容、方法与评价四个方面提出了改革建议。但仅依托一门课程实现学生数字胜任力的培养是远远不够的，研究者已经意识到当前对师范生信息素养的培养存在许多问题，诸如只注重技术层面，没有将教育理论和信息技术学科课程与发展整合起来，师范生对信息技术的运用只停留在简单的计算机操作上；没有帮助师范生将现代教育理念内化，使得师范生毕业任教后仍局限于传统的教学方法；忽视师范生教学系统设计意识的形成，造成师范生不善于从全域的高度把握教育教学过程等。

2. 综合培养方式的研究与实践

近年来，对于师范生信息化应用能力的培养开始关注综合构建，合力共育。杨慧提出将 Big6 信息问题解决模式的理论思想应用到师范院校的学科课程教学中，构建了 Big6 师范生信息素养教学的实施过程[275]。苏东伟和刘世清则认为师范生的信息素养培养不应将掌握基础知识和操作技能作为培养的最终目的，而应着眼于如何培养将信息技术用于教育、教学和学习的能力，提出了“中心·保障·推动力”模式，简称“CII 模式”，即“以课程体系为中心、以授课方式为保障、以评价体系为推动力”[276]。黄映玲[277]提出了课程学习、微格训练与教育实习“三位一体”的培养模式。这种模式基本已经在师范大学实现，对于师范生信息化能力具有一定的提升效果，但对学校相关课程组织依赖较大，各校培养的效果参差不齐。刘艳丽[278]基于师范生信息化能力标准，提出了体验、学习、实践、评价的生态化培养模式，突破了师范生信息化应用能力培养仅以通用信息化教学课程为路径的局限，但是缺少对这种模式的实践印证以及具体的政策设计与实施方案。

从有关师范生信息化应用能力培养的研究来看，学界已经意识到仅依靠信息技术课程提升学生信息化应用能力是不够的，需要在能力模型指导下构建系统的培养方式。但目前的研究存在缺乏对技术推动教育教学创新变革的作用挖掘、未能对新时期作为“数字原住民”一代的准教师进行准确的角色定位、缺乏培养模式对于实际培养指导的效果检验、尚未构建支持培养模式运行的保障条件等问题。

二、实践现状

课程体系是人才培养过程中的核心要素。它主导着培养工作中各项具体措施的实施，进一步回答了“教什么”和“怎么教”的问题[279]。学界呼吁基于能力模型开发模块化的职业教育教师培养课程体系，以满足职业院校师资队伍建设的需要[280]。虽然教职委规定了职教专硕的课程体系，但各校在具体执行时，相关教师会根据自身对此课程模块的理解进行授课，培养成效存在较大差异。第六章重点分析的十所院校除数字关怀与支持维度各校普遍分数较低，不存在显著差异外，其他维度都存在显著差异，需要系统规划指导各校有效推进职教专硕数字胜任力的培养。

通过对这十所院校职教专硕负责人进行系统访谈，结合收集到的人才培养方案与教学大纲，可将目前职教专硕数字胜任力课程体系归为以下三种类型：以信息技术课程为主导的拼凑体系、以专业学科为主导的拼凑体系、信息技术课程与专业实践课程并举的融合体系。

1. 以信息技术课程为主导的拼凑体系

1）特点

以信息技术课程为主导的拼凑体系的主要特点是培养院校并未在培养体系上形成系统的数字胜任力提升方案，仅通过教职委指导性培养方案中的信息技术应用选修模块的教学来体现数字胜任力的培养，其他的课程与实践设计并未与该课程形成合力共同促进职教专硕数字胜任力的发展。

2）分布

此体系较多存在于师范院校，以 X 校为例，X 校是教育部批准成立的“全国重点建设职业教育师资培养培训基地”，也是经当地省教育厅批准成立的“职业教育师资培养培训基地”。2013年获批成为当地唯一职业学校教师在职攻读硕士学位研究生培养试点单位，2015年获批成为首批全国43所教育硕士（职业技术教育）专业学位研究生试点单位之一。X校拥有专门的职业教育师范学院，职教专硕培养的全过程均由学院负责开展，无论专业课还是教育类课程都在此学院完成，学制为3年。

3）课程体系

此类院校并未特别关注构建职教专硕数字胜任力的培养体系，只是根据教职委指导性培养方案中设计的信息技术应用选修模块，设计了《职业教育数字化资源建设与应用》（36学时，选修中必选课程）、《信息化教学模式及应用》（36学时，选修中非必选课程）两门与该能力直接相关的课程。除此以外，专业必修课中《专业教学设计与案例分析》《专业教育测量与评价》《专业领域发展前沿专题》部分内容涉及数字教学、数字合作与发展维度的内容，选修课《中职班级管理与班主任工作》涉及少量数字教育维度内容。

《职业教育数字化资源建设与应用》包含数字化教学媒体、信息技术与学科课程的融合、数字化教学资源的设计和开发、MOOC与应用、智慧教育环境及其应用、虚拟实境技术及教育应用、移动学习及其应用、数字化教材的设计与制作、微课的设计与制作、APP及其教学应用、视频教学资源的摄制、视频教学课件的编辑等专题，涉及较多的数字化资源建设与应用，旨在让学生掌握数字资源的建设和使用方法。课程采用项目式教学，将职教专硕今后在中职学校涉及的各种教育技术进行分解，每个技术或技术单元作为一个训练项目，首次课程为教师示范教学，后面的课程由学生自主选择专题进行分享，教师进行总结的形式开展。与该课程相辅相成培养学生专业数字教学能力的课程《专业教学设计与案例分析》，包含教学设计概述、教学设计的理论基础与过程模式、教学目标分析与设计、学习者特征分析、教学模式与策略的选择和设计、教学内容分析与设计、教学方法与设计、学习环境设计、教学评价与设计、教学设计案例分析与撰写等专题，其中与数字化相关的内容仅有教学模式与策略的选择和设计、学习环境设计两个章节中的部分内容，共计6学时。

最后通过企业实践模块（包含行业企业调研、职业资格培训鉴定、企事业单位实习）、教育实践模块（包含教学技能实训、职业教育调查、中职学校实习、教育研习）的课程，根据全日制专业学位研究生专业实践管理办法和教职委实践指导意见，形成了较为系统的实践教学过程管理方案，细化了教育实践模块（4学分）和企业实践模块（4学分）的学分分配（表7-1）。教育实践模块要求学生在学习期间参加学院安排的教学技能实训、职业教育调查、中职学校实习、教育研习等实践活动。到中职学校参与实践的时间总计不少于三个月。企业实践模块包括行业企业调研、职业资格培训鉴定、企事业单位实习等实践活动，到企业部门实践的时间总计不少于三个月。

表7-1　实践教学学分分配

模块	序号	实践内容	学分
教育实践模块	1	教学技能实训	1
	2	职业教育调查	0.5
	3	中职学校实习	2
	4	教育研习	0.5
企业实践模块	1	行业企业调研	0.5
	2	职业资格培训鉴定	0.5
	3	企事业单位实习	3

规定了职教专硕实践教学的形式包括教育见习、校内实训、教育实习和企业实习。培养方案中明确了实践教学的形式与内容、实践教学时间安排、实践教学考核办法、实践教学保障措施等内容，对职教专硕的实践教学进行规范，提升了职教专硕的教育与教学能力，间接提升了其数字胜任力。

4）评价

通过分析发现，X 校开设的《职业教育数字化资源建设与应用》《专业教学设计与案例分析》两门课程的教学内容都较为翔实，但课程之间缺乏相应的衔接，在《专业教学设计与案例分析》课程中并未涉及数字化资源的应用，两门课程在学生数字胜任力培养方面并未形成合力，导致 X 校学生在数字理念与态度、数字知识与技术、数字教育与教学维度的分数都较低，但受 X 校长期系统的实践课程体系的正向影响，其学生在数字关怀与支持、数字合作与发展维度的分数都处于前述参与差异分析的10所学校中中等偏上的水平。

2. 以专业学科为主导的拼凑体系

1）特点

以专业学科为主导的拼凑体系的主要特点是培养院校并未在培养体系上形成系统的数字胜任力提升方案，教职委指导性培养方案中设计的信息技术应用模块以专业课程中涉及的技术为主，未太多涉及教育技术的应用，其他的课程与实践设计并未与该课程形成合力共同促进职教专硕数字胜任力的发展。

2）分布

此模式较多存在于理工类大学和综合性大学，Y 校下设职业技术师范学院，主要开展职业教育师范生培养、职业教育研究和职业院校师资培训工作。现有教育学一级学科硕士学位授权点，高等教育学、职业技术教育学、教师教育学3个二级学科硕士学位授权点和职教专硕学位授权点。其中职业技术教育学科研位列全国前茅。Y 校具有较丰富的职教师资培养培训经验，从2016年开始招收职教专硕，其不同方向学生在不同院系进行培养，专业课程在学生所在学院完成，教育类课程在教育学院完成，两个学院共同培养职教专硕，学制为3年。其课程设置围绕专业学科设计较为典型，因此以 Y 校财经商贸方向为例对该体系进行介绍与分析。

3）课程体系

Y 校职教专硕课程分专业开设，针对不同专业，有“公共基础课＋学科基础课＋学科专业课＋公共选修课＋专业选修课＋实践环节＋研究环节＋补修课”不同课程模块，以多元化课程培养具有较强教育教学实践和研究能力的高素质中等职业学校教育教学人才。学科基础课模块中以《专业教学设计与案例分析》（24学时，1.5学分）为核心，其他课程辅助，培养学生数字理念与态度、数字教育与教学、数字合作与发展维度的能力；学科专业课模块中以《教育研究方法》（32学时，2学分）和《数学建模应用》（32学时，2学分）巩固学科基础，公共必修课模块中《学术道德与论文写作指导》（16学时，1学分）和公共选修课中《文献检索》（16学时，1学分）强化教学成效，辅以专业实习、学术讲座、创新论坛促进学生数字合作与发展维度的能力发展；专业选修课中以《执行信息系统》（32学时，2学分）和《现代教育技术》（32学时，2学分）课程，培养学生数字知识与技能，以教育见习—校内实训—教育实习等环节培养学生数字关怀与支持的能力。

教学实施以课堂讲授为主，对于部分简单文字性叙述的章节要求学生自学。在课堂教学过程中，通过课堂讨论、课外作业、自学以及生产实习等实践性环节共同培育学生的数字胜任力，加深学生对相关知识的理解和巩固，使理论知识更紧密地结合生产实际。

以专业学科为主导的拼凑体系虽然在既定培养方案中教育类的课程占比较大，但由于工科类学校的师资优势，就算开设了教育类课程依然以专业技能教学为主。以《专业教学设计与案例分析》为例，初衷是帮助职教专硕理解专业教学法的基本原理，理解教学模式、教学方法、教学原则、教学实施、教学媒体等基本概念，能够根据教学内容、教学对象、教学环境选择，运用符合中职教育的教学方法，并通过教学案例分析，使其获得与专业方向相适应的专业教学能力[281]。但由不同学院完成教学任务的培养院校容易在专业与教育融合的课程中偏向于专业教学，或简单地拼凑，而不能直接培养体现职业学校专业教师核心能力的，建立于专业教学理论、专业教学方法之上的专业教学能力[282]。技术类和研究方法类课程也偏向于基于专业的技术能力和专业研究能力培养，对于教育中所需要使用的数字技术较少涉及，因此Y校研究生的数字教育与教学、数字关怀与支持能力较弱。

4）评价

专业选修课《现代教育技术》与《执行信息系统》，一门课程是培养学生对教育技术的掌握与应用，另一门是培养学生对专业相关技术的掌握与应用，两者相辅相成，但从两门课的教学大纲来看，前者泛泛而谈，缺乏实操与应用环节的设计，后者则较为全面，能较好实现教学目标。在这样的教学倾向下，很容易导致学生产生专业技术高于教育技术的误解。核心课程《专业教学设计与案例分析》较多地从专业学科的角度设计课程，缺乏对中职课堂与学生的分析，教学目标明确为培养职业技术教育领域需要的具有专业理论基础和实践应用能力的高级应用型专业管理人才，定位较为模糊，将培养职教师资与培养专业技术人才混淆，课程中涉及的数字技术多半与专业相关，教学方法较为传统，未能在教学中起到示范作用。教育技术的缺位，使职教专硕在今后中职教学实践中困难重重，实践教学的负荷加重，通过测量发现Y校学生数字胜任力水平均不太理想。

3. 信息技术课程与专业实践课程并举的融合体系

1）特点

信息技术课程与专业实践课程并举的融合体系主要特点是培养院校在培养体系上形成了系统的数字胜任力提升方案，注重职教专硕“职业性”“师范性”“专业性”“研究性”与数字技术的有机融合，努力建设数字化教学能力实训环境与基地，开设系列与数字化教学能力相关的培养课程，课程教学环节内部有机衔接，学生可“按需选学”“时时能学”，实现“全过程数字化渗透”。

2）分布

此模式较多存在于具有丰富职业教育教师培养经验的院校。以Z校为例，其坚持“动手动脑、全面发展”办学理念，培养了7万余名高素质职教师资和应用型高级专门人才，首创实行“双证书”制，培养“一体化”职教师资和“本科+技师”的应用型人才培养新模式；形成本硕博全层次职教师资培养体系，培养出我国首批“双师型”本科、硕士和博士；推进大类招生，突出厚基础、个性化、小班化培养，设立卓越师资班、工程实践教育实验班。Z校下设职业教育学院，主要负责职教专硕培养管理，从2016年开始招收职教专硕，其不同专业方向学生在不同院系进行培养，专业课程在学生所在学院完成，教育类课程在职业教育学院完成，学制为3年。其课程设置注重数字技术课程与专业实践并举融合，实现全过程数字化渗透。

3）课程体系

Z校职教专硕课程分专业开设，针对不同专业，有“公共基础课+学科基础课+学科专业课+公共选修课+专业选修课+实践环节+研究环节+补修课”不同课程模块，在课程体系上突出跨学科性。以加工制造专业为例，这种跨学科课程体系既要为学生提供基于教育学、心理学、机械工程或电气工程等学科领域丰富的专业知识、方法论知识、交叉学科知识，又要为学生发展专业能力、跨学科实践能力提供必要的支撑，使学生在校外实践中都能够从教育学、心理学、机械工程、电气工程等广泛的学科视野入手，深入地诊断、评估、解决职业院校专业教学改革中面临的诸多问题，成为真正的具有跨学科视野、跨学科专业能力、跨学科专业知识及社会责任感的职业院校的专业带头人和领军人才。针对既定的培养方案Z校还建立了跨专业选修课程补修计划，对招收的研究生本科背景设置了1~2门跨专业选修课程，尽量照顾不同背景学生的差异性。为更好地体现课程体系的跨学科性，Z校还设计了专业课程与教学研究、专业教育专题研究等专业选修课程。

Z校在实践课程上充分体现了“专业实践能力培养”，围绕这一目标，构建了“校内理论学习+应用实践”与“网络学习+项目实践”相结合，校外教育实践活动一体化的教学体系，设计开发了系列数字化教学技能训练项目和竞赛活动，通过网络研修平台和微格教室的使用，实现了“数字化专业实践能力”的提升。其整个人才培养过程贯穿大量的、长时间的专业实践，包括系统的技能培训实践、工程实践和教育实践等。其中，技能培训实践时间至少3个月，技能实践的要求是“掌握与所从事专业领域相关的职业技能，并取得技师及以上职业资格证书”；教育实践则是到职业院校一线，时间不少于3个月，要求是“参与职业院校相关专业的教育教学及专业建设和课程开发工作”。其过程管理与评价标准的细化，使实践教学活动安排落到了实处，切实提升了职教专硕的数字化专业实践能力。

4）评价

为培养未来中职学校需要的智能型教师，Z 校重构了培养职教专硕信息化教学能力 / 数字胜任力的课程体系，形成了2+X 课程结构。其中，2是职教专硕必修的两门与数字胜任力相关的主干课程（《现代教育技术》《专业教育设计与案例分析》）; X 是培养学生运用信息技术优化教学与转变学习方式的一系列相关课程，如专业教育测量与评价、专业领域发展前沿专题、微课设计与制作等。主干课程主要培养职教专硕的数字理念与态度、数字知识与技能，数字教育与教学等能力; X 系列课程则根据不同专业学生特点，重点培养学生数字合作与发展的能力，促进研究生专业发展。在课程内容的选择和安排上，Z 校主要开展“项目课程”，即以典型产品或服务为载体让学生学会完成完整工作过程的课程模式[283]，遵循以具有解决实际问题导向的“项目”为单位来设计和编排课程内容，每一相对独立的“项目”都会涉及跨“教育学”与“工学”的知识、能力等内容，以工作过程中知识、能力的组织方式来设计编排，充分体现了课程组织形式的职教特色。在“职业性”与“师范性”充分融合时，关注数字技术对于教学环节的创新性效应，一方面培养过程达到了数字技术与专业充分融合，另一方面使学生在今后的专业发展中得到优质的教学示范。经过系列课程的设置与培养，Z 校学生数字胜任力培养效果在采样的10所院校中名列前茅，可为数字胜任力课程建设方案的设计提供技术思路。但从 Z 校学生的数字胜任力得分来看，总分未达到5分

（6分为满分），数字理念与态度、数字关怀与支持、数字合作与发展维度得分较低，仍有较大的提升空间。

综上所述，各校在培养学生数字胜任力水平时还存在较大的内部差异，课程组合体系基本可分为以信息技术课程为主导的拼凑体系、以专业学科为主导的拼凑体系、信息技术课程与专业实践课程并举的融合体系，各校根据自有资源适应性地组织课程，基本遵循“信息技术模块课程—专业教学设计与案例分析等专业课程—实践课程—拓展活动（教学技能大赛等）—毕业论文”这一培养思路。希望通过“通识＋专业＋实践”依次递进的方式促进研究生能力的提升，但却忽略了课程间的有机衔接是推进“三段式”培养的重中之重，由于课程间存在割裂，每个模块教师间缺乏沟通机制，无法形成合力育人的效果，培养成效均不够理想。

以上问题的产生根本在于缺乏系统的数字胜任力指导模型及其较为详细的应用方案。职教专硕的培养需具有“学术性”“职业性”“师范性”三性融合的特点[284]，其跨学科培养提升了职教专硕的培养难度，如果仅依赖传统的培养方式，不关注技术对于培养的重要作用，就不能使“三性”培养的效能达到最优化。培养院校需转变培养理念，改变以单一技术类课程培养学生数字胜任力的观念，可以Z校的经验与学生数字胜任力现状数据的启示，基于数字胜任力模型建立全方位、全过程、全员参与的高校数字胜任力培养体系。关注职教师资有效地整合技术支持自身学习、教学实践与专业发展，其最终目的是支持职业院校学生更高效地学习。基于此，配套的数字胜任力课程建设方案首先需要转变职教师资的观念，“以学习者为中心”，充分让其关注技术如何在提供持续的专业学习机会、保证学生公平获取技术与资源、尊重学生差异个性、促进学生积极参与学习、确保学生有效管理与组织信息等方面发挥作用。培养过程中体现职教专硕学习过程中的能力升级，兼顾能力评价与条件保障，使教师与学生充分感受其对于教学与学习的创新作用，充分发挥不同教师教育者的数字示范作用，利于学生辩证地、多元地选择教学方式，开展创新性教学实践与专业实践，这会对学生数字胜任力各维度的能力发展产生深远影响。

第二节　职教专硕数字胜任力培育方案

美国教育部教育技术办公室提供了一个职前教师数字胜任力提升的指南：第一，模型 / 框架指导；第二，教师教育者积极使用技术，作为职前教师的技术榜样；第三，提供基于情境的学习项目，包含实习；第四，营造技术融入教学的应用文化与保障机制[285]。为设计职教专硕数字胜任力课程建设方案提供了思路。

一、职教专硕数字胜任力课程建设方案

借鉴西班牙核心能力与课程整合的关键流程[286]。第一，通过定义核心能力，将其与专业课程深度融合。通过系统方法确定的职教专硕数字胜任力要素描述是对二级指标的定义与描述，结合研究生教学与学习情境进行设计能将其更好地整合至后续的课程。第二，通过共享结构化的项目 / 任务，整合活动与练习生成课程。课程的组织需设计成融合技术的项目 / 任务，此处的关键是寻找最合适的项目 / 任务以确保学生获得数字胜任力，这是将设计的课程转化为有效课堂教学的核心，被称为教学转换[287]。因此，职教专硕数字胜任力的培养在课程设计与组织上应是项目式的。第三，管理课程的方式关键是整合不同的教学模式与方式。一方面强调确定不同教学模式和方式的教育价值，以此构建最合适的教育实践[288]；另一方面指出教育就是建立学习条件的过程，需要建设有利于课程整合的教学情境。培养院校应尽可能为研究生能力提升创设培养环境，更关键的是教师教育者在实践中创造利于技术融入课程的学习条件，即情境设置。启示在课程体系构建时关注情境的创设与环境的支持。第四，整合标准与工具来评价核心能力。强调评价标准的重要性，项目的实施完成需要成果来体现，这个成果远远高于分数的价值，它是能力融合的结果，在设计项目课程时成果评价必不可少。第

五，整合正式与非正式的课程。这是教育系统中利益相关体的共同承诺，如果研究生培养相关者都能意识到数字胜任力培养的重要性，并积极创设有利的情境支持学生在此方面能力的发展，以适当的课外活动促使学生积极参与其中，进而提高自身能力。第五个关键流程提到了两个对学生能力提升起到促进作用的因素，一是创设积极的社会影响，无论在校内还是在校外都能给学生传递技术的重要作用，这一方面需要培养院校、实习院校、企业等利益相关体提供环境支持，另一方面需要导师团队在理念、态度与行动上的影响；二是深度挖掘拓展活动作为非正式课程的重要形式对于研究生能力提升的促进作用。

借鉴国外核心能力与课程体系整合的路径，构建职教专硕数字胜任力课程建设方案。把握技术模块课程在职教专硕数字胜任力培养中的关键地位，充分发挥其他专业课程的合力培育价值，打破“通识＋专业＋实践”三段式培养中“各自为政”的格局，实现多位一体，合力培养的和谐局面。

从课程建设方案来看，职教专硕数字胜任力培养并不是一门课或者一项活动就能解决的，而是需要将数字胜任力各维度能力要求融入技术教学与专业教学的各环节，强化显性课程的育人功能，细化隐性课程的助力价值，构建系统化的育人格局。具体来说，就是将维度描述转换为课程目标，以课程目标为核心细化教学重点，基于教学情境选取教学任务，明确任务成果，并提出对能力提升有效的辅助活动和课时建议。

1. 数字理念与态度的培育

将数字理念与态度的培育贯穿于四个阶段。明确该维度能力课程目标是使学生树立未来数字时代发展需要的基本理念，并认识到数字技术对于学习、教学等方面的重要性，具有学习、应用数字技术的意识与态度（表7–2）。以此细化教学重点，显性课程与隐性课程合力共育。其中德技并修、教育责任权重较大，且是各校易产生差异的要素，重点安排显性课程与隐性课程予以强化，授课教师通过诸如大国工匠、感动中国人物等的案例分析和突发事件处理、应急处理预案的撰写开展合作式学习项目。其他要素主要是通过导师组示范与影响和营造小组反思提升文化来培育。为更好营造数字应用文化，配合教学技能大赛、小组反思活动、研究生沙龙等活动强化职教专硕数字理念与态度的培育。

研究生课程课时安排一般有54学时、36学时和18学时，数字理念与态度由于总体权重较高，在所有维度中排名第二，因此建议该维度学时为54学时，全程贯穿于其他四个维度。

2. 数字知识与技能的培育

此维度一方面要求学生作为数字公民，具备能有效和负责任地借鉴、使用、开发和共享数字资源的知识与技能；另一方面要求学生作为专业工匠，熟练掌握所教授专业对应职业所需的数字知识与技能（表7-3）。在数字知识方面，以了解数字化教学的相关概念与学生需求为主，由于不太涉及专业教学的内容，因此在显性课程《职业教育课程与教学论》（36学时）中讲授一部分内容，通过权重测算，大概分配9学时讲授，$36\times0.2647\approx9.53$［学时计算原理借鉴了质量功能展开（quality functional deployment，QFD）方法[289]，在此不做赘述］，以微课学习成果汇报讨论、职业院校案例分析为主，同时也需要注重导师组示范与影响。

数字设备、软件、平台由于权重较高，涉及对数字设备、软件和平台的掌握，又属于职教专硕数字胜任力的薄弱环节，因此设计了智慧教学系统的使用与维护、电子白板的使用等数字技术运用项目，数字化教学案例研讨与设计项目等应用类在线公开课程给学生自学，以弥补该模块课时的不足。根据该维度的权重，建议设计12学时的课程。数字资源要素同样权重值较高，因此设计了数字资源设计与开发项目、数字图像的收集与管理、数字视频的收集与管理等实操项目，大概9学时。数字管理部分主要以案例分析和项目实操等形式设计任务，约6学时。

表 7-2 职教专硕数字胜任力课程建设方案——数字理念与态度维度

阶段	维度	权重	课程目标	要素	权重	教学重点	教学任务	任务成果	课程模块	辅助活动	课时建议
全程贯穿	数字理念与态度	0.2268	使学生树立未来数字时代发展需要的基本理念，并认识到数字技术对于学习、教学等方面的重要性，具有学习、应用数字技术的意识与态度	德技并修	0.3254	（1）充分挖掘课程中的思政意蕴，培养学生的师德修养	案例分析：大国工匠、感动中国人物等	分析报告	显性课程：思想政治理论中的师德修养模块	（1）教学技能大赛； (2)小组反思； （3）研究生沙龙	54学时
						（2）用社会主义核心价值观引导学生开展专业技术学习			隐性课程：全过程融入专业教育课程；导师组示范与影响		
				绩效期望	0.1349	使学生认同数字技术给教育教学带来的改变，愿意实践以达到优化和提升教学质量的目的			隐性课程：导师组示范与影响		
				努力期望	0.0842	使学生相信主动学习就能很好地掌握教学所用的数字技术			隐性课程：激励措施		

续表

阶段	维度	权重	课程目标	要素	权重	教学重点	教学任务	任务成果	课程模块	辅助活动	课时建议
				环境影响	0.0774	帮助学生形成正向激励自身使用数字技术、主动自觉地提高自身数字技术的意识			隐性课程：导师组示范与影响；营造小组反思提升文化		
				发展态度	0.1319	帮助学生形成不断更新自身知识，提升能力的积极态度			隐性课程：导师组示范与影响；营造小组反思提升文化		
				教育责任	0.2463	（1）了解职业教师职业操守	案例分析：大国工匠、感动中国人物等；合作式学习：突发事件处理、应急处理预案的撰写	课程汇报 / 分析报告	显性课程：思想政治理论中的师德修养模块，如引导学生解决道德两难问题		
						（2）突发数字伦理事件处理。运用数字技术优化教育教学效果，努力完成对学生的知识传授、立德树人、价值引领、素质提升			隐性课程：全过程融入专业教育课程；导师组示范与影响		

表 7-3 职教专硕数字胜任力课程建设方案——数字知识与技能维度

阶段	维度	权重	课程目标	要素	权重	教学重点	教学任务	任务成果	课程模块	辅助活动	课时建议
采纳	数字知识与技能	0.1945	学生作为数字公民，能有效和负责任地借鉴、使用、开发和共享数字资源所具备的知识与技能，用于教学、学习和管理目的	数字知识	0.2647	（1）了解数字化教学的概念与相关理论知识，如说明和演示常用硬件的使用方法等	微课学习成果汇报讨论；案例分析：职业院校课堂实录	课程汇报	显性课程:《职业教育课程与教学论》	（1）教学技能大赛；（2）小组反思；（3）研究生沙龙；（4）在线课程自学：智慧教学系统的使用与维护、电子白板的使用等数字资源学习环境的运用等课程	9学时
						（2）了解职业院校学生的认知特征、学习基础、学习特点及技术需求			隐性课程：导师组示范与影响		
						（3）理解数字化教学的理论基础及主要模式（元认知）					

续表

阶段	维度	权重	课程目标	要素	权重	教学重点	教学任务	任务成果	课程模块	辅助活动	课时建议
				数字设备、软件、平台	0.3154	（1）掌握常用数字设备和与学科教学相关的数字设备的操作，如数控车工设备等，在出现技术故障时能及时排除，尽量减少对课程的干扰	项目实操：智慧教学系统的使用与维护、电子白板的使用等数字技术运用项目；数字化教学案例研讨与设计项目等	汇报展示制作的数字产品	显性课程：技术应用模块课程，增加数字伦理内容，如引导学生发现并管理互联网行为和警惕网络安全问题等；隐性课程：导师组示范与影响；营造小组反思提升文化		12学时
						（2）熟悉网络协作软件、学科软件与常用教学软件的操作。如采用适合学科专业领域的套装软件，鼓励学生进行深层次的思考					

续表

阶段	维度	权重	课程目标	要素	权重	教学重点	教学任务	任务成果	课程模块	辅助活动	课时建议
						（3）熟练使用网络教学平台、家校交流平台与学习管理系统。如利用数字设备建立包括学生和教师的网络，让师生能够共享数字资源，并协作开展课程活动；使用学校或项目管理平台采集分数、生成报告和记录出勤情况					

续表

阶段	维度	权重	课程目标	要素	权重	教学重点	教学任务	任务成果	课程模块	辅助活动	课时建议
				数字资源	0.2559	（1）能识别、评估、选择教学和学习的数字资源	项目实操：数字资源设计与开发项目；数字图像的收集与管理、数字视频的收集与管理等				9学时
						（2）能修改、合作开发或独立开发数字教学资源，并将自有资源与他人共享					
				数字管理	0.1640	（1）能熟练地收集、管理、处理和分析资料，确保个人信息和教育资料安全	案例分析：道德两难案例；项目实操：网络资源搜索与管理项目等	反思笔记			6学时
						（2）遵守信息伦理，抵制网络暴力、淫秽信息、虚假信息等，加强知识产权保护意识，营造健康的数字环境					

该维度能力除了数字知识在《职业教育课程与教学论》课程教授外，其他部分需在选修课技术应用模块课程（至少36学时）中完成，模块课程注意增加数字伦理的内容，如引导学生发现并管理自身的互联网行为、警惕网络安全问题等。最终以学生制作的数字产品作为该维度能力培育的成果，在实践训练的过程中使学生逐步形成对于教育责任的理性认知。

3. 数字教育与教学的培育

数字教育与教学能力的培养，要求学生能合理地将数字技术运用于专业教学、实习实训组织、社团活动与班级管理，并借助数字化过程性评价，开展动态监测，不断优化教育教学效果（表7-4）。该维度全国职教专硕均分4.38分，是所有维度中得分最低的，也是最重要的能力之一，直接决定了准教师是否能够很好地胜任职业院校的教育教学工作。由于数字知识与技能维度的提升对于数字教育与教学能力的提升有正向影响，建议涉及该能力培养的课程与技术应用模块课程整合，在技术应用模块教学的后段增加部分数字教学设计的内容，一方面可弥补该维度学时的不足，另一面可以形成合力共育的效果。

数字教学设计部分在该维度的权重为0.3874，是所有能力中权重最高的要素，数字教学实施的权重为0.3403，两者都是各校易产生差异的重要能力，涉及的教学要点较多，因此打通设计，兼顾评价。建议设计职业院校专业教学案例分析课程，分析教学设计、教学实施、教学评价的优缺点，加深认知；开展教学设计与实践等项目实操，巩固技能；并鼓励学生对比普通非技术融合的教学设计，就数字技术与教学深度融合的教学设计、模式、实施与评价等进行集体反思，提升元认知。此部分至少设计38学时。

表 7-4 职教专硕数字胜任力课程建设方案——数字教育与教学维度

阶段	维度	权重	课程目标	要素	权重	教学重点	教学任务	任务成果	课程模块	辅助活动	课时建议
适应	数字教育与教学	0.2843	学生能合理地将数字技术运用于专业教学、实习实训组织、社团活动与班级管理，并借助数字化过程性评价，开展动态监测，不断优化教育教学效果	数字教学设计	0.3874	（1）采用数字技术分析学情与专业教学的内容，编写教育教学目标 （2）能利用数字技术创设信息丰富、吸引学生的新型实验、实训、实习教学环境 （3）根据教学内容和目标选择基于项目的数字化资源、平台、教学方法和教学组织形式等	案例分析：职业院校专业教学实录，分析教学设计、教学实施、教学评价的优缺点；项目实操：教学设计、实施实践；集体反思：数字技术与教学深度融合的教学设计、模式、实施与评价，对比与普通非技术融合的差异	数字技术支持的教学设计方案；说课	显性课程：专业教学设计与案例分析模块，至少包含数字技术引领教学变革案例；数字教学设计案例感知与实践（含概述、教学设计的主要模式、教学设计模式的要素等内容）；数字教学评价；数字教学反思。 隐性课程：导师组示范与影响；营造小组	（1）教学技能大赛：课件设计与开发大赛、交互式白板教学大赛、微课大赛、数字化教学资源设计与开发大赛、实践创新能力大赛等； （2）小组反思； （3）研究生沙龙； （4）在线课程自学：数字化教学案例研讨与设计项目、数字资源设计与	20学时

续表

阶段	维度	权重	课程目标	要素	权重	教学重点	教学任务	任务成果	课程模块	辅助活动	课时建议
						（4）至少能够将一种数字化教学模式（理实一体、工学结合的虚实融合教学模式；校企合作教学模式；自主学习、协作学习、探究学习等）应用于职业院校课堂教学			反思提升文化	开发项目等，增加与数字技术有关的道德两难案例； （5）职业院校课堂观摩； （6）职业院校名师经验分享	
						（5）制订基于项目的教学计划和学习活动，让职业院校学生进行论证、协作，并解决实际问题					

续表

阶段	维度	权重	课程目标	要素	权重	教学重点	教学任务	任务成果	课程模块	辅助活动	课时建议
				数字教学实施	0.3403	（1）实施基于项目的协作式教学计划，指导学生顺利完成项目					18学时
						（2）掌握数字技术与职业教育教学活动的合理融合					
						（3）引导学生利用虚拟、增强与混合现实技术支持实验和实训教学					
						（4）利用数字技术指导与支持职业院校学生开展专业实践活动和职业技能竞赛					

续表

阶段	维度	权重	课程目标	要素	权重	教学重点	教学任务	任务成果	课程模块	辅助活动	课时建议
				数字教学评价	0.1772	（1）了解数字化教学效果的评价理论	项目实操/案例分析：利用具有人工智能辅助分析功能的平台，如学习管理系统，获得学情分析资料、学生参与情况等统计资料				9学时
						（2）制订并应用评价量规，评估职业院校学生对于概念、技能和过程的理解程度					
						（3）利用技术创建至少一种评估方案，包括档案袋评估、思维导图、审查和反思工具以及同伴评估					

续表

阶段	维度	权重	课程目标	要素	权重	教学重点	教学任务	任务成果	课程模块	辅助活动	课时建议
						(4)能将动态监测(教学过程监测、学情分析、学业水平诊断和学习资源供给等)形成的多模态资料用于支持教学与育人					
				数字班级管理	0.0952	(1)运用数字技术开展线上线下相结合的育人和德育活动	案例分析：职业院校专业教学实录，分析班级管理的优缺点		显性课程：学生指导和班主任工作模块、实践教学模块；隐性课程：导师组示范与影响；营造小组反思提升文化		3学时
						(2)采用数字技术模拟职业生涯，开展就业创业指导					
						(3)利用通信工具对学生进行必要的心理干预与疏导					

数字教学评价部分虽然权重较低，但随着人工智能技术的发展与教育评价改革的深入，需要职业教育教师开展多模态精准评价。因此在职前教育阶段，教师教育者也需要敏锐捕捉到这一趋势，利用案例分析或者项目实操帮助职前教师利用具有人工智能辅助分析功能的平台获得学情分析资料、学生参与情况等统计资料，并将此数据用于教学设计或者学生能力评估中，这样的内容建议设计9学时。

以上三项内容属于专业教学设计与案例分析模块的重要内容，需要重点解决。同时关注隐性课程的育人价值，鼓励导师组的积极示范与影响，营造小组反思提升文化。辅以教学技能大赛、小组反思、研究生沙龙、在线课程自学、职业院校课堂观摩、职业院校名师经验分享等活动，增强培养效果。

调研显示，丰富的拓展活动有利于提升学生数字胜任力水平，特别是数字教育与教学能力。目前教职委针对全国教育硕士开设了“田家炳杯”全日制教育硕士专业学位研究生教学技能大赛，包含职教赛道，重要的评价指标就是数字技术是否深入融合专业教学，虽然获奖名额有限，但比赛促进了各培养单位关注职教专硕数字教育教学能力的培养，以赛促改，起到了较好的效果。

基于此思路，各校可根据学生所处阶段自行组织学生参与课件设计与开发大赛、交互式白板教学大赛、微课大赛、数字化教学资源设计与开发大赛、实践创新能力大赛，形成稳定的“班—校”竞赛制度，班级内部进行初赛，校内决赛，班级竞赛可要求人人参与，充分调动职教专硕提升自身数字胜任力的自我效能感。通过大赛指导教师的指导，与其他优秀研究生同台竞技、交流心得，职教专硕可不断改进不足，促进反思，拓展自身数字胜任力边界，强化数字理念与态度，在实践中发展数字教育与教学、数字关怀与支持等能力。

数字班级管理属于职业教育教师的重要工作，但由于职教专硕尚处于职前阶段，对于班级管理这样需要具备较高教育智慧的工作较难胜任，因此权重较低，可嵌入“学生指导和班主任工作”选修模块和实践教学模块以加深理解。

4. 数字关怀与支持的培育

数字关怀与支持维度主要是学生培养职业院校学生对利用数字技术获取知识的公平性予以保障，以人为本，尊重职业院校学生的个性化学习需求，促进其积极有效地参与数字化学习过程，逐步掌握职业所需的数字技能，并能规范地制作数字化学习成果（表7-5）。由此可见，此能力习得的场域主要在职业院校。职教专硕通过前期的学习已经基本形成“以学习者为中心”的理念，但要落实此理念必须基于真实情境的实践。通过前期调研发现，全国职教专硕此项能力总体偏低且内部差异较小，说明培养院校对此方面能力的培养与职业院校对职前教师的要求不匹配。虽然高校已经意识到实践对于教师教育的重要作用，要求实践教学环节不少于半年，并设计了较为详细的指导方案与评价体系，但由于培养理念尚未转变，未充分发挥教师教育者的示范作用，导致培养效果不够理想。本书根据课程目标细化了教学重点，指导职教专硕在具体实践中审视是否将“以学习者中心”的理念融入专业实践中。此阶段能力的掌握实质上对于职后教师都有一定的难度，在未进行教学干预的情况下，教师至少需要3年的时间才会逐渐将自己的教学重心转移[290]，因此为了提升实践教学的影响，并与前期培养形成互相支撑的效果，设计了贯穿学习生涯的职教感知（见习）、职业体验（研习）、教育见习 + 企业实习（实习）三大环节。职教感知环节，即通过观看教学实录、中职课堂观摩、专家讲学、优秀毕业生分享等形式，熟悉中职学校数字化教学环境，感知中职教师数字胜任力的基本要求；职业体验环节，即在日常教学中进行实践，“学中做”，操作接轨中职的数字管理平台、使用多样化数字资源，结合专业特色，开展数字化教学设计、教学实施、教学评价，使学生在教、学、做一体化教学体系中实现模拟实训，完成职业体验。教育实习 + 企业实习环节，运行学校教师和实习基地教师合作的“多导师”制，通过网络研修平台实现实习过程远程指导与交流研讨，帮助职教专硕开展反思实践，从关注教学本身，逐渐迁移至关注学生，从关注专业技能提升逐渐迁移到关注数字化专业教学，尊重职教学生差异个性，确保学生公平获取和有效使用教学资源，积极参与到课堂教学中，让职教专硕在学习与实践中，逐渐形成教育智慧。另外，保证公平获取权重值（0.1762）最低。保证公平获取权重值是各校最易产生差距的指标，一方面受制于各校数字化校园的建设水平，另一方面受制于准教师的数字态度与理念。教师教育者需要充分引导、激励、示范研究生使用智慧工具支持不同能力水平学生的个性化学习。

除此之外，建议教师教育者提供多样化的在线课程供职教专硕学习与体悟，如微课的设计与制作、移动学习环境中的课程教学、交互式电子白板环境下的专业理论教学、虚拟模拟技术下的专业教学等，引导学生体悟教学过程中“以学习者为中心”的教学意蕴，并在专家引领下完成集体备课与教学反思，形成研究生“基础—应用—综合—设计—创新”的实践能力发展链。

表 7-5 职教专硕数字胜任力课程建设方案——数字关怀与支持维度

阶段	维度	权重	课程目标	要素	权重	教学重点	教学任务	任务成果	课程模块	辅助活动	课时建议
适切	数字关怀与支持	0.1346	培养学生对职业院校学生采用数字技术获取知识的公平性予以保障，以人为本，尊重职业院校学生的个性化学习需求，促进其积极有效地参与数字化学习过程，逐步掌握职业所需的数字技能，并能规范地制作数字化学习成果	保证公平获取	0.1762	（1）考虑和响应职业院校学生借助数字技术学习知识的期望、水平及限制	实践：职教感知（见习）、职业体验（研习）、教育见习+企业实习（实习）三大环节；集体反思	（1）调查报告；（2）教学设计，授课不少于18学时；（3）微课作品；（4）实习总结	显性课程：实践教学模块，包含教学技能实训、职业院校见习、研习、实习。隐性课程：导师组示范与影响；营造小组反思提升文化	（1）在线课程自学：如微课的设计与制作、移动学习环境中的课程教学、交互式电子白板环境下的专业理论教学、虚拟模拟技术下的专业教学等；（2）专家引领下的集体备课与反思	教育实践累计半年以上
						（2）确保所有职业院校学生能够在学习资源、学习工具、学习环境等方面享受均等的机会					
				尊重差异个性	0.1927	（1）尊重职业院校学生认知特点，支持不同个体在项目活动中非同步获取知识					
						（2）遵循职业教育规律，重视利用数字技术支持学生个性化与多样化的学习需求，如智慧教学平台的使用					

续表

阶段	维度	权重	课程目标	要素	权重	教学重点	教学任务	任务成果	课程模块	辅助活动	课时建议
				促进积极参与	0.2944	（1）应用数字技术等多种途径使学习者旧知与新知产生联结，如利用思维导图促进新旧知识体系建立					
						（2）指导职业院校学生选择合理的数字技术，并掌握适当的技能来搜索、管理、分析、评估和利用与课程有关的信息					
						（3）通过设置数字化学习情境，引导职业院校学生参与并完成学习问题 / 任务，学有余力者能解决实际问题或拓展迁移性问题					

续表

阶段	维度	权重	课程目标	要素	权重	教学重点	教学任务	任务成果	课程模块	辅助活动	课时建议
				确保有效使用	0.3367	（1）支持职业院校学生在基于项目的学习中能查找、分析、处理数字信息，使其能够安全负责地管理风险和使用数字技术					
						（2）强调职业院校学生在制作数字化学习成果过程中遵守知识产权相关要求					

5. 数字合作与发展的培育

此维度能力要求学生使用数字技术实现与利益共同体的沟通与合作，主动更新自身与职业领域相关的知识结构，不断反思改进教学与专业技能，与企业联动实现研究创新，实现自身专业发展（表7-6）。能力的获得必须通过长时段培养，使研究生逐步掌握科学的教育研究方法，结合职业教育发展前沿，理论联系实践，逐步形成探寻问题、发现问题、分析问题和解决问题的科研思维，以毕业论文为依托实现研究创新能力的提升。该维度能力培养难度大，周期较长，且与前期的培育高度相关，导致职教专硕此维度的得分均低于数字胜任力整体均值，呈现全国普遍偏低的局面。基于此现象，研究细化了各要素的教学重点，设计了针对性的教学任务。交流合作能力主要通过教育实习，以班级管理公众号推文、发布微博等形式检验该能力的达成度。接轨前沿通过鼓励研究生参与线上线下专业论坛和企业实践，以学生提交的参会心得、会议发言及专利成果等形式进行检验。反思改进（0.3336）由于权重较高，要求学生一方面反思改进教学流程，另一方面通过反思实现个人发展规划的调整，通过组织集体反思活动，帮助职前教师巩固“反思实践者”的角色定位，以小论文、项目申报书、互联网＋大赛策划案、职业生涯规划等形式检验该项能力是否达成。研究创新（0.2572）要求学生不但要达到教学创新，有余力者还需要达到专业创新。建议导师组开展诸如论文解构分析、文献综述撰写、论文撰写、开题报告撰写、专利撰写等教学内容，设计“感知案例、项目实践、评价反思、研究创新”四步进阶活动，培育学生研究创新的能力，以毕业论文、专利成果及项目策划案作为项目成果。要求学生在选题、研究内容、研究方法、成果形式等方面紧密结合中职学校教学与专业发展前沿。从职业技术教育改革的热点问题、课程建设、特色教材建设、教学模式改革与创新等方面入手，形成如调研报告、教材分析、教材编写、教学案例设计、案例分析、校本课程开发等[291]多样化的成果。注重显性课程与隐性课程教学效果，系统规划《教育科学研究方法》《专业领域发展前沿专题》《专业教育测量与评价》等与教育研究相关的课程，组织学生参加全国教育硕士（职业技术教育领域）论坛、中国教育科学论坛（职业教育主题论坛）、中国中青年职教论坛等学术论坛，培养职前教师利用技术开展自主学习、终身学习、研究创新的能力。

表 7-6　职教专硕数字胜任力课程建设方案——数字合作与发展维度

阶段	维度	权重	课程目标	要素	权重	教学重点	教学任务	任务成果	课程模块	辅助活动	课时建议
创新	数字合作与发展	0.1598	学生使用数字技术实现与利益共同体的沟通与合作，主动更新自身知识结构，不断反思改进教学与专业技能，与企业联动实现研究创新，实现自身专业发展	交流合作	0.1773	利用数字技术与职业院校学生、家长、同事、学校管理者进行交流，促进教育教学合作	实践：教育实习	班级管理公众号推文、微博、微视频等	显性课程：实践课程模块中的职业院校实习、企业实践	（1）研究生沙龙；（2）实习总结大会	学校实习不少于三个月；企业实践累计半年以上；毕业论文模块从第二学期开始筹备
				接轨前沿	0.2318	（1）利用数字技术开展自主学习、终身学习，支持自身专业发展	参与线上线下专业论坛	参会心得/会议发言	显性课程：毕业论文模块，含教育科学研究方法、专业领域发展前沿专题、专业教育测量与评价等与教育研究相关的课程。隐性课程：导师组示范与影响；营造小组反思提升文化		
						（2）通过数字技术及时掌握与自身学科教学相关行业中出现的新技术、新材料、新工艺等	实践：企业实践	专利成果、推文等			

续表

阶段	维度	权重	课程目标	要素	权重	教学重点	教学任务	任务成果	课程模块	辅助活动	课时建议
				反思改进	0.3336	（1）利用数字技术记录学习与教学问题、过程性资料，并进行反思改进	集体反思活动	论文			
						（2）通过反思发现数字教学问题，对教学资源进行优化，对教学流程进行改进		项目申报书			
						（3）反思自身在数字技术支持下的学习与教学情况，不断调整个人发展规划		个人发展档案			

续表

阶段	维度	权重	课程目标	要素	权重	教学重点	教学任务	任务成果	课程模块	辅助活动	课时建议
				研究创新	0.2572	（1）利用数字工具与数字技术识别和确定教学问题或需求，探索教学改革与教学研究	案例分析：解构典型论文等；项目实操：文献综述撰写实务、论文撰写实务、开题报告撰写实务、专利撰写实务等	专利成果、毕业论文			
						（2）立足行业企业，开展产学研一体化研究，实现科研成果商业化，如专利成果等					

6. 职教专硕数字胜任力课程总体建设方案

归纳整理各能力课程建设方案形成了职教专硕数字胜任力课程总体建设方案（表7-7）。根据能力习得顺序安排相应课程和辅助活动，基于现有课程体系，建议授课教师重点开设相关学习内容，在渐进式推进中开展职教专硕数字胜任力的培育。

表7-7展示了不同能力习得的课程依托、课程内容组织关注的重点、辅助活动和开课学期建议。如数字知识与技能维度能力的培育，主要依托职业教育课程与教学论＋技术应用模块课程，针对能力要素细化了教学内容，数字知识能力点对应数字化教学的概念与理论，职业院校学生认知特征、学习基础、学习特点及技术需求，数字化教学的理论基础及主要模式；数字设备、软件、平台能力点对应数字化教学案例研讨与设计项目、智慧教学系统的使用与维护、电子白板的使用等数字资源学习环境的运用；数字资源能力点对应数字资源设计与开发项目、数字图像的收集与管理、数字信息的收集与管理等教学内容；数字管理能力点对应信息道德两难案例、网络资源搜索与管理项目等学习内容。辅以教学技能大赛、小组反思、研究生沙龙、导师组示范与影响等活动共同支撑该能力的培育。在系列教学内容与课程组织的推进下形成了系统化、一体化的数字胜任力课程体系。

表 7-7 职教专硕数字胜任力课程总体建设方案

能力要素			数字理念与态度	课程建设内容							辅助活动	建议开课学期
				数字知识与技能				数字教育与教学	数字关怀与支持	数字合作与发展		
数字理念与态度	德技并修	0.3254	师德修养 + 技术伦理								教学技能大赛； 小组反思； 研究生沙龙； 导师组示范与影响	贯穿六学期（54学时）
	绩效期望	0.1349										
	努力期望	0.0842										
	环境影响	0.0774										
	发展态度	0.1319										
	教育责任	0.2463										
数字知识与技能一学	数字知识	0.0281	师德修养 + 技术伦理	职业教育课程与教学论 + 技术应用模块课程（含技术伦理内容）	数字化教学的概念与理论	职业院校学生认知特征、学习基础、学习特点及技术需求	数字化教学的理论基础及主要模式				教学技能大赛； 小组反思； 研究生沙龙； 导师组示范与影响	第一学期
	数字设备、软件、平台	0.1305			数字化教学案例研讨与设计项目	智慧教学系统的使用与维护	电子白板的使用等数字资源学习环境的运用					
	数字资源	0.1104			数字资源设计与开发项目	数字图像的收集与管理	数字信息的收集与管理					
	数字管理	0.0689			信息道德两难案例	网络资源搜索与管理项目						

续表

能力要素			数字理念与态度	课程建设内容：数字知识与技能	课程建设内容：数字教育与教学	课程建设内容：数字关怀与支持	课程建设内容：数字合作与发展	辅助活动	建议开课学期
数字教育与教学—做	数字教学设计	0.193			专业教学设计与案例分析模块＋集体反思；集体反思：数字技术与教学深度融合的教学设计、模式、实施与评价，对比与普通非技术融合的差异；职业院校专业教学实录分析：数字技术引领教学变革案例			（1）教学技能大赛：课件设计与开发大赛、交互式白板教学大赛、微课大赛、数字化教学资源设计与开发大赛、实践创新能力大赛等； （2）小组反思； （3）研究生沙龙； （4）在线课程自学：数字化教学案例研讨与设计项目、数字资源设计与开发项目等多个项目，增加与数字技术有关的道德两难案例； （5）职业院校课堂观摩； （6）职业院校名师经验分享	第二学期＋第三学期
	数字教学实施	0.0889			数字教学设计案例感知与实践				
	数字教学评价	0.0425			案例分析：利用具有人工智能辅助分析功能的平台，例如学习管理系统，以获得学情分析资料、学生参与情况等统计资料				
	数字班级管理	0.032			学生指导和班主任工作模块——案例分析：职业院校专业教学实录，分析班级管理的优缺点				
数字关怀与支持—教	保证公平获取	0.0120				融合技术的专业教学法在线课程＋实践教学模块课程；在线资源：微课的设计与制作、移动学习环境中的课程教学、交互式电子白板环境下的专业理论教学、虚拟模拟技术下的专业教学等；实践教学模块：教学技能实训、职业院校见习、研习、实习		专家引领下的集体备课与反思	第四学期＋第五学期
	尊重差异个性	0.0135							
	促进积极参与	0.0522							
	确保有效使用	0.0566							
数字合作与发展—研	交流合作	0.0048					实践模块课程（含教学与企业实践）＋毕业论文模块课程；实践课程模块：职业院校实习、企业实践；毕业论文模块：含教育科学研究方法、专业领域发展前沿专题、专业教育测量与评价等与教育研究相关的课程；案例分析：解构典型论文等；项目实操：文献综述撰写实务、论文撰写实务、开题报告撰写实务、专利撰写实务等	（1）研究生沙龙； （2）实习总结大会； （3）参与线上线下专业论坛	贯穿六学期＋第六学期系统提升
	接轨前沿	0.0084							
	反思改进	0.0347							
	研究创新	0.0256							

二、职教专硕数字胜任力培育路径

基于职教专硕数字胜任力课程建设方案，将每个维度能力的培育融入职教专硕三年六学期的培养中，结合第三章构建的职业教育教师数字胜任力罗盘模型，从培养目标、课程模块和辅助活动、能力阶段三方面展示了职教专硕数字胜任力培育的路径（图 7-1）。

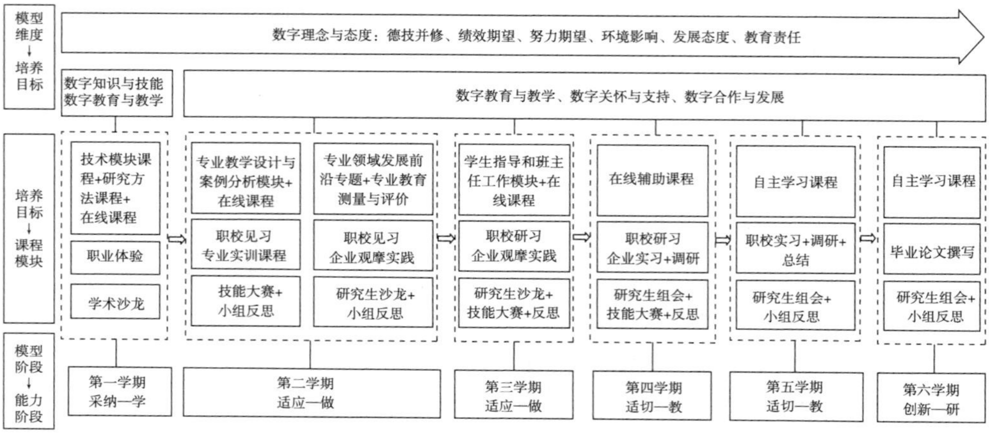

图 7-1 “六段四阶”职教专硕数字胜任力培育路径

培育路径中培养目标对应模型的维度，能力阶段对应模型阶段和能力发展所需的实践形式，根据培养目标设计课程模块，实现了模型对于培育路径的指导作用。

第一学期重点培养职教专硕数字知识与技能和数字教育与教学的部分能力，线上线下课程相结合，开展职业体验与学术沙龙，使职前教师达到采纳阶段。如前所述，数字教育与教学、数字关怀与支持、数字合作与发展三维度的能力需要长期培养，因此从第二学期开始遵循校内探究性实践与校外研究性实践相结合的方式，全程采用项目课程组织实践教学，校内探究性实践通过具体模块课程学习实现学生数字胜任力从采纳向适应发展，校外研究性实践通过实践课程与拓展活动，实现学生数字胜任力从适切向创新发展，培养过程中注重数字理念与态度的全程融入，构建全方位、全过程、全员参与的职教专硕数字胜任力培养体系，形成学—做—教—研的六段四阶职教专硕数字胜任力培育路径。

三、职教专硕数字胜任力培育的保障条件

为了使职教专硕数字胜任力培育达到事半功倍的效果，须有针对性地提出支撑培育路径的保障条件，而从职教专硕数字胜任力培育运行的影响因素出发可为保障条件的提出提供思路。

有关职前教师数字胜任力培养影响因素的研究显示，教学观念、技能培养、学生教学经历、高校课程开设情况、学生对课程设置的整体评价与学生能力培养成效有关[292]。一项关于师范生信息化教学能力的研究提出，内部因素和外部因素支持着师范生信息化教学能力的发展，内部因素主要采用技术接受模型（technology acceptance model，TAM），外部因素包含人员支持、设施支持、课程支持、机制支持、环境支持，并通过大样本数据证实了内部因素是主要因素，努力期望影响最大；在学校支持层面，机制支持则是较为重要的外部因素，机制和环境支持对于数字教育与教学、数字支持与关怀影响最大，人员和机制支持对于数字知识与技能影响较大，但设施支持却全面起到了抑制效果[293]。根据前期学者的研究成果，规避研究局限，本书基于全面质量管理理论，结合职业教育教师数字胜任力模型中的绩效期望、努力期望、环境影响等要素，从人员支持、机制支持、环境支持提出针对职教专硕数字胜任力培育的保障条件。

全面质量管理大师费根鲍姆（Feigenbaum）认为，全面质量管理是为了在最经济的水平上并考虑充分满足用户要求的条件下，进行市场研究、设计、生产和服务，把企业各部门的研制质量、维持质量和提高质量的活动综合为一体的有效体系[294]。全面质量管理源于管理学的概念，起初是为确保产品质量的持续提高而使用的理论。经过调整应用于教育领域，用于改进与全面管理学校工作，包含

人员、过程和环境等影响要素[295]。关于全面质量管理的概念有哲学体系说[296]、战略说[297]等，全员管理、全程管理和全因素管理是教育全面质量管理的基本途径。

人员支持、机制支持、设施支持、课程支持、环境支持被认为是全面质量管理理论中影响质量的五个主要因素。本书将环境支持与设施支持合并为环境支持，课程支持作为影响职教专硕数字胜任力培育的重要载体已在本节中进行了分析，下面主要针对前述课程体系的实施提出相应的保障条件。

1. 人员支持：四导师协同育人

人员支持是指与职教专硕数字胜任力培育相关的指导教师的支持。国内外学者研究已证实，教师对信息技术用于教学的态度与学生的信息化能力呈显著正相关[298, 299]。优质数字化教学示范也被证实与师范生数字胜任力呈显著正相关[300]。示范数字化教学的主体包括承担技术类课程的教师、专业教学设计与案例分析的教师、实习指导教师（含培养院校与中职院校）和研究生导师四类导师。通过访谈了解到，目前各培养院校技术类课程授课教师主要以课堂讲授、讨论、反思、探究和学生陈述等方式组织教学，学生在理念上认可数字化教学的重要性，但由于缺乏优质的数字化教学示范，在实际中职授课时仅将数字技术作为知识传达的工具，未深入挖掘其对于教学创新的作用；专业教学设计与案例分析的授课教师仅采用传统的 PPT 与多媒体等讲授方式，辅以 MOOC 在线教学资源，其线上与线下教学内容间缺乏衔接，也导致学生较难体会数字技术与专业教学的融合；培养院校的实习指导教师由于自身教学与管理工作负荷过重，无法将很多精力用于学生中职授课的指导，中职学校的实习指导教师由于自身能力的局限加之课时限制，未能给职教专硕形成较好的示范。缺乏优质的教学示范是影响职教专硕数字胜任力水平的重要因素。研究生培养主要是导师负责制，有别于师范生的培养，因此导师的研究方向与指导风格会对职教专硕的培养会产生重要影响。而职教专硕由于其培养目标的跨学科性，实行多导师共同培养，因此，充分发挥主导师

（一般为专业学科导师）、学科教师、实习指导教师等不同教师的效能是凸显教师正向示范的关键，根据各典型院校培养经验，需建立分工明确、责权分明的导师团队管理机制。在技术类教师的教学影响下，鼓励主导师与企业导师推进产学研合作的广度与深度，以项目为依托，培养职教专硕的数字合作与发展能力，促进其专业发展。组织教育学学科导师深入中职教学一线，观摩优质数字化教学示范，强化其在理念与态度、教育与教学、关怀与支持上的促进作用；充分发挥职教导师在数字教育与教学方面的示范作用。同时，导师组内部应经常组织数字技术整合教学的培训、工作坊、研讨会或竞赛类活动等，推进教师教育者在不同技术环境下的微能力[301]培养。

2. 机制支持："五位一体"的导师组负责制运行和管理机制

机制支持是指保障职教专硕数字胜任力培育课程体系运行的机制举措。技术类课程的教师、专业教学设计与案例分析的教师、实习指导教师（含培养院校与中职院校）和研究生导师这样的"四导师制"为培养跨学科人才奠定了人力资源基础，但同样也会存在导师间沟通不畅、职责不明、降低联合培育效果的问题。因此明确导师职责，充分发挥主导师在教师与导师团队中的协同作用是推进职教专硕数字胜任力培育的重要保障。

为更好地实施职教专硕数字胜任力培育课程体系，建议组建由学术导师（校内专业"双师型"教师）、行业企业导师和职业学校导师三方协同的导师组。建立"研究生学术委员会—研究生管理办公室—专业方向导师团队—职业院校导师团队—行业企业指导教师团队""五位一体"的导师组负责制运行和管理机制，如图7-2所示。明晰管理细则与各主体职能，使职教专硕数字胜任力培育形成合力。

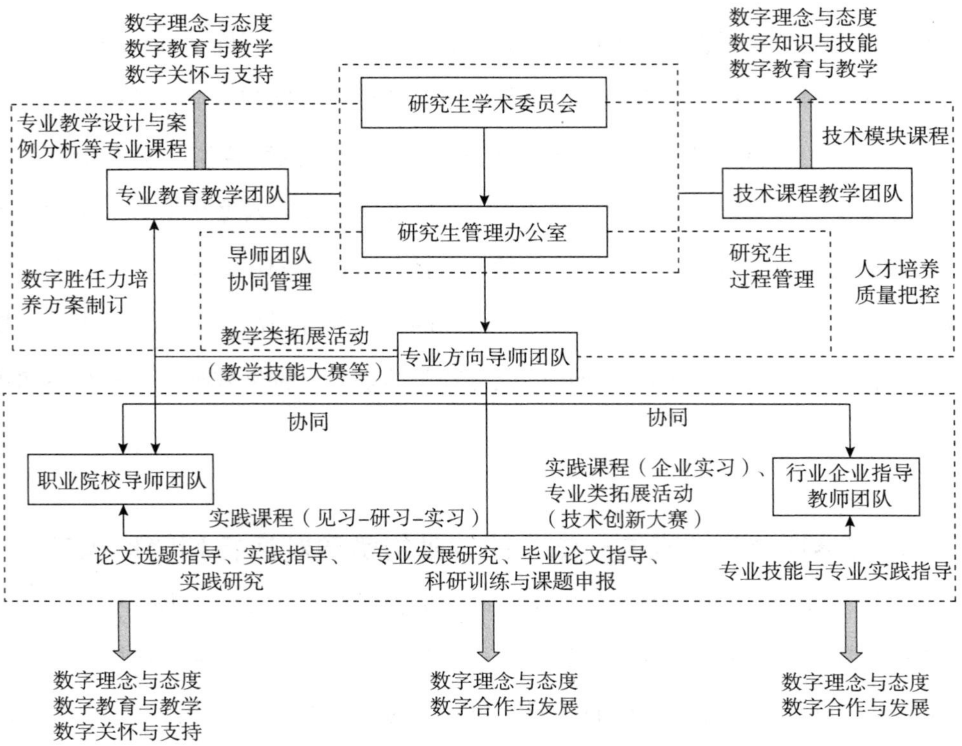

图 7-2 "五位一体"导师组负责制运行和管理机制图

导师组运行管理机制由研究生学术委员会负责指导技术课程教学团队、专业教育教学团队、专业方向导师团队制订数字胜任力培育计划，使学生的数字胜任力与专业充分融合，指导技术课程教学团队与专业教育教学团队执行课程体系的教学任务，技术课程教学团队通过技术模块课程重点培养学生数字理念与态度、数字知识与技能、数字教育与教学等维度的能力；专业教育教学团队通过专业教学设计与案例分析等专业课程培养学生数字理念与态度、数字教育与教学、数字支持与关怀等维度的能力，并在专业方向导师协同管理下完成教学类拓展活动，加深学生对专业课程的理解与专业教学的感性认知。研究生学术委员会下设研究生管理办公室，主要负责研究生培养过程管理和导师团队协调与管理工作。

专业方向导师团队协同职业院校导师团队和行业企业指导教师团队，共同开展研究生实践课程与拓展类活动指导工作。专业方向导师是培养研究生的第一责任人，由校内“双师型”导师担任，全面负责研究生专业发展研究、毕业论文指导、科研训练与课题申报工作，着力于学生数字理念与态度、数字合作与发展维度能力的培养；同时联合职业院校导师开展见习、研习、实习等实践课程，共同指导研究生完成职业院校调研、教育实习和毕业论文选题以及研究项目的实践验证等工作，着力培养学生数字理念与态度、数字教育与教学、数字关怀与支持等维度的能力；联合行业企业的指导教师共同指导研究生进行企业实习等实践课程与技术创新大赛等专业类拓展活动，注重对学生专业技能与专业实践的指导，支持学生数字理念与态度、数字合作与发展等维度能力的发展。

“五位一体”导师组负责制运行和管理机制，有效解决了数字技术与专业教学割裂的问题，使数字胜任力培养中各种关系主体产生联系，使整个培养形成系统化效应，课程间形成有效衔接，同时有利于消除各团队之间、各导师之间的沟通协作壁垒，形成以专业方向导师团队为核心的培养保障机制，实现与中职学校的协同合作、与行业企业深度融合培养职教专硕数字胜任力的良性循环，营造了数字胜任力培养的专业文化。

3. 环境支持：全过程系统化的数字胜任力培育环境

环境支持是指提供有利于发展职教专硕数字胜任力的软硬件条件、网络环境和文化环境。在国家大力推进教育信息化2.0发展的同时，培养院校与实习学校重视硬件建设，智慧教室、微格教室、智慧图书馆、优质教学资源基本是每所大学与中职学校的标配，另外实习学校数字化校园逐渐发展完善，具有数字化教学场地、设备、数字平台与资源、良好的数字化教学氛围对于学生使用数字技术具有重要影响。职教专硕在这样的教学环境与文化氛围影响下，会主动探索数字技术之于教学的影响与作用，辩证地看待数字技术对于教育的影响，形成较好的数字管理能力。但从调研的高校来看，数字校园建设虽持续推进，但对于教学与研究的支持较少，数字设备、软件、平台甚至成了各校易产生差距的重要指标。一项最新的研究还发现学校提供的网络环境、软硬件支持有抑制师范生信息化教学能力的情况[302]。目前大部分院校未形成稳定的研究生管理平台，数字化培养环境建设尚不能支持泛在式、混融式学习。课堂建设仍停留在较为传统的多媒体教学环境，未能在软硬件条件上给职教专硕未来教学提供支持，使学生教学探索由于技术的桎梏仅停留在理念上。

首先应考虑不同地区职教专硕培养院校的差异，分层分类加快数字化环境建设，如理工科院校的职业教育师范学院，由于缺乏来自学校层面的关注与支持，常处于边缘地位。专业教学资源较为丰富，但教育类数字化资源与平台仍然处于缺位状态。目前教职委仅组织了专业教育硕士教学案例库的收集工作，从案例质量来看，许多教师的授课方式仍较为传统，仅能起到规范教学过程的作用，远未达到教学设计创新的程度。建议由教职委主导建立专业数字化教学平台，各培养院校加快建设一批优质的数字化课程资源，实现优质数字化教学资源共建共享，可缩小不同类型院校的“数字鸿沟”。其次，图书馆作为数字资源的管理部门，需充分发挥其管理职能，营造数字胜任力培育的专业文化。一方面引入大量高质量的资料资源，并编写数据库使用指南，开发专业信息资源指引库，便于学习者根据专业进入数据库更易查询自身所需资源；另一方面可组织建立全面的学校网络课程数据库，成立网络课程资源部，负责学校网络课程资源的开发、建设、管理与维护，为教师与学生使用数字资源提供支持与说明[303]。最后，随着人工智能、云计算、混合现实等颠覆性技术的发展与应用，培养院校与实习院校的设施配备应向智慧化转变，学习环境逐步向高情境化、强临界感、多场景转变，打造一批微格教室、交互式电子白板实训室、虚拟模拟实验室、数字资源设计与开发实训室、移动学习实训室、智慧教室、网络研修教室等，优选一批示范性数字化中职学校开展实践合作，促进学生沉浸式学习与实践。形成全过程系统化的数字胜任力培养环境与应用文化，支撑职教专硕数字胜任力的提升。

四、职教专硕数字胜任力培育方案的实施效果

“六段四阶”数字胜任力培育方案结合职教专硕现有课程体系，实现数字胜任力模型到能力培育的映射，经历了渐进式能力进阶过程，有效提升了职教专硕的数字胜任力。选取G大学2020级职教专硕，在培育路径的指导下开展长达三年的培育观测，发现学生主要在以下方面得到了显著提升。

采用增值测量法测评学生能力发展情况，发现学生的数字胜任力水平得到了显著提升。增值测量法是通过判断同一被试群体增值效应量的变化进而直观评估被试者能力提升程度的量化分析方法，具体操作时应用同一学生的后测值减去前测值，得到增值效应量，通过分析增值效应量的变化即可评估学生能力提升效果。在实施数字胜任力培育方案前后，对G大学2020级职教专硕进行前后测，经过数据清算处理后，对被试者前后两次测量及其增值进行描述性统计分析（表7-8），结果显示两组数据分布接近正态分布，偏度绝对值在1以内，峰度趋向收敛，前后测数据具有统计学意义。另外，前后测数据特征较为相近，均值都在3.0分以上，且方差值接近，表明被试学生数字胜任力水平个体差异不大；其次运用增值测量法计算的增值效应量，最大增幅达到1.647，整体增幅均值0.628，表明通过实施长达三年的数字胜任力培育，G校职教专硕数字胜任力水平显现出正向的增值效应。运用前后两次测量及增值结果，进一步探讨G大学2020级职教专硕数字胜任力的单维度增值变化（图7-3），分析“六段四阶”数字胜任力培育路径的实际效果。

表 7-8 G 大学 2020 级职教专硕数字胜任力水平增值评价的描述性统计摘要

类别	样本量	最大值	最小值	均值	方差	偏度	峰度
前测	36	4.074	2.532	3.327	0.112	-0.184	0.616
后测	36	5.124	2.931	3.974	0.331	0.306	0.028
增值	36	1.050	0.399	0.647	0.405	0.490	0.588

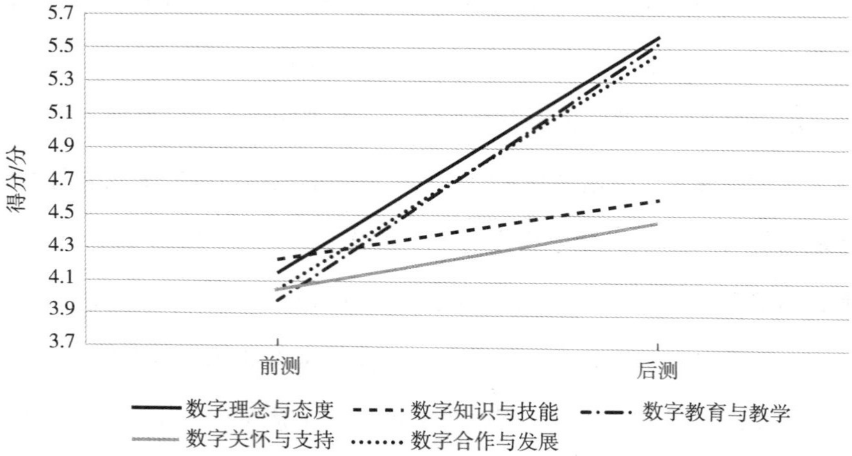

图 7-3 G 大学 2020 级职教专硕数字胜任力各维度的两次测量得分情况

第三节 本章小结

本章从职教专硕数字胜任力培养的研究现状与实践现状分析出发，将现有的数字胜任力课程体系分为以信息技术课程为主导的拼凑体系、以专业学科为主导的拼凑体系、信息技术课程与专业实践课程并举的融合体系，但总的来说，三类课程体系的培养成效均不够理想。究其原因是缺乏系统的数字胜任力指导模型及其较为详细的应用方案。基于此，呼吁建立全方位、全过程、全员参与的职教师资数字胜任力培养体系。关注职教师资有效地整合技术支持自身学习、教学实践与专业发展，支持职业院校学生更高效地学习。

借鉴美国教育部教育技术办公室提供的职前教师数字胜任力提升指南，形成了针对不同能力维度详细的职教专硕数字胜任力课程建设方案，其方案包含课程目标、教学重点、教学任务、任务成果、课程模块、辅助活动和课时建议等内容，支撑职教专硕数字胜任力的培养。为了方便各培养院校执行此方案，将每个维度能力的培育融入职教专硕三年六学期的培养中，从培养目标、课程模块和辅助活动、能力阶段三方面构建了“六段四阶”职教专硕数字胜任力培育路径。为保障课程建设方案的顺利实施，基于全面质量管制理论，从人员支持、机制支持、环境支持三方面提出相应的保障措施，拓展了数字胜任力模型的应用范围，提出了明确的模型应用方案。

第八章 结论和展望

本书结合教育测评模型的构建范式，确定职业教育教师数字胜任力模型构建的价值取向和操作性定义；基于胜任力与分布式认知理论，整理分析国内外相关框架 / 标准，以此构建了职业教育教师数字胜任力理论框架。通过质性分析方法构建职教专硕数字胜任力指标体系，通过专家咨询和层次分析法生成了具有理论与实践意义的职业教育教师数字胜任力模型，并开发了“职业教育教师数字胜任力自评问卷”“职教专硕数字胜任力自评问卷”，调查了我国职业教育教师职前与职后的数字胜任力现状。以职教专硕为例，形成了职教专硕数字胜任力课程建设方案与培育路径，拓展了模型的应用范围。本章将对全书进行系统梳理和总结，对其中可能存在的局限和不足进行分析，并对未来可开展的研究进行展望。

一、研究结论

第一，明确了职业教育教师数字胜任力模型构建的价值取向与操作性定义。数字胜任力是数字经济时代信息素养的集中表达，是基于专业与岗位的概念，强调利用数字技术促进问题解决、合作交流、自主发展、改革创新的综合能力，代表了数字化时代公民的重要核心素养。基于此，需构建模型至实践的映射，以此扩大模型的指导价值。根据职业教育教师工作场域的特定性，将其定义为在数字化学习、教学、专业实践中，接纳数字技术对于学习与教学的积极影响，对数字技术具有良好的判断，熟练地使用数字技术开展专业学习与专业教学实践，为职业院校学生适应与改造未来赋能，并以此推动自身与他人专业发展的知识、技能和动机、特质和自我概念的总和。可概括为职业教育教师利用数字技术开展学习、教学实践和专业发展所需的知识、技能和态度的总和。

第二，构建了职业教育教师数字胜任力理论框架。基于分布式认知理论、教师数字胜任力模型、TPACK理论框架构建了我国职业教育教师数字胜任力理论框架，包含态度、认知、专业/教育实践三大主轴，数字技术技能、数字化教育教学能力、数字学习策略、数字专业发展四大能力域，分别对应采纳、适应、适切、创新四个阶段。职业教育教师的数字胜任力会随着数字技术技能、数字化教育教学能力、数字学习策略、数字专业发展四维度在态度、认知、实践上的变化而发展，会经历采纳、适应、适切、创新四个不同阶段。

第三，确定了职业教育教师指标权重，并生成了操作型模型。基于理论框架，在科学的教育评测模型构建范式指导下，开发了职业教育教师数字胜任力模型结构及结构关系，包含数字理念与态度、数字知识与技能、数字教育与教学、数字关怀与支持、数字合作与发展五大维度22个要素，根据维度黏性最终形成了职业教育教师数字胜任力罗盘模型。即数字理念与态度始终影响着职业教育教师数字胜任力发展的不同阶段，随着职业教育教师认知与专业/教学实践的深入，会经历数字知识与技能（采纳阶段）、数字教育与教学（适应阶段）、数字关怀与支持（适切阶段）、数字合作与发展（创新阶段），支撑职业教育教师执教生涯的专业发展。实证研究证实数据拟合模型与研究构建的职业教育教师数字胜任力模型一致，遵循“数字理念与态度引领数字胜任力其他维度的发展，遵循数字知识与技能→数字教育与教学→数字关怀与支持→数字合作与发展”的发展脉络。

第四，明确了全国职业教育教师数字胜任力水平。从全国整体水平来看，当前全国职业教育教师数字胜任力水平较低，介于“有点符合”与“比较符合”之间。大多数职业教育教师数字胜任力得分低于均分。除数字合作与发展、数字教育与教学、数字关怀与支持等维度情况较好以外，其他维度均有超过1/2的职业教育教师能力水平处于“有点符合”及以下。通过分地区分析结果显示，当前东部地区职业教育教师数字胜任力水平显著高于中西部地区职业教育教师，这与东中西部地区经济发展水平对职教产业布局和资源配置的调节作用有直接关系，同时由于中西部地区相较于东部地区数字化建设资源匮乏和专业性的数字化培训缺乏等，中西部地区职业教育教师数字胜任力在数字教育与教学、数字合作与发展维度的表现远不及东部地区职业教育教师。不同背景特征的职业教育教师数字胜任力在各维度发展差异较大，其能力发展趋势也各不相同。相关性分析结果显示除性别以外，学历、供职院校类型、职称、工作年限、是否“双师型”教师、职业院校发展水平、参与教学技能大赛和参加信息化培训等内外部因素均会影响职业教育教师数字胜任力的发展。但多元回归分析结果显示仅有学历、是否“双师型”教师、工作年限、职称与参加信息化培训等对教师数字胜任力发展有预测能力，其中学历、工作年限和参与信息化培训等因素的预测能力更为突出。因此提升全国职业教育教师数字胜任力需要满足不同教师类别不同维度上的发展需求，以精准分层引领和助力帮扶为手段，切实提升职业教育教师数字胜任力。

第五，以职教专硕为例，完成了职业教育教师数字胜任力模型从模型到培育的映射。首先，测评职教专硕应届毕业生数字胜任力水平。全国职教专硕数字胜任力的整体水平处于有点符合与比较符合之间，仍有相当数量职教专硕的数字胜任力水平低于均值，其中数字理念与态度维度的水平远高于其他四个维度，数字教育与教学和数字合作与发展两个维度的均值均低于整体均值，数字知识与技能和数字关怀与支持维度接近整体均值，其中数字关怀与支持维度全国普遍偏低，各维度内部差异性较大。院校分析发现各院校间职教专硕的数字胜任力差异较大，学校培养是其能力发展的重要影响因素；教学类竞赛与师范生背景可影响职教专硕数字胜任力的发展，参加过教学类竞赛的职教专硕在数字理念与态度和数字教育与教学维度与其他未参赛的职教专硕有显著差异。另外，师范生背景对于职教专硕数字胜任力提升也有一定的正向作用；典型院校分析发现，除数字关怀与支持维度各校间不存在显著差异外，其他维度都存在显著差异，其中数字理念与态度维度的发展对于其他维度均有影响，数字知识与技能、数字教育与教学是重点分析院校中差异最大的两个维度。全国职教专硕数字胜任力现状与能力需求在不同维度上均还有较大进步空间，应关注培养的系统性与侧重点。其次，基于操作模型，结合评测数据，形成了职教专硕数字胜任力培育方案。从职教专硕数字胜任力模型入手，建立了模型至课程体系的映射，形成了详细的职教专硕数字胜任力课程建设方案，包含课程目标、教学重点、教学任务、任务成果、课程模块、辅助活动和课时建议等内容，支撑职教专硕数字胜任力的培养。为了方便各培养院校执行此方案，将每个维度能力的培育融入职教专硕三年六学期的培养中，从培养目标、课程模块和辅助活动、能力阶段三方面构建了“六段四阶”职教专硕数字胜任力培育路径。为保障课程建设方案的顺利运行，从人员支持、机制支持、环境支持三方面提出四导师协同育人、“五位一体”的导师组负责制运行和管理机制，构建全过程系统化的数字胜任力培养环境与应用文化等保障措施，拓展了数字胜任力模型的应用范围，明确了培育方案制定的路径。

二、研究局限

局限一，现状调研样本量有待提升。现状调研包含职业教育教师与职教专硕两类调研对象。针对职业教育教师，在线向全国31个省级行政区（除港澳台地区）的职业教育教师发放了问卷，共回收有效问卷2514份，高等职业教育专科学校教师占比较大，中等职业学校教师占比较小，虽能较全面地反映不同层次职业教育教师的能力水平，但相比全国129万职校专任教师总量，样本量相对偏少。另外，职教专硕作为未来的中职教育的骨干力量，属于高层次职教师资。但目前该类研究生招生单位与学生数量有限，应届毕业生较少，2021届学生全国仅1000多名，加之调研时间正值毕业季，加大了收集问卷的难度，通过多方努力仅回收到284份有效问卷，未能覆盖全部招生院校，给全面了解职教专硕数字胜任力现状造成了一定的困难。但通过访谈典型院校职教专硕负责人了解学生数字胜任力水平与相关课程开设情况，尽量弥补了数据的缺陷，对于全国职教专硕应届毕业生数字胜任力水平也有了较为客观的了解。

局限二，课程建设方案与培育路径成效有待在不同区域的职教师资培养院校进行检验。研究根据模型的维度与要素，结合权重构建了职教专硕数字胜任力课程建设方案，包含显性课程、隐性课程、辅助活动和学时建议等内容，为培养院校提供了较为详细的培育实施方案。但由于研究周期限制，仅能在G校进行方案与路径验证，无法在全国不同区域职教师资培养院校检验建设方案和路径的培育成效。值得注意的是，对于任何一种经验或成果都不能脱离特定的背景及隐含的价值来做简单的套用，各院校可根据数字化校园的建设程度，结合区域数字化转型发展情况，开展相应的探索。

三、研究展望

第一，根据时代发展的特点，不断修订完善职业教育教师数字胜任力的模型内容。数字胜任力是一种与数字技术有关的、高级的、复杂的、系统的、情境性强的、综合的能力与特质的集合，会随着数字时代的发展变化，不断更新其能力内核，指向更具竞争性的能力集合。

后疫情时代，还需根据教学形态、场景的变化，对部分教学与学习能力进行更新。欧盟《数字教育行动计划（2021—2027年）》提出不断更新数字能力框架，强调打击虚假信息的能力，对数据密集型技术（如人工智能）等高级数字技能，增加数字福祉与数字健康的内容，并组织开发国际认可度高的欧洲数字技能证书[304]。如基于活动理论针对在线学习活动，将教师视为在线教学活动的主导者[305]，其能力结构与个性特质需不断更新，以更好地组织在线教育，保证学习真实地发生。针对线上线下教学常态，提出新时代的教师最需要的“双线混融教学胜任力”，包括“观念混融力”和“方法混融力”[306]。在人工智能推动“智慧国家”的新浪潮背景下，关注人工智能的新发展和新趋势，将计算思维融入数字胜任力要素中，运用计算机科学的基本概念，进行问题求解、系统设计、人类行为理解等一系列思维活动[307]。强调在信息活动中采用计算机可以处理的方式界定问题、抽象特征、建立结构模型、合理组织资料，运用合理的算法形成解决问题的方案，并迁移到与之相关的其他问题解决中[308]，培养适应人工智能时代的计算思维[309]。目的是让数字技术成为教师思考并解决问题的载体、手中运用自如的工具[310]。随着教育形态不断向着大规模、数字化、虚拟化、智慧化方向演进，第三次互联网革命元宇宙时代的到来[311]，可实现虚拟与现实的深度融合，极大拓展教与学的边界与形态[312]，形成虚实融生和跨界探索的学习模式[313]。未来教师在虚拟社会和社交网络中需强化自身的虚实教育教学、人机交互、数据管理等能力，教师的数字胜任力内容也需根据技术的发展进行不断更新。

第二，基于不断更新的模型开发兼具人文价值与社会价值的评测量表。目前我国的标准设立更多体现了社会政治信念和期望，过于关注可测量的结果[314]，对于政策制定的指导意义，以及教师发展数字胜任力的内在驱动力关注不足，教师专业发展的自我效能感不足，难以推动高效数字教育生态系统的整体变革。本书研制的自评量表仅能让准教师了解自身数字胜任力现状，可根据自身所处的水平进行自我调整，但由于未在平台上公开数据，职业教育教师未能了解其他教师的能力水平，不利于横向比较，实现纵向发展。基于此，可借鉴欧盟基于教师数字胜任力框架研发的针对不同类型教师的自评工具 DigCompEdu Check-In 和 SELFIE for Teachers，注重教师的反馈，并以教师为中心设计自评问卷，在教师完成问卷后可获得证书和数字徽章。帮助教师明确自身能力所处的阶段，定期反思，明确发展的方向，充分调动了教师专业发展的自主性与适应性。SELFIE for Teachers 问卷还增加了教师对学校层面基础设施的评价，调动了教师的主人翁意识，推进教师作为数字时代领导者的身份转变。我国 2021 年发布的《中小学教师信息化教育教学能力发展框架》体现了“微认证”的思路，通过关注教师实践工作场景中“小而实”的能力表现，推动教师立足日常工作的主动学习、应用实践和自我反思，是评测量表关注人文价值与社会价值的良好开端。借鉴此思路，教育部门可依据模型研制与推广相应的评测量表，实现教师长期良性的专业发展，以满足教育数字化转型的需要。

第三，细化职业教育教师数字胜任力培育方案与保障体系。本书根据职业教育教师数字胜任力模型构建了职教专硕数字胜任力课程建设方案与培育路径，实现了能力到培育的映射，为培养院校开展能力培养提供了内容与思路，但能力与课程内容之间的量化关系有待进一步通过专家咨询得以明晰；教学内容的具体安排有待进一步论证；如何以更科学与合理的形式实现对职业教育教师数字胜任力水平的多模态评价有待进一步研究；如何将职教专硕数字胜任力的培育方案迁移至职业教师数字胜任力的整体培养有待分析；如何更好地推动培育方案的运行有待从教育生态学系统的视角开展深入研究。因此，未来的研究可在本书的基础上，研制适应性强、模块灵活、多模态评价的教师数字胜任力培养培训方案与保障体系。

教师数字胜任力的研究有广阔的空间与前景，需要更多的研究者与实践者从教育观念、教育组织、教育内容、教育模式、教育技术、教育评价、教育环境等角度对其进行拓展，以推进数字教育生态的整体变革。

后　记

本书的完稿意味着我的教育部项目研究已经接近了尾声。研究期间承蒙导师石伟平教授、杨小微教授对本书设计与思路的启迪与指导。石老师博知精识、高山景行、虚怀若谷的治学治人之风，感染、影响着我做研究的方式。杨老师的著作《指标与路径：中国教育迈向现代化》对本书的结构启发很大，让我不断思考研究的逻辑自洽性与连贯性；他在书中反复强调的复杂理论让我不断反思指标体系构建的合理性与培养方案设计的全面性，但在思维逻辑与语言表达上，与杨老师的著作相差甚远，可谓“虽不能至，然心向往之”。

另外，非常感谢课题组的老师与同学们对我全程的支持与鼓励。感谢牟向伟教授在研究选题、结构思路、理论分析、实证研究等方面对我的全程指导。感谢研究生辛雨、徐冉在本书实证研究、文字与格式校对方面做出的努力；感谢刘珊杉、陈小丹、薛俊祥等同学在本书文献综述、概念梳理、中外研究对比章节做出的贡献。如果没有他们的帮助，需要在较短时间内完成那么多的访谈、调研和数据分析几乎是不可能的。

能够顺利完成本书还要感谢广西师范大学职业技术师范学院的领导和老师对我研究工作的大力支持。这里首先感谢王晞院长与罗刚书记的体恤，感谢邓小华副院长对我学术研究的大力支持，感谢李红波教授、李梦卿教授、王战军教授等专家学者多次耐心地与我交流指标体系的构建，感谢连智平老师对数字胜任力课程模块建设提出的意见与建议，感谢王影、梁鹂楠老师多次帮我分发调研问卷，感谢金星霖师兄为书稿提出的修改意见。还有很多老师和同学参与了书稿的讨论、典型案例的调研以及与课题相关的活动，在此一并致谢。

本书第四章模型构建得到了北京、上海、浙江、江苏、广东、湖北、广西、澳门等地共30名在高校从事职业教育信息化、职业教育教师专业发展研究的专家，职教教学实践经验丰富的一线教学名师和区域职教研究所研究员的支持，在此感谢专家们对我的不厌其烦。

第五章、第六章中现状调研部分是我经全国教育硕士秘书处联系各校职教专硕负责人发放的职教专硕调查问卷，通过“职教思享群”、职教国培和区培群发放的职业教育教师调查问卷。在此感谢全国教育硕士秘书处负责人翟老师、广西师范大学国家职业教育培养培训基地梁老师、“职教思享群”创建人郝老师对我研究的大力支持，感谢各典型院校负责人与任课教师愿意接受我的访谈，并提供了大量宝贵的培养资料。

值本书面世之际，有诸多老师和友人在文字精修、编辑出版和推广发行等方面付出了极大的心血。虽不能逐一致谢，但深表感激并永铭于心。

自知书中纰漏难免，特向各位专家学者和读者朋友请益，不胜感激。最后，我竭力以“初心如故，勇毅笃行”与各位读者共勉。

唐瑗彬

2023年6月

参考文献

［1］梁珺淇，石伟平．人工智能视域下技能人才需求的未来走向与职业教育的路径选择——基于 OECD 教育报告的分析［J］．中国成人教育，2019（4）：10-13.

［2］褚宏启．核心素养的国际视野与中国立场——21世纪中国的国民素质提升与教育目标转型［J］. 教育研究，2016，37（11）：8-18.

［3］徐宏伟．“中国制造2025”背景下的职业教育教师角色转型研究［J］. 职教论坛，2017（18）：5-10.

［4］唐林伟．职业教育教师数字能力发展：国际视野与中国路径——基于 UNESCO-UNEVOC 近三年三份报告的分析与借鉴［J］．中国职业技术教育，2023（4）：27-35.

［5］EDUCAUSE．EDUCAUSE horizon report（teaching and learning edition）［EB/OL］.（2021-4-26）［2023-6-30］．https://library.educause.edu/resources/2021/4/2021-educause-horizon-report-teaching-and-learning-edition.

［6］Sepulveda A．The digital transformation of education：connecting schools，empowering learners［EB/OL］.（2020）［2021-11-01］. https://unesdoc.unesco.org/ark:/48223/pf0000374309.

［7］European Commission．Digital education action plan 2021—2027：resetting education and training for the digital age［EB/OL］.（2020-9-30）［2023-6-30］. https://eur-lex.europa.eu/legal-content/EN/TXT/PDF/?uri=CELEX:52020SC0209.

［8］教育部．教育部2022年工作要点［EB/OL］.（2022-2-8）［2023-6-30］. http：//www.moe.gov.cn/jyb_xwfb/gzdt_gzdt/202202/t20220208_597666.html.

［9］习近平. 高举中国特色社会主义伟大旗帜为全面建设社会主义现代化国家而团结奋斗［N］. 人民日报，2022-10-26（01）.

［10］冯晓英，郭婉瑢，宋佳欣，等. 教师研修的数字化转型——EDIR“三O融合”研修模式构建及应用［J/OL］. 现代远距离教育：1-16［2023-06-30］. https：//doi.org/10.13927/j.cnki.yuan.20230522.004.

［11］李铭，程建钢，韩锡斌，等. 高等教育教学数字化转型研究报告［R］. 北京：联合国教科文组织高等教育创新中心和清华大学教育研究院，2022：6.

［12］教育部. 教育部关于发布《教师数字素养》教育行业标准的通知［EB/OL］.（2022-11-30）［2023-06-30］. https：//www.gov.cn/zhengce/zhengceku/2023-02/21/content_5742422.htm.

［13］刘增辉. 以教师队伍建设数字化转型助力教育高质量发展——访教育部教师工作司司长任友群［J］. 在线学习，2023（3）：14-18，88.

［14］赵慧臣，马欢欢. 我国教育信息化政策法规年表构建与分析［J］. 现代远程教育研究，2012（5）：23-30，50.

［15］赵健. 技术时代的教师负担：理解教育数字化转型的一个新视角［J］. 教育研究，2021，42（11）：151-159.

［16］梁茜. 教师信息技术应用能力国际比较及提升策略——基于TALIS 2018上海教师数据［J］. 开放教育研究，2020，26（1）：50-59.

［17］苏晓俐，张潇，马武林. 欧洲教师数字胜任力自评工具简述与启示［J］. 中小学数字化教学，2021（12）：81-86.

［18］Tømte C，Hovdhaugen E，Solum N H. ICT in initial teacher training：Norway Country report［J］. OECD Education Working Papers，2009，38：19-20.

［19］杨晓光，陈文勇. 信息素养教育和信息素养核心能力的评价［J］. 情报杂志，2001（5）：87-88.

［20］Spante M，Hashemi S S，Lundin M，et al. Digital competence and digital literacy in higher education research：systematic review of concept use［J］.

Cogent Education，2018，5（1）：1-21.

［21］陈悦，陈超美，胡志刚，等. 引文空间分析原理与应用：CiteSpace 实用指南［M］. 北京：科学出版社，2014.

［22］Spencer L M，Spencer S M. Competence at work：models for superior performance［M］. New Jersey：Wiley，1993.

［23］Ferrari A. Digital competence in practice：an analysis of frameworks［M］. Luxembourg：Publications Office of the European Union，Spain Press，2012：49-87.

［24］任友群，李锋. 聚焦数字化胜任力："科创中心"背景下上海信息科技教育的研究与展望［M］. 上海：华东师范大学出版社，2018.

［25］Department of Education，Science and Training. Raising the standards：A proposal for the development of an ICT competency framework for teachers［R］. Canberra：Australian Government，2002.

［26］Hazar E. A comparison between european digital competence framework and the turkish ICT curriculum［J］. Universal Journal of Educational Research，2019，7（4）：954-962.

［27］Hämäläinen R，Nissinen K，Mannonen J，et al. Understanding teaching professionals' digital competence：what do PIAAC and TALIS reveal about technology-related skills，attitudes，and knowledge?［J］. Computers in Human Behavior，2021，117：106672.

［28］Nedungadi P P，Menon R，Gutjahr G，et al. Towards an inclusive digital literacy framework for digital india［J］. Education+Training，2018，60（6）：516-528.

［29］郑旭东，马云飞，岳婷燕. 欧盟教育工作者数字胜任力框架：技术创新教师发展的新指南［J］. 电化教育研究，2021，42（2）：121-128.

［30］Juškeviciene A，Dagiene V. Integrated activities in stem environment：methodology and implementation practice［J］. Computer Applications in

Engineering Education，2021，29（1）：209-228.

［31］Nyikes Z. Digital competence and the safety awareness base on the assessments results of the middle east-european generations［J］. Procedia Manufacturing，2018，22：916-922.

［32］Mishra P，Koehler M J. Technological pedagogical content knowledge: a framework for teacher knowledge［J］. Teachers College Record，2006，108：1017-1054.

［33］Mishra P，Koehler M J. Too cool for school？ no way！ using the tpack framework：you can have your hot tools and teach with them，too［J］. Learning and leading with technology，2009，36（7）：14-18.

［34］Janssen J，Stoyanov S，Ferrari A，et al. Experts' views on digital competence：commonalities and differences［J］. Computers and Education，2013，68（10）：473-481.

［35］Pérez K V P，Torelló O M. The digital competence as a cross-cutting axis of higher education teachers' pedag ogical competences in the European higher education area［J］. Procedia-Social and Behavioral Sciences，2012，46：1112-1116.

［36］Morellato M. Digital competence in tourism education：Cooperative-experiential learning［J］. Journal of Teaching in Travel and Tourism，2014，14（2）：184-209.

［37］Krumsvik R J，Jones L，Øfstegaard M，et al. Upper secondary school teachers' digital competence：analysed by demographic，personal and professional characteristics［J］. Nordic Journal of Digital Literacy，2016，10（3）：143-164.

［38］Instefjord E，Munthe E. Preparing pre-service teachers to integrate technology：an analysis of the emphasis on digital competence in teacher education curricula［J］. European Journal of Teacher Education，2016，39（1）：77-93.

［39］郭春才. 信息化教育环境下教师胜任力研究［J］. 中国远程教育，2012，424（9）：65-69.

［40］郑旭东. 面向我国中小学教师的数字胜任力模型构建及应用研究［D］. 上海：华东师范大学，2019.

［41］孙晓红，李琼. “学习者中心”的教师数字胜任力框架国际经验［J］. 比较教育学报，2022，337（1）：28-40.

［42］韦林翠，林琦. 国际视野下教师数字胜任力的特征及启示［J］. 黑龙江高教研究，2023，41（2）：111-119.

［43］ISTE. ISTE Standards for Educators［EB/OL］.（2017）https://www.iste.org/standards/iste-standards-for-teachers.

［44］冯仰存，钟薇，任友群. 美国国家教师教育技术新标准解读与比较研究［J］. 现代教育技术，2018，28（11）：19-25.

［45］Trust T. 2017 ISTE Standards for Educators：From Teaching With Technology to Using Technology to Empower Learners［J］. Journal of Digital Learning in Teacher Education，2018，34（1）：1-3.

［46］UNESCO. ICT competency framework for teachers version 3［EB/OL］.［2020-1-13］. https：//en.unesco.org/ites/default/files/mlw2018_workshop-ict_competency_framework_for_teachers_version_3.pdf.

［47］Martin A. DigEuLit-a European Framework for Digital Literacy：a Progress Report［J］. Journal of eLiteracy，2005，2（2）：130-136.

［48］Helsper E J，Eynon R. Pathways to digital literacy and engagement［J］. European Journal of Communication，2013，28（6）：696-713.

［49］范建丽，张新平. 大数据＋智能时代的教师数智胜任力模型研究［J］. 远程教育杂志，2022，40（4）：65-74.

［50］Obesso M D L M D，Núez-Canal M，Pérez-Rivero C A. How do students perceive educators' digital competence in higher education?［J］. Technological

Forecasting and Social Change，2023，188：122284.

［51］Lázaro-Cantabrana J，Usart-Rodríguez M，Gisbert-Cervera M. Assessing teacher digital competence：the construction of an instrument for measuring the knowledge of pre-service teachers［J］. Journal of New Approaches in Educational Research，2019，8（1）：73-78.

［52］Lasić-Lazić J，Pavlina K，Pavlina A P. Digital competence of future teachers［J］. Communications in Computer and Information Science，2017，810：340-347.

［53］Kuzminska O，Mazorchuk M，Morze N，et al. Study of digital competence of the students and teachers in ukraine［C］//International Conference on Information and Communication Technologies in Education, Research, and Industrial Applications，2018：148-169.

［54］邱百爽，章昊，张颖. 高校教师双线混融教学胜任力调查［J］. 开放教育研究，2023，29（4）：101-109.

［55］赵丹，易美玲，杨国光. 乡村教师“互联网＋教学”胜任力的现状、问题与提升对策——基于中西部三省的实证调查［J］. 山西师大学报（社会科学版），2023，50（4）：80-87，113.

［56］Seufert S，Scheffler N. Developing digital competences of vocational teachers［J］. International Journal of Digital Literacy and Digital Competence，2017，7（1）：50-65.

［57］Napal F M，Peñalva-Vélez A，Mendióroz L A. Development of digital competence in secondary education teachers' training［J］. Education Sciences，2018，8（3）：104.

［58］Rolf E，Knutsson O，Ramberg R. An analysis of digital competence as expressed in design patterns for technology use in teaching［J］. British Journal of Educational Technology，2019，11（2）：56-89.

［59］Koh J H L，Chai C S，Lim W Y．Teacher professional development for TPACK-21CL：effects on teacher ICT integration and student outcomes［J］．Journal of Educational Computing Research，2017，55（2）：172-196．

［60］Rokenes F M，Krumsvik R J．Prepared to teach ESL with ICT？ A study of digital competence in Norwegian teacher education［J］．Computers & Education，2016，97（06）：1-20．

［61］Pettersson F．On the issues of digital competence in educational contexts-a review of literature［J］．Education and information technologies，2018，23（3）：1005-1021．

［62］何红艳．基于 EPSS 的师范生信息化教学设计能力训练系统设计研究［D］．重庆：西南大学，2010．

［63］宋瑞宁．基于云平台的师范生教育技术能力培养策略研究［D］．济南：山东师范大学，2016．

［64］张宇航．面向师范生信息化教学设计能力培养的实训平台优化研究［D］．长春：东北师范大学，2017．

［65］Jeong K O．Preparing EFL student teachers with new technologies in the Korean context［J］．Computer Assisted Language Learning，2017，30（6）：488-509．

［66］孙婷．基于混合教学模式的师范生信息化教学能力培养实证研究［D］．重庆：西南大学，2018．

［67］王美荣．创客教育视域下师范生信息技术应用能力培养策略研究［D］．沈阳：沈阳师范大学，2017．

［68］玄王伟．基于微课的师范生教育技术能力培养模式构建研究［D］．曲阜：曲阜师范大学，2016．

［69］张哲．促进师范生教育技术能力发展的教学模式研究［D］．济南：山东师范大学，2018．

［70］赵希．基于体验式学习的师范生教育技术能力培养研究［D］．大连：辽宁师范大学，2012.

［71］狄芳．TPACK 框架下职前教师信息化教学能力的培养研究［D］．银川：宁夏大学，2013.

［72］郝雅琪．基于 TPACK 模型的职前教师信息化教学能力培养研究［D］．西安：陕西师范大学，2014.

［73］周扬．TPACK 视角下师范生信息技术应用能力培养研究［D］．石家庄：河北师范大学，2017.

［74］Tondeur J，van Braak J，Guoyuan S，et al．Preparing student teachers to integrate ICT in classroom practice：a synthesis of qualitative evidence［J］．Computers and education，2012，59（1）：134-144.

［75］张凯，王真真．论 TPACK 框架下高职教师信息化教学能力及提升路径［J］．中国职业技术教育，2022，828（32）：79-84.

［76］Miguel-Revilla D，Martínez-Ferreira J M，Sánchez-Agustí M．Assessing the digital competence of educators in social studies：an analysis in initial teacher training using the tpack-21 model［J］．Australasian Journal of Educational Technology，2020，36（2）：1-12.

［77］吴军其，任飞翔，李猛．教师数字能力：内涵、演进路径与框架构建［J］．黑龙江高教研究，2021，39（9）：83-90.

［78］中共中央办公厅，国务院办公厅．中共中央办公厅国务院办公厅印发《关于推动现代职业教育高质量发展的意见》［EB/OL］．（2021-10-12）［2023-6-30］. https://www.gov.cn/zhengce/2021-10/12/content_5642120.htm.

［79］王建民，杨木春．胜任力研究的历史演进与总体走向［J］．改革，2012（12）：138-144.

［80］时勘，王继承，李超平．企业高层管理者胜任特征模型评价的研究［J］. 心理学报，2002，34（3）：306-311.

[81] Rosman M R M, Rosli N, Razlan N M, et al. Modelling referencing competency and individual performance [J]. International Journal of Information Science and Management. 2022, 20: 407-426.

[82] Maurer T J, Wrenn K A, Pierce H R, et al. Beliefs about 'improvability' of career-relevant skills: relevance to job/task analysis, competency modelling, and learning orientation [J]. Journal of Organizational Behavior, 2003, 24 (1): 107-131.

[83] Pershing J A, Cheng J L, Foong K P. International society for performance improvement professional practices survey: a report [J]. Performance Improvement, 2006, 45 (7): 39-47.

[84] Spencer L M, Spencer S M. 才能评鉴法：建立卓越的绩效模式 [M]. 魏梅金，译. 汕头：汕头大学出版社，2003.

[85] Rogers Y. A brief introduction to distributed cognition [J]. University of Sussex U.K., 1997, 31 (3): 311-312.

[86] 周国梅，傅小兰. 分布式认知——一种新的认知观点 [J]. 心理科学进展，2002 (2): 147-153.

[87] 李欣. 分布式认知视角下的智能授导系统的设计与开发 [J]. 电化教育研究，2008 (1): 52-58.

[88] Hutchins E. Cognition, distributed [J] //Smelser N J, Baltes P B. International encyclopedia of the social and behavioral sciences [M]. Oxford: Pergamon Press, 2001: 2068-2072.

[89] Salomon G. No distribution without individuals' cognition: a dynamic interaction view [M] //Salomon G. Distributed cognitions: Psychological and educational considerations. Cambridge: Cambridge University Press, 1993: 111-138.

[90] Hatch T, Gardner H. Finding cognition in the classroom: an expanded

view of human intelligence [M]. Cambridge: Cambridge University Press, 1993.

[91] 陈金华，乔春霖，周雄俊，等．面向大数据的基础教育信息化2.0“县·省”级动态综合测评模型建构与应用[J]．电化教育研究，2023，44(6)：66-73.

[92] 徐国庆．职业教育课程、教学与教师 [M]．上海：上海教育出版社，2016.

[93] Ala-Mutka K. Mapping digital competence: towards a conceptual understanding [R]. Luxembourg: Publications Office of the European Union, 2011.

[94] Balanskat A, Gertsch C A. Digital skills working group: Review of national curricula and assessing digital competence for students and teachers: Findings from 7 countries [J]. Brussels: European Schoolnet, 2010: 167-190.

[95] 袁军．媒介素养教育论 [M]．北京：中国传媒大学出版社，2010.

[96] Buckingham D. Media education: literacy, learning and contemporary culture [Greek Edition] [M]. Cambridge: Polity Press, 2003.

[97] Considine D. An introduction to media literacy: the what, why and how to's, the fall 1995 issue of telemedium [J]. The Journal ot Media Literacy, 2010 (41): 65-72.

[98] Aufderheide P, Firestone C M. Media literacy: a report of the national leadership conference on media literacy [M]. Washington D.C.: Aspen Institute, 1993: 3-16.

[99] 朱莉娅·伍德．生活中的传播 [M]．董璐，译．北京：北京大学出版社，2009.

[100] Thoman E. Skills and strategies for media education [J]. Educational Leadership, 1999, 56 (5): 50-54.

[101] Zurkowski P G. The information service environment relationships and

priorities [R]. Washington D.C.: National Commission on Libraries and Information Science, 1974.

[102] 沈逸. 数字空间的认知、竞争与合作——中美战略关系框架下的网络安全关系 [J]. 外交评论, 2010, 27 (2): 38-47.

[103] 沈章明, 许营营. "核心素养" 的生成逻辑与发展方向: 基于相关政策文本的分析 [J]. 外国教育研究, 2019, 46 (11): 3-28.

[104] Presidential Committee on lnformation Literacy: final report [R]. The American Library Association, Washington D.C., 1989.

[105] Doyle C S. Information literacy in an information society. ERIC Digest [EB/OL]. (2007-06-12) [2023-01-13]. http://www.ercdigests.org/1995-1/information.html.

[106] American Association of School Librarians, Association for educational communications and technology. Information power: Building partnerships for learning [R]. Chicago: American Library Association, 1998.

[107] UNESCO, IFLA, NFL. Beacons of the information society: the alexandria proclamation on information literacy and lifelong learning [R]. High-Level International Colloquium on Information Literacy and Lifelong Learning, 2005.

[108] ACRL. Framework for information literacy for higher education [EB/OL]. [2023-1-25]. http:/www.ala.org/acr/standards/ilframework.

[109] Grizzle A, Moore P, Dezuanni M L, et al. Media and information literacy: policy and strategy guidelines [EB/OL]. 2013. https://unesdoc.unesco.org/ark:/48223/pf0000225606.

[110] Pool C R, Gilster P. A new digital literacy: a conversation with paul gilster [J]. Educational Leadership, 1997, 55 (3) :6-11.

[111] 刘孝文. 信息素养及相关概念的学术梳理 [J]. 图书志, 2008 (4):

12-13，29.

[112] McClure C R. Network literacy：a role for libraries? [J]. Information Technology and Libraries，1994，13（2）：115-125.

[113] Curzon S C. Information competence in the CSU：a report [R/OL]. [2023-01-10]. http://teachingcommons.cdl.edu/ictliteracy/about/documents/FinalRpt_95_InfoCompintheCSU1995.pdf.

[114] Association of College and Research Libraries. Information literacy competency standards for higher education [EB/OL].（2000-1-18）[2023-6-30]. https://alair.ala.org/bitstream/handle/11213/7668/ACRL%20Information%20Literacy%20Competency%20Standards%20for%20Higher%20Education.pdf?sequence=1.

[115] Bawden D. Information and digital literacies：a review of concepts [J]. Journal of Documentation，2001，57（2）：218-259.

[116] European Commission. The internet literacy handbook（thirdedition）[EB/OL]. [2023-1-25].https://www.coe.int/t/dghl/StandardSetting/InternetLiteracy/InternetLiteracyHandbook_3_EN.asp.

[117] Eshet-Alkalai Y. Digital literacy：a conceptual frame-work for survival skills in the digital era [J]. Journal of Educational Multimedia and Hypermedia，2004，13（1）：93-106.

[118] Eshet-Alkali Y，Amichai-Hamburger Y. Experiments in digital literacy [J]. CyberPsychology and Behavior，2004，7（4）：421-429.

[119] Gilster P. Digital literacy [M]. New York：Wiley Computer Publishing，1997.

[120] Jones-Kavalier B R，Flannigan S L. Connecting the digital dots：literacy of the 21st century [J]. Educause Quarterly，2006，29（2）：8-10.

[121] Burns L D. Relevance，new literacies，& pragmatic research for middle

grades education［J］. Middle Grades Research Journal，2008，3：1-28.

［122］Sefton-Green J，Nixon H，Erstad O. Reviewing approaches and perspectives on "digital literacy"［J］. Pedagogies An International Journal，2009，4（2）：107-125.

［123］Ilomaeki L，Paavola S，Lakkala M，et al. Digital competence-an emergent boundary concept for policy and educational research［J］. Education & Information Technologies，2016，21（3）：655-679.

［124］Adeyemon E. Integrating digital literacies into outreach services for underserved youth populations［J］. Reference Librarian，2009，50（1）：85-98.

［125］Ala-Mutka K，Punie Y，Redecker C. Digital competence for lifelong learning［R］. Luxemburg：Office for Official Publications of the European Communities，2008.

［126］Communities，Commission Of European. E-skills for the 21st century：fostering competitiveness，growth and jobs［J］. Commission of the European Communities，2007（2）：214.

［127］Lankshear C，Knobel M. Digital literacies：concepts，policies and practices［M］. New York：Peter Lang Publishing，Inc.，2008.

［128］Ferrari A，Punie Y，Redecker C. Understanding digital competence in the 21st century：An analysis of current frameworks［C］. 21st Century Learning for 21st Century Skills，2012：79-92.

［129］Vuorikari R，Punie Y，Gomez S C，et al. DigComp 2.0：the digital competence framework for citizens. Update Phase 1：the Conceptual Reference Model［J］. JRC Working Papers，2016：12-28.

［130］唐瑗彬，牟向伟，石伟平．国际经验对我国职业教育教师数字胜任力框架构建的启示——基于国际三大主流框架的比较分析［J］．中国职业技术教育，2022（35）：61-70.

［131］郑保章，吴静静，王一茹．媒介素养研究：从内容到方法——以2008至2012年为例［J］．编辑之友，2013，204（8）：55-58.

［132］卜卫．论媒介教育的意义、内容和方法［J］．现代传播，1997（1）：29-33.

［133］张志安，沈国麟．媒介素养：一个亟待重视的全民教育课题——对中国大陆媒介素养研究的回顾和简评［J］．新闻记者，2004（5）：11-13.

［134］桂琳．信息素养与媒介素养辨析［J］．中国成人教育，2007，193（24）：7-8.

［135］胡连利，王佳琦．我国大陆媒介素养研究的进展与缺失［J］．河北大学学报（哲学社会科学版），2007，133（1）：26-32.

［136］孙丽．媒介素养研究：回顾与前瞻［J］．电子政务，2016，163（7）：35-41.

［137］张开．媒介素养学科建立刍议［J］．现代传播，2016，38（1）：143-146.

［138］李岭涛，张祎．数字时代媒介素养的演进与升维［J］．当代传播，2022，223（2）：107-109.

［139］王吉庆．信息素养论［M］．上海：上海教育出版社，1999.

［140］李克东．数字化学习（上）——信息技术与课程整合的核心［J］．电化教育研究，2001（8）：46-49.

［141］桑新民．多媒体和网络环境下大学生学习能力培养的理论与实验研究［J］．中国远程教育，2000（11）：22-26.

［142］张艺兵，李艺．"信息素养"新界说［J］．教育研究，2003（3）：78-81.

［143］金国庆．信息社会中信息素养教育概述［J］．图书情报工作，1995（6）：52-55.

［144］郭朝明．信息化时代信息素养的内涵与培养［J］．电化教育研究，

2007，175（11）：16-19.

［145］陈维维，李艺. 信息素养的内涵、层次及培养［J］. 电化教育研究，2002（11）：7-9.

［146］明桦，林众，罗蕾，等. 信息素养内涵与结构的国际比较［J］. 北京师范大学学报（社会科学版），2019，272（2）：59-65.

［147］李艺，钟柏昌. 信息素养详解［J］. 课程·教材·教法，2003（10）：25-26.

［148］吴香然，孙宇，王海英. 中小学教师信息素养内涵和评价标准研究［J］. 教学与管理，2009，409（12）：35-36.

［149］王海啸. 大学英语教师信息素养框架与核心内涵初探［J］. 外语电化教学，2022，208（6）：31-38，106.

［150］钟志贤. 面向终身学习：信息素养的内涵、演进与标准［J］. 中国远程教育，2013（8）：21-29，95.

［151］于杨，赫明侠. 新信息技术环境下高校教师信息素养的内涵要素及其提升路径［J］. 情报科学，2021，39（12）：32-38.

［152］胡月，罗生全. 全媒体时代信息认识论转向及学生信息素养养成机制［J］. 中国电化教育，2021，415（8）：48-54，84.

［153］周丽娟，高宏斌，曹金. 信息时代的元素养——信息素养内涵及“+素养”辨析［J］. 青年记者，2021，707（15）：55-56.

［154］卜卫. 媒介教育与网络素养教育［J］. 家庭教育，2002（11）：16-17.

［155］陈华明，杨旭明. 信息时代青少年的网络素养教育［J］. 新闻界，2004（4）：32-33，73.

［156］贝静红. 大学生网络素养实证研究［J］. 中国青年研究，2006（2）：17-21.

［157］黄永宜. 浅论大学生的网络媒介素养教育［J］. 新闻界，2007（3）：38-39，27.

[158] 耿益群，阮艳．我国网络素养研究现状及特点分析 [J]．现代传播，2013，35(1)：122-126．

[159] 赵睿等．网络素养：概念演进、基本内涵及养成的操作性逻辑——试论习总书记关于“培育中国好网民”的理论基础 [J]．新闻战线，2017(3)：43-46．

[160] 王伟军，王玮，郝新秀，等．网络时代的核心素养：从信息素养到网络素养 [J]．图书与情报，2020，194(4)：45-55，78．

[161] 肖俊洪．数字素养 [J]．中国远程教育，2006(5)：32-33．

[162] 张薇．英语数字素养的研究型评价模式 [J]．外语教学与研究，2006(2)：115-121，161．

[163] 李德刚．数字素养：新数字鸿沟背景下的媒介素养教育新走向 [J]．思想理论教育，2012，386(18)：9-13．

[164] 王佑镁，杨晓兰，胡玮，等．从数字素养到数字能力：概念流变、构成要素与整合模型 [J]．远程教育杂志，2013，31(3)：24-29．

[165] 史安斌，刘长宇．全球数字素养：理念升维与实践培育 [J]．青年记者，2021，711(19)：89-92．

[166] 中央网络安全和信息化委员会．提升全民数字素养与技能行动纲要 [EB/OL]．(2021-11-5) [2023-2-15]．http://www.cac.gov.cn/2021-11/05/c_1637708867754305.htm．

[167] 施歌．中小学生数字素养的内涵构成与培养途径 [J]．课程．教材．教法，2016，36(7)：69-75．

[168] 裴英竹．大学生数字素养及其培养策略 [J]．社会科学家，2022，305(9)：128-133．

[169] 中共中央办公厅，国务院办公厅．中共中央办公厅 国务院办公厅关于印发《2006—2020年国家信息化发展战略》的通知 [EB/OL]．(2006-3-19) [2023-2-15]．http://www.gov.cn/gongbao/content/2006/content_315999.htm．

[170] 教育部办公厅. 教育部办公厅关于印发《中小学教师信息技术应用能力标准（试行）》的通知 [EB/OL].（2014-5-27）[2023-2-15]. http://www.moe.gov.cn/srcsite/A10/s6991/201405/t20140528_170123.html.

[171] 教育部. 教育部关于发布《职业院校数字校园规范》的通知 [EB/OL].（2020-6-16）[2023-2-15]. http://www.moe.gov.cn/srcsite/A07/zcs_zhgg/202007/t20200702_469886.html.

[172] 孟伋，黄力. 中小学教师信息化能力建设的历史经验——基于1999～2019年相关政策的梳理分析与反思 [J]. 现代教育技术，2020，30（10）：71-77.

[173] 庄前玲，丛小玲，张迪，等.《成人护理》教学中信息化教学平台的应用 [J]. 护理学杂志，2015，30（15）：67-69.

[174] 景文莉. 高职院校信息化教学平台建设的探索与实践——以天津医学高等专科学校为例 [J]. 中国职业技术教育，2020，750（26）：67-71.

[175] 周亚辉. 浅谈艺术理论基础课程教学资源的开发与信息化教学实践 [J]. 美术大观，2018，369（9）：136-137.

[176] 任友群，随晓筱，刘新阳. 欧盟数字素养框架研究 [J]. 现代远程教育研究，2014，131（5）：3-12.

[177] 任友群，杨晓哲. 数字化胜任力：信息时代不可或缺的能力 [J]. 中小学数字化教学，2017（1）：22-24.

[178] 郑旭东，范小雨. 欧盟公民数字胜任力研究——基于三版欧盟公民数字胜任力框架的比较分析 [J]. 比较教育研究，2020，42（6）：26-34.

[179] 李锋，熊璋，任友群. 聚焦数字化竞争力，发展学生核心素养——从国际国内课程改革看上海中小学信息科技教育 [J]. 电化教育研究，2017，38（7）：26-31.

[180] 仇晓春，肖龙海. 教师数字胜任力框架研究述评 [J]. 开放教育研究，2021，27（5）：110-120.

［181］Redecker C. European framework for the digital competence of educators：DigCompEdu［M］. Luxembourg：Publications Office of the European Union，2017.

［182］INTEF. Common digital competence framework for teachers［R］. Madrid：National Institute of Educational Technologies and Teacher Training，2017：16-65.

［183］Spiteri M，Chang R S N. Maltese primary teachers' digital competence：Implications for continuing professional development［J］. European Journal of Teacher Education，2017，40（4）：521-534.

［184］Tsankov N，Damyanov I. Education majors' preferences on the functionalities of e-learning platforms in the context of blended learning［J］. International Journal of Emerging Technologies in Learning，2017，12（5）：202-209.

［185］Diz-Otero M，Portela-Pino I，Sara Domínguez-Lloria，et al. Digital competence in secondary education teachers during the COVID-19-derived pandemic：comparative analysis［J］. Education + Training，2023，65（2）：181-192.

［186］范涌峰，宋乃庆. 大数据时代的教育测评模型及其范式构建［J］. 中国社会科学，2019（12）：139-155，202-203.

［187］教育部，国家发展改革委，财政部，等. 教育部发展改革委财政部人力资源社会保障部关于印发《深化新时代职业教育“双师型”教师队伍建设改革实施方案》的通知［EB/OL］.（2019-8-30）［2023-2-15］. http://www.gov.cn/gongbao/content/2020/content_5469720.htm?ivk_sa=1024320u.

［188］胡建波. 高职院校教师职业能力的内涵与要素分析［J］. 职教通讯，2011（5）：70-74.

［189］杨九民，宁国勤，郑旭东，等. 智能时代卓越数字教师能力导向的“现代教育技术应用”课程重构［J］. 电化教育研究，2021，42（12）：79-85.

［190］胡小勇，李婉怡，周妍妮．教师数字素养培养研究：国际政策、焦点问题与发展策略［J］．国家教育行政学院学报，2023，304（4）：47-56．

［191］赵文政．数字技术赋能教师专业学习的逻辑理路［J］．商丘师范学院学报，2023，39（4）：99-104．

［192］王永钊，程扬，李丽军．数智时代职业教育教师数字素养的丰富内涵、现实困境与实践进路［J］．教育与职业，2023，1033（9）：87-90．

［193］王振宇，曹爱琴．基于群体画像的高校新任思政课教师胜任力培育逻辑研究［J］．学校党建与思想教育，2023，688（1）：45-48．

［194］郑荷芬．职业教育教师数字化转型研究［J］．江苏商论，2023，462（4）：120-122，126．

［195］Ferrari A．Digital competence in practice：an analysis of frameworks［R］．Sevilla：Joint Research Centre of the European Commission IPTS，2012：7563．

［196］ISTE．ISTE standards for students［EB/OL］．2016. https://cdn.iste.org/www-root/Libraries/Images/Standards/Download/ISTE%20Standards%20for%20Students%20（Permitted%20Educational%20Use）.pdf.

［197］高书国．教育指标体系——大资料时代的战略工具［M］．北京：北京师范大学出版社，2015．

［198］UNESCO．ICT competency framework for teachers［EB/OL］．2018. https://unesdoc.unesco.org/ark:/48223/pf0000265721.

［199］UNESCO．UNESCO ICT competency framework for teachers［EB/OL］. 2011. https://unesdoc.unesco.org/ark:/48223/pf0000213475?posInSet=2&queryId=b6cf5f1c-6c88-414a-9c5f-e171d86abfa0.

［200］UNESCO．ICT competency framework for teachers［EB/OL］. 2013. http://www.unesco.org/new/en/communication-and-information/resources/publications-and-communication-materials/publications/full-list/unesco-ict-competency-frameworkfor-teachers/.

［201］Oberländer M，Beinicke A，Bipp T．Digital competencies：a review of the literature and applications in the workplace［J］．Computers & Education，2020，146：1-13．

［202］Bawden D．Origins and concepts of digital literacy［A］//Lankshear C，Knobel M．Digital literacies：concepts，policies and practices［C］．New York：Peter Lang Publishing，Inc.，2008．

［203］Martin A．A European framework for digital literacy［J］．Nordic Journal of Digital Literacy，2006，1（2）：151-161．

［204］Van Deursen A J A M．Internet skills：vital assets in an information society［D］．Enschede：University of Twente，2009．

［205］任友群，闫寒冰，李笑樱．《师范生信息化教学能力标准》解读［J］．电化教育研究，2018，39（10）：5-14，40．

［206］教育部．教育部关于实施全国中小学教师信息技术应用能力提升工程2.0的意见［EB/OL］．（2019-3-20）［2023-2-15］．http://www.moe.gov.cn/srcsite/A10/s7034/201904/t20190402_376493.html．

［207］祝智庭，闫寒冰．《中小学教师信息技术应用能力标准（试行）》解读［J］．电化教育研究，2015，36（9）：5-10．

［208］教育信息化资讯．教育部教师工作司印发《全国中小学教师信息技术应用能力提升工程2.0校本应用考核指南》的通知［EB/OL］．（2021-9-10）［2023-2-15］．https://www.edu.cn/info/focus/zc/202109/t20210910_2153759.shtml．

［209］全国中小学教师信息技术应用能力提升工程执行办公室．中小学教师信息技术应用能力提升工程执行办公室关于印发《中小学教师信息化教育教学微能力诊断指引》的通知［EB/OL］．（2021-9-1）［2023-2-15］．http://edu.jixi.gov.cn/upload/file/20210924/6376808958177700574145809.pdf．

［210］国务院．国务院关于印发国家职业教育改革实施方案的通知［EB/OL］．（2021-1-24）［2023-2-15］．https://www.gov.cn/zhengce/content/2019-02/13/

content_5365341.htm.

［211］教育部. 教育部关于印发《教育信息化“十三五”规划》的通知［EB/OL］.（2016-6-7）［2023-2-15］. http://www.moe.gov.cn/srcsite/A16/s3342/201606/t20160622_269367.html.

［212］教育部. 教育部关于印发《教育信息化2.0行动计划》的通知［EB/OL］.（2018-4-18）［2023-2-15］. http://www.moe.gov.cn/srcsite/A16/s3342/201804/t20180425_334188.html.

［213］张屹，刁均峰，马静思. 职业院校师生信息化能力发展标准框架与内涵——《职业院校数字校园规范》解读之三［J］. 中国职业技术教育，2020（34）：16-21.

［214］教育部. 教育部关于印发《中等职业学校教师专业标准（试行）》的通知［EB/OL］.（2013-9-20）［2023-2-15］. https://www.gov.cn/gongbao/content/ 2013/content_2547146.htm.

［215］魏非，祝智庭. 微认证：能力为本的教师开放发展新路向［J］. 开放教育研究，2017，23（3）：71-79.

［216］叶剑强，米帅帅，毕华林. 新时代理科教师胜任力模型构建与内涵解析［J］. 教师教育研究，2022，34（1）：71-77.

［217］刘喆. 师范生整合技术的学科教学知识研究——基于结构方程模型的实证分析［J］. 华南师范大学学报（社会科学版），2016（4）：74-85.

［218］战锐. 教师整合技术的学科教学知识（TPACK）模型研究［J］. 知识管理论坛，2019，4（4）：197-204.

［219］顾艳霞，钱旭鸯. 国内外 TPACK 测量方法的研究现状及思考［J］. 远程教育杂志，2016，34（5）：97-104.

［220］张磊. 全智能教育空间建构——基于情境认知理论的分布交互式视景仿真研究［J］. 重庆高教研究，2021，9（5）：34-43.

［221］Krumsvik R J. Teacher educators’ digital competence［J］.Scandinavian

Journal of Educational Research，2014，58（3）：269-280.

［222］唐瑗彬，赵远航，石伟平. 国内外教师数字胜任力研究的热点与启示［J］. 开放学习研究，2022，27（3）：35-44.

［223］Knezek G，Christensen R，Fluke R. Testing a will，skill，tool model of technology integration［J］. Academic Achievement，2003（1）：12.

［224］邵强，李友俊，田庆旺. 综合评价指标体系构建方法［J］. 大庆石油学院学报，2004（3）：74-76，105-123.

［225］曾繁雄. 标准的制定［M］. 北京：中国标准出版社，国防工业出版社，2018.

［226］Venkatesh V，Morris M G，Davis G B，et al. User Acceptance of Information Technology：Toward a Unified View［J］. MIS Quarterly，2003，27（3）：425-478.

［227］唐瑗彬，杨海华. 后疫情时代职业教育教师信息技术接受的影响因素与对策建议［J］. 当代职业教育，2020（6）：12-19.

［228］Venkatesh V，Davis F D. A Theoretical Extension of the Technology Acceptance Model：Four Longitudinal Field Studies［J］. Management Science，2000，46（2）：186-204.

［229］陆雄文. 管理学大辞典［M］. 上海：上海辞书出版社，2013.

［230］张鼎昆，方俐洛，凌文辁. 自我效能感的理论及研究现状［J］. 心理学动态，1999（1）：39-43，11.

［231］魏淑华. 教师职业认同研究［D］. 重庆：西南大学，2008.

［232］郝祥军，顾小清. AI重塑知识观：数据科学影响下的知识创造与教育发展［J］. 中国远程教育，2023，43（5）：13-23.

［233］Fedeles M. Teachers' concerns questionnaire：the development and validation of a measure of high school teachers' moral sensitivity［D］.Vancouver：University of British Columbia，1961.

[234] Tian J，Zhang P Z，Wang K L，et al. The integrating model of expert's opinion based on delphi method [J]. Systems Engineering-theory & Practice，2004，24(1)：57-62

[235] 周榕. 高校教师远程教学胜任力模型构建的实证研究 [J]. 电化教育研究，2012，33(11)：86-92.

[236] 于天贞. 从“主演”到“导演”：基础教育翻转课堂中教师角色转换及其路径 [J]. 上海教育科研，2014(5)：49-52，67.

[237] Li Y H，Tan B P，Wang Y，et al. A comparative study of the Likert Scale of different grades - A case study of satisfaction [J]. Journal of Data Analysis，2006，1(2)：159-173.

[238] 学而时习. 总书记眼中的“人民教师”[EB/OL].(2021-9-10)[2023-2-15]. http://www.qstheory.cn/zhuanqu/2021-09/10/c_1127847165.htm.

[239] 钟启泉，张华. 课程与教学论 [M]. 沈阳：辽宁大学出版社，2007.

[240] 张军征，刘志华. 对我国当前教学设计模式分类观点的思考 [J]. 中国电化教育，2004(3)：11-14.

[241] 陈薇. TPACK 视角下小学数学教师专业发展的研究 [D]. 南京：南京师范大学，2018.

[242] 李娟生，李江红，刘小宁，等. Kendall' s W 分析方法在医学数据处理中的应用及在 SPSS 中的实现方法 [J]. 现代预防医学，2008(1)：33，42.

[243] 梅瑞迪斯·高尔，乔伊斯·高尔，沃尔特·博格. 教育研究方法(第六版)[M]. 徐文彬，侯定凯，范皑皑，等，译. 北京：北京大学出版社，2016.

[244] 健康界. 这几个概念你懂吗？专家的积极系数、权威程度、协调程度 | 专家咨询法(Delphi)[EB/OL].(2021-10-8)[2023-2-15]. https://www.cn-healthcare.com/articlewm/20211008/content-1271501.html.

[245] 王春枝，斯琴. 德尔菲法中的数据统计处理方法及其应用研究 [J]. 内蒙古财经学院学报(综合版)，2011，9(4)：92-96.

［246］张炳江．层次分析法及其应用案例［M］．北京：电子工业出版社，2014．

［247］方健华．中职学生职业核心素养评价及其标准体系建构研究［D］．南京：南京师范大学，2014．

［248］马树超，郭文富．“双高计划”引导育训结合、德技并修［EB/OL］．（2019-4-23）［2023-2-15］．http://www.moe.gov.cn/jyb_xwfb/xw_zt/moe_357/jyzt_2019n/2019_zt8/zjjd/201904/t20190424_379351.html．

［249］李世瑾，顾小清．中小学教师对人工智能教育接受度的影响因素研究［J］．现代远距离教育，2021（4）：66-75．

［250］孔伟晶．高校教师移动教学软件使用意愿影响因素研究［D］．南昌：江西财经大学，2021．

［251］中共中央，国务院．中共中央 国务院印发《深化新时代教育评价改革总体方案》．（2020-10-13）［2023-2-15］．http://www.gov.cn/zhengce/2020-10/13/content_5551032.htm．

［252］娄晓敏．我国教育大数据建设的现状分析与架构初设［J］．中国电化教育，2017（8）：128-131．

［253］吴天武．自我反思：教师专业化成长的必然选择［J］．教育与职业，2004（12）：28-31．

［254］吴明隆．SPSS 统计应用实务：问卷分析与应用统计［M］．北京：科学出版社，2003．

［255］桑培东，李金晓．基于结构方程的装配式建筑项目开发建设风险评价［J］．土木工程与管理学报，2017，34（4）：89-95．

［256］闫寒冰，李笑樱，任友群．师范生信息技术应用能力自评工具的开发与验证［J］．电化教育研究，2018，39（1）：98-106．

［257］魏非，宫玲玲，章玉霞，等．基于微能力的教师信息化教学能力测评模型［J］．现代远程教育研究，2021，33（6）：94-102．

[258] 龙春涛，宋香荣，王爱银．中国经济发展的区域不平衡及收敛性分析[J]．统计与决策，2023，39(7)：106-112．

[259] 李玉顺，安欣，代帅，等．数字教育促进教育公平实践的反思[J]．开放教育研究，2023，29(3)：69-78．

[260] 杨静，邵志豪，吕丽．以研究型专业人员为目标定位的教育博士培养模式研究[J]．研究生教育研究，2023(3)：39-46．

[261] 吴世瑾，刘涵，常芳，等．教师职称越高，学生学业表现越好？——基于晋升锦标赛激励的分析[J]．经济学(季刊)，2023，23(1)：228-245．

[262] 邵光华，魏侨，张妍．教育变革视域下教师惰性现状调查研究[J]．教师教育研究，2020，32(5)：76-82．

[263] 高昕，魏峰，周晓璐．教师职业倦怠的多维审视——基于生态系统理论的分析[J]．教育发展研究，2023，43(2)：44-51．

[264] 李让美，郭衎，曹一鸣．专家型教师与职前教师的专业洞察力比较研究[J]．数学教育学报，2023，32(2)：59-64，96．

[265] 郭丽萍．高职院校教师成长发展路径建构——基于职业生涯发展规划的视角[J]．职教论坛，2022，38(9)：62-69．

[266] 李尧．民族地区教师精准培训的困境与突围[J]．湖北民族大学学报(哲学社会科学版)，2023，41(1)：152-159．

[267] 朱宁波，严运锦．新手教师学习机制解析：从“边缘”走向“中心”[J]．教育理论与实践，2021，41(19)：33-38．

[268] 吴砥，朱莎，王美倩．学生数字素养培育体系的一体化建构：挑战、原则与路径[J]．中国电化教育，2022(7)：43-49，63．

[269] 李静．高师院校《现代教育技术》教学存在的问题与对策研究[D]．长沙：湖南师范大学，2011．

[270] 张会敏．教师专业化背景下高师《现代教育技术》课程内容体系建构[D]．南京：南京师范大学，2014．

[271] 刘春志，章伟民. 现代教育技术公共课教学内容组织的探讨[J]. 现代教育技术，2011，21(3)：54-57.

[272] 高月.《现代教育技术》课程对师范生信息化教学能力提升效果研究[D]. 西安：陕西师范大学，2017.

[273] 陈小玲. 师范生《现代教育技术》课程学习投入度及其影响因素研究[D]. 金华：浙江师范大学，2017.

[274] 何济玲，江玲，陈仕品. 面向信息化教学能力的《现代教育技术》公共课教学改革[J]. 现代教育技术，2011，21(3)：46-49.

[275] 杨慧. 高等院校师范生信息素养培养模式的研究[D]. 武汉：华中师范大学，2007.

[276] 苏东伟，刘世清. 培养师范生信息素养的模式与方法探索[J]. 苏州市职业大学学报，2003(4)：73-75.

[277] 黄映玲. 构建"三位一体"的师范生教育技术能力培养模式研究[J]. 现代教育技术，2013，23(7)：49-53.

[278] 刘艳丽. 职前教师教育技术能力的生态化培养模式研究[J]. 教育理论与实践，2015，35(24)：23-24.

[279] 任毅梅，尚会妍，高丽坤. 职业学校免费师范生培养的研究——以天津职业技术师范大学为例[C]// 天津市社会科学界联合会. 发挥社会科学作用促进天津改革发展——天津市社会科学界第十二届学术年会优秀论文集(下). 天津：天津出版传媒集团，2017：194-200.

[280] 匡瑛，邓卓，石伟平. 从"老八所"兴衰看我国职业技术师范教育的嬗变、困局与出路[J]. 职业教育研究，2022(1)：5-9.

[281] 张建荣，谢莉花. 职教专硕研究生培养的课程与教学——以两门专业必修课程为例[J]. 中国职业技术教育，2021(11)：40-44，50.

[282] 唐瑗彬，牟向伟."双一流"背景下职教专业硕士教研能力提升策略研究——以广西师范大学为例[J]. 职业技术教育，2019，40(20)：44-49.

[283]徐国庆. 职业教育项目课程的内涵、原理与开发[J]. 职业技术教育，2008，29(19)：5-11.

[284]张洪华，曹晔. 职教师资培养40年：从本科到博士——庆祝天津职业技术师范大学建校40周年[J]. 职业教育研究，2019(10)：5-12.

[285]U.S. Department of Education. Reimagining the role of technology in higher education[EB/OL]. 2017. A supplement to the National Education Technology Plan. 2017.https://tech.ed.gov/files/2017/01/Higher-Ed-NETP.pdf.

[286]Tiana A，Moya J，Luengo F. Implementing key competences in basic education：reflections on curriculum design and development in spain[J]. European Journal of Education，2011，46(3)：307-322.

[287]Chevallard Y. La transposition didactique: du savoir savant au savoir enseigné[J]. Revue française de pédagogie，1985(76)：89-91.

[288]Dewey B J. Democracy and education：an introduction to the philosophy of education[J]. American Journal of Sociology，1916，10(1)：40-49.

[289]Hauser J R，Clausing D. The house of quality[J]. Harvard Business Review，1988，66(3)：63-73.

[290]罗晓杰. 国内外教师专业发展阶段研究述评[J]. 教育科学研究，2006(7)：53-56.

[291]张建荣. 教育硕士(职业技术教育领域)研究生培养调研[J]. 学位与研究生教育，2019(7)：13-19.

[292]刘建波. 师范生信息化教学能力培养影响因素研究——基于天津S大学师范生的问卷调查[J]. 西部学刊，2021(9)：102-104.

[293]邓小华，朱甜甜. 职教师范生信息化教学能力：概念建构、发展现状与培育策略[J]. 职教通讯，2023(6)：84-93.

[294]黄赐英. 全面质量管理理念在高等教育质量管理中的应用[D]. 长沙：湖南师范大学，2006.

［295］赵中建. 高等教育全面质量管理的概念框架［J］. 外国教育资料，1997（5）：37-42，50.

［296］施晓光. 西方高等教育全面质量管理体系及对我国的启示［J］. 比较教育研究，2002（2）：32-37.

［297］斯蒂芬·P·罗宾斯. 管理学（第四版）［M］. 黄卫伟，孙健敏，闻洁，等. 北京：中国人民大学出版社，1997.

［298］王佑镁. 信息技术与课程整合教学效能影响因素的结构模型研究［J］. 电化教育研究，2010（3）：63-67.

［299］Rosen L D，Weil M M. Computer anxiety：a cross-cultural comparison of university students in ten countries［J］. Computers in Human Behavior，1995，11（1）：45-64.

［300］Krumsvik R J. Digital competence in the norwegian teacher education and school［J］. Högre Utbildning，2011，1（1）：39-51.

［301］魏非，闫寒冰，李树培，等. 基于教育设计研究的微认证体系构建——以教师信息技术应用能力为例［J］. 开放教育研究，2019，25（2）：97-104.

［302］王巍，闫寒冰，魏非，等. 发展师范生信息化教学能力：支持要素、关键问题与可为路径——基于20所师范院校调研数据的分析［J］. 教师教育研究，2021，33（2）：38-44.

［303］刘赛君. 谈数字时代高校图书馆网络信息资源的开发与利用——以天津职业技术师范大学图书馆为例［J］. 黑龙江科技信息，2011（1）：123.

［304］丁笑炯. 欧盟数字教育政策的转向——基于24份政策文本的分析［J］. 比较教育研究，2023，45（7）：3-13.

［305］余胜泉，王慧敏. 如何在疫情等极端环境下更好地组织在线学习［J］. 中国电化教育，2020（5）：6-14，33.

［306］邱燕楠，李政涛. 从“在线教学胜任力”到“双线混融教学胜任力”

[J]. 中国远程教育，2020，41（7）：7-15，76.

[307] Wing J M. Computational thinking [J]. Communications of the ACM，2006，49（3）：33-35.

[308] 中华人民共和国教育部. 普通高中信息技术课程标准（2017 年版 2020 年修订）[M]. 北京：人民教育出版社，2020.

[309] 王罗那，王建磐. 人工智能时代需要关注的新素养：计算思维 [J]. 比较教育研究，2021，43（3）：24-30，38.

[310] 徐章韬. 教师信息化教学能力的政策内容、演进逻辑及可能走向 [J]. 现代教育技术，2021，31（5）：44-51.

[311] 翟雪松，楚肖燕，王敏娟，等. 教育元宇宙：新一代互联网教育形态的创新与挑战 [J]. 开放教育研究，2022，28（1）：34-42.

[312] 钟正，王俊，吴砥，等. 教育元宇宙的应用潜力与典型场景探析 [J]. 开放教育研究，2022，28（1）：17-23.

[313] 李海峰，王炜. 元宇宙 + 教育：未来虚实融生的教育发展新样态 [J]. 现代远距离教育，2022（1）：47-56.

[314] Andreas L，Tone M. E. Teacher Education as Transformation：Some Lessons Learned from a Center for Excellence in Education [J]. Acta Didactica Norge,2016,10（2）：53-72.